누구나 쉽게 배울 수 있는

어린이 바둑 ⑤

기본적인 맥

〈기초편〉

프로바둑연구회 편

太乙出版社

머 리 말

　이 책은 바둑의 기본적인 맥에 대하여 상세하게 설명한 어린이 바둑 지침서입니다.

　바둑에 있어서 맥이라 함은, 바둑돌을 하나하나 놓아 나가는 길을 말합니다. 바둑판을 보면 사방 팔방으로 선이 그어져 있고 어느 곳에다가 돌을 놓아도 불법은 아닙니다. 그러나 바둑을 두는 하나의 목적은 상대방의 돌을 효과적으로 위축시키면서 자기의 돌의 세력을 넓혀가는 일입니다. 그러기 때문에 효과적으로 돌을 놓아야 합니다. 말하자면 상대방에게 잡히지 않고 자기의 돌을 살려서 충분히 세력을 넓혀갈 수 있도록 올바른 길을 따라서 두어야 합니다. 그 올바른 길이 바로 맥입니다.

　바둑을 둘 때 맥에 대한 지식이 부족하면 상대방의 돌을 효과적으로 방어하기가 힘들 뿐만 아니라 자기의 돌의 세력을 충분히 넓혀갈 수도 없습니다. 포석이 초반의 세력을 장악하기 위한 기초 작업이라고 한다면 맥에 대한 지식은 중반과 종반의 대세를 가름하기 위한 필수적인 조건이라고 할 수 있습니다.

　이 책은 바둑을 두는데 꼭 필요한 기본적인 맥에 대하여 알기 쉽게 해설한 어린이 바둑 지침서입니다. 이제 바둑을 갓 배우기 시작한 어린이 여러분이나 혹은 이미 바둑을 배워서 재미있게 두기 시작한 어린이 여러분에게는 다시없는 바둑 교재가 될 것입니다.

아무쪼록 이 책으로 말미암아 어린이 여러분의 앞날에 행운이 함께 하기를…

지은이 씀.

차 례

제1장

경쟁의 맥

처음은 '자신의' 호점을 쳐 진행하는 바둑도 점차로 '상대의' 호점을 방해하는 경우가 증가하여 바둑의 '접근전' 이 시작됩니다. 이 장에서는 그런 싸움 직전의 전력 정비에 촛점을 맞추어 유리한 전개를 위한 준비 행동을 설명하겠읍니다.

1.연락과 분단

연락과 작용

연락할 것인가 분단할 것인가는 이후의 싸움으로 큰 차이가 생긴다.

1 도

혹에서부터 쳐도, 백부터 쳐도 이 한 수라는 장소가 있읍니다.

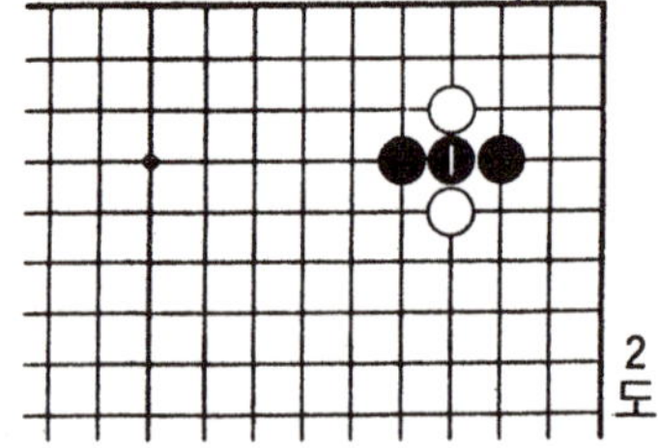

2 도

흑부터 치면 1. 이것으로 흑돌은 하나로 연결되고, 상하의 백돌은 약해졌읍니다.

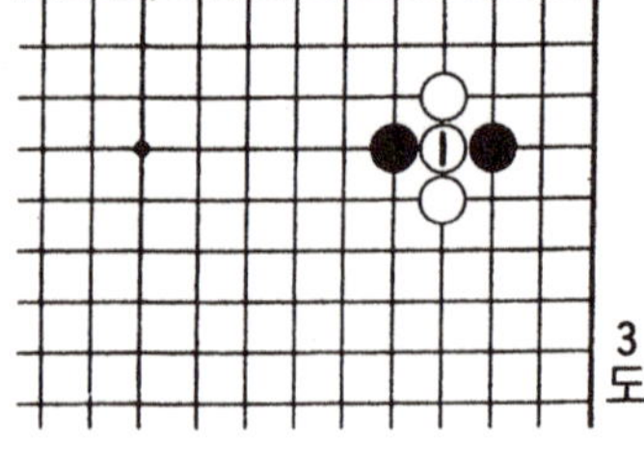

3 도

백부터 쳐도 1. 이로써 좌우의 흑은 뿔뿔이 흩어져 입장은 역전되었읍니다.

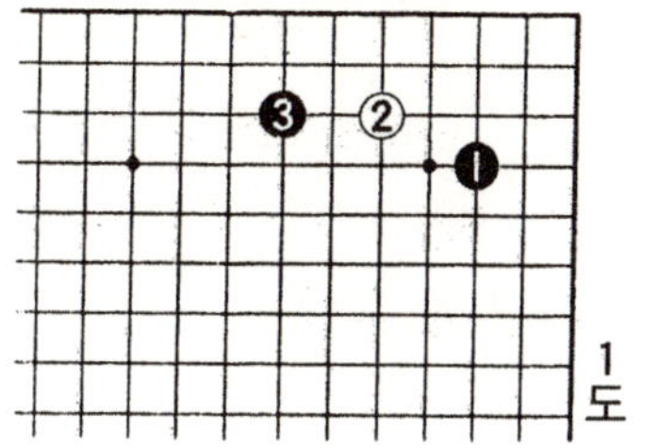

1도

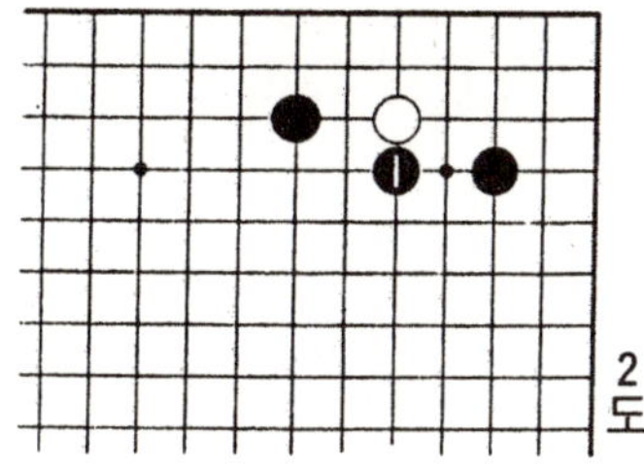

2도

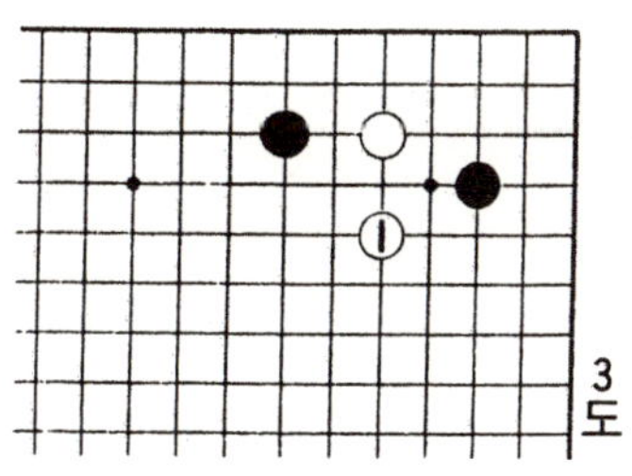

3도

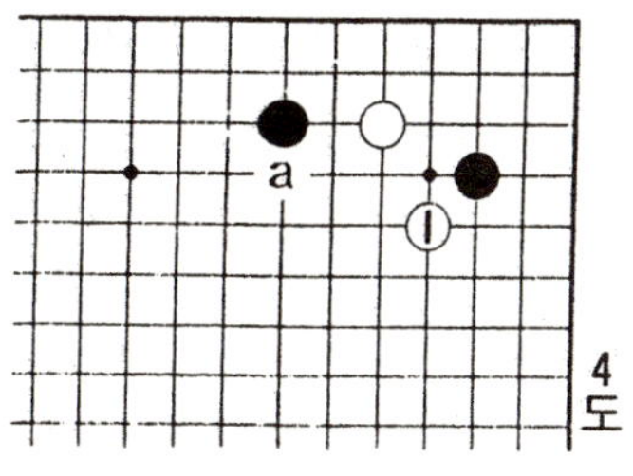

4도

정석의 출발점

돌이 떨어져 있어도 원리는 같다. 정석의 출발점의 하나가 된다.

1도

흑1의 소목에 백2로 걸어 굳힘을 방해하고 흑3으로 끼우게 했읍니다.

2도

손을 빼면 흑1로 쳐 봉쇄당합니다. 좌우의 흑이 이 한 수로 거의 연결됩니다.

3도

따라서 백1로 진출하고, 흑돌을 좌우로 분단하는 것이 좋은 수가 됩니다.

4도

또는 백1, 또는 백 a 등으로 조금 비튼 분단도 있읍니다.

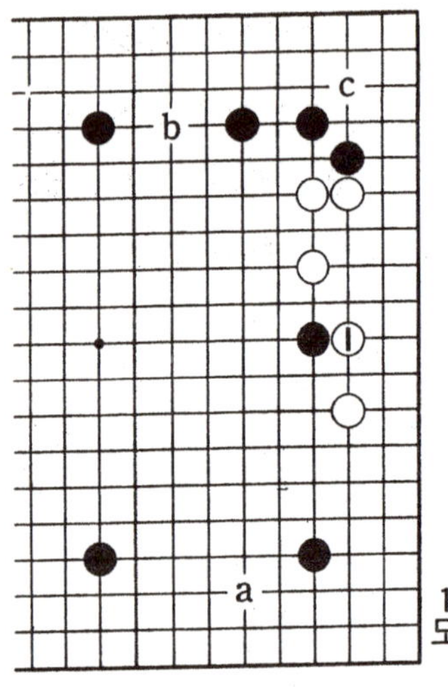

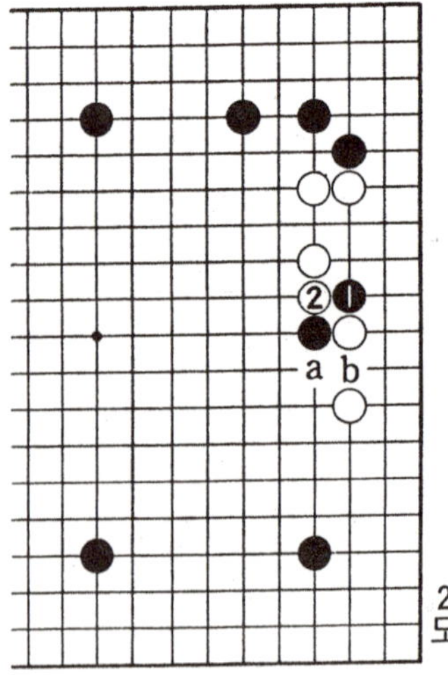

변의 싸움

연락과 분단의 싸움은 귀에서 보다 변에 나타 나기 쉽다.

1도

백1로 치는 것에 의해 상하의 백은 연락 됩니다. 하나로 연결된 돌들은 잡기 어려운, 소위 '강한 돌'이 되어 주변의 상대 돌을 공격할 수가 있을 것입니다. 예를 들면, 백부터 a, b, c등이 다음 목표.

2도

전도 중, 흑이 연락을 방해하려고 해도 무리한 것이라는 것을 확인해 둡시다. 흑1에는 백2로 끊읍니다. 흑1에서 a라면 물론 백b의 잇기.

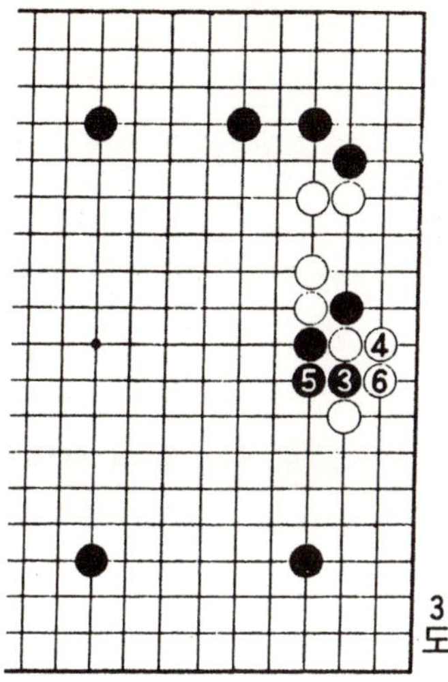

3도

2도에 이어서 흑3으로 단수를 걸어도 백4로 도망쳐 아무일도 없읍니다. 흑5로 단점을 지킨 때, 백6으로 연락했읍니다. 이 백6과 같이 반단을 이용하여 연락, 연결하는 수를 '건너기' 라고 부릅니다.

4도

전도 흑5에서 1로 찔러 넣으면 백2의 끊기가 옵니다. 이것은 단수로도 되어 있으므로 흑3으로 도망치지만, 백4로 충격을 가해 두 점을 잡아 버립니다.

실전에서는 여기까지 쳐서는 손해가 됩니다. 1도의 단계에서 백의 건너기를 읽어 잠시 방치하는 것이 좋

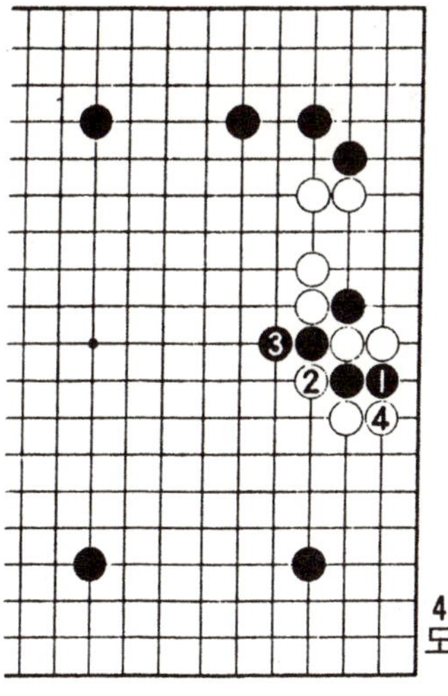

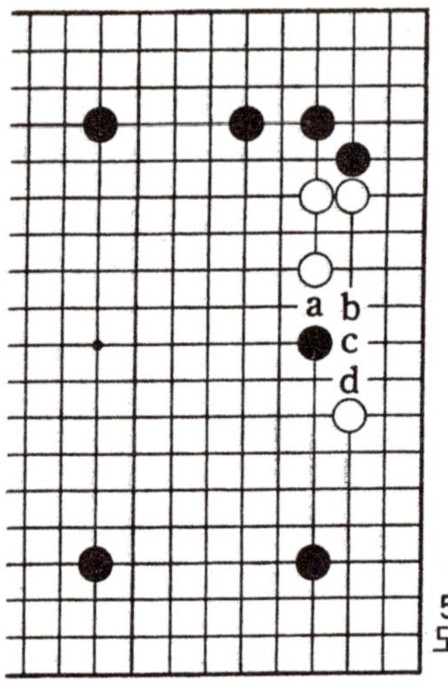

5도

을 것입니다.

5도

　흑부터 쳐 건너기를 막기 위해서는 어떻게 하면 좋을까요? 서로의 돌이 꼭 붙어 있는 형이라면 착점은 짜낼 수 있지만, 돌이 떨어져 있는 경우에는 좀처럼 딱 맞는 수를 발견할 수가 없읍니다.

　그런 때의 지표가 '맥'이며 '모양' 인 것입니다. 흑a, b, c, d 등을 쳐도 상하 분단은 가능하지만······

6도

　바르게는 흑1입니다. 이 한 수로 백돌은 상하 모두 약해지고, 앞으로 '공격하는' 즐거움이 생겼읍니다. 이와 같은 형을 '맥'으로써 기억해 두어야

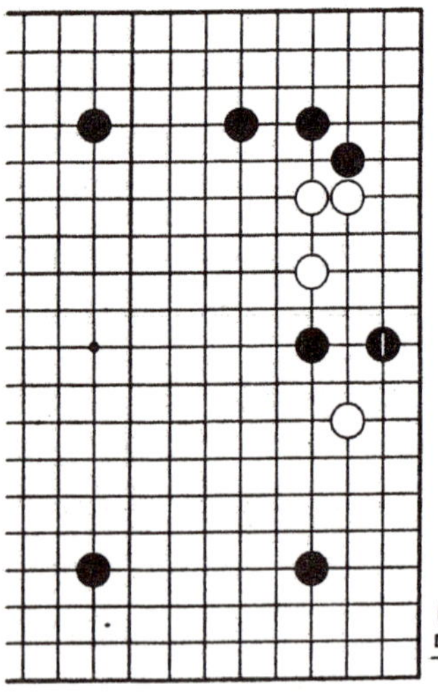

6도

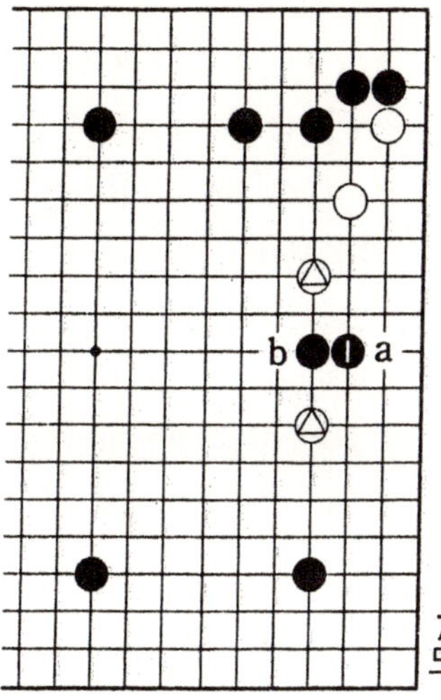

하는 것입니다.

7도

여러 가지 케이스로 분단의 맥을 소개하겠읍니다. 까다로우므로 설명을 생략하겠지만, '주위의 상황에 따라 맥도 변한다' 라는 것을 실감하기 바랍니다.

△이 모두 제4선인 경우는 흑1이 강력합니다. 이것을 a로는 백b로 쳐져 봉쇄될 우려가 있읍니다.

8도

상대의 돌이 강하고, 더욱 강해도 상관이없을 때에는 흑1이라는 수도 있읍니다. 방치해두면 백a로 잡힐 돌을 도망쳐 내고 이어 백의 건너기를 막으려는 의도. 흑1에서 b의 뛰기는 백c로 건너

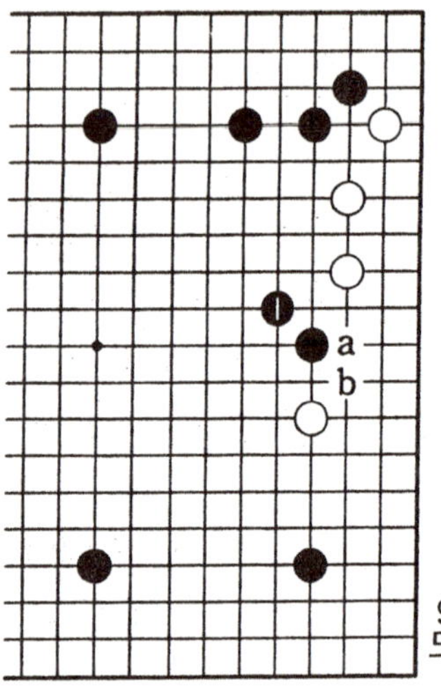

집니다.

9도

혹1의 마늘모가 이 경우의 맥입니다. 우상의 백에는 거의 근거가 없으므로 공격을 겨냥한다기 보다도 중앙진출을 방해하는 의도입니다. 백a로 쳐져도 혹b로 건너지 않는다는 것을 확인해 두어야 할 것입니다.

10도

전도에 △ 한 점이 가해진 만큼 혹의 치는 방법이 변합니다. 이번에는 우상의 백에 확실한 근거가 있으므로 강화해도 아깝지 않다는 것이 혹1의 의미. 백2를 손 빼기를 하면 혹a, 백b, 혹2로 단수를 걸어 백을 작용이 나쁜 형으로 됩니다.

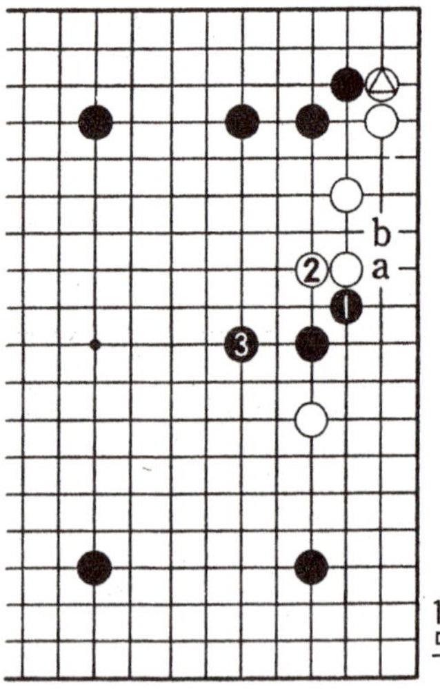

2. 뻗음과 압박
두 점의 머리

중앙으로 뻗을 수 있는가, 머리가 눌려지는가는 뜻밖으로 중대.

1도

중앙을 목표로 하여 쌍방의 돌이 겨루고 있읍니다. 흑부터 쳐 절대의 한 수는 어디인가요?

2도

백부터 치면 1로, 흑의 머리를 누르는수입니다. 이것이 '두점 머리'의 급소.

3도

흑2는 지킴의 '모양'이지만 백은 3으로 붙여 흑의 우변 발전을 봉쇄할 것입니다.

4도

흑이 치려 할 때 우

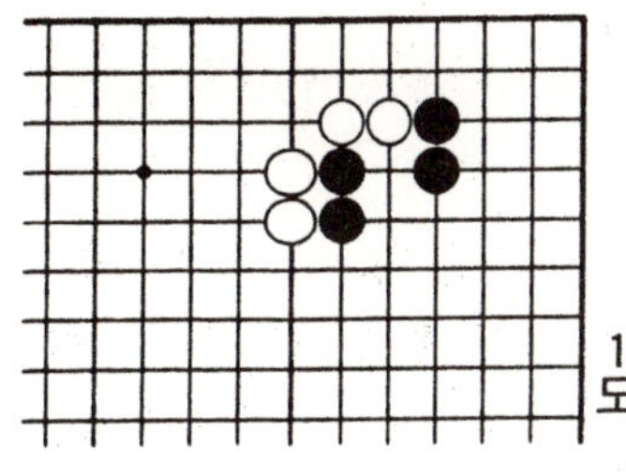

1도

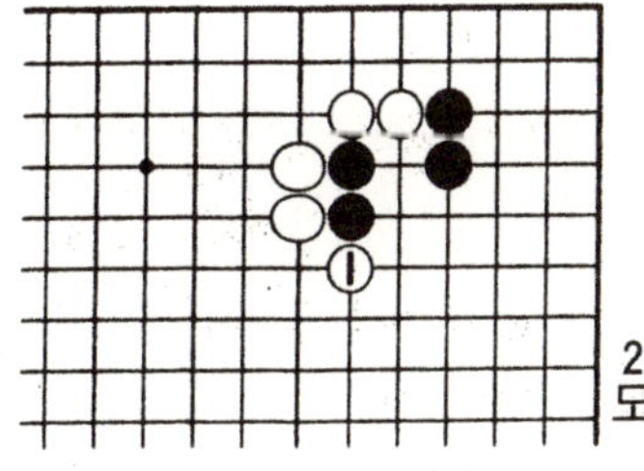

2도

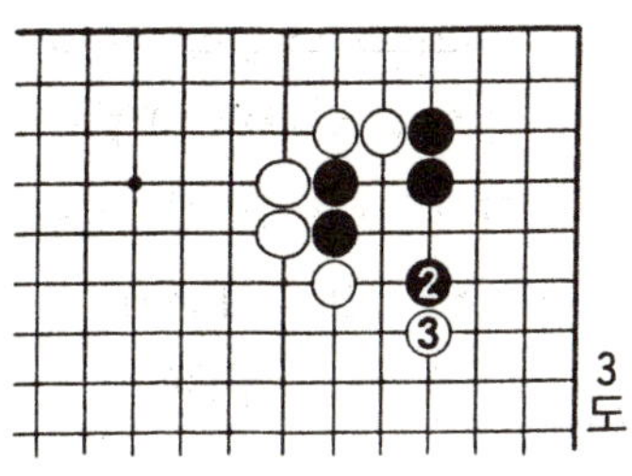

3도

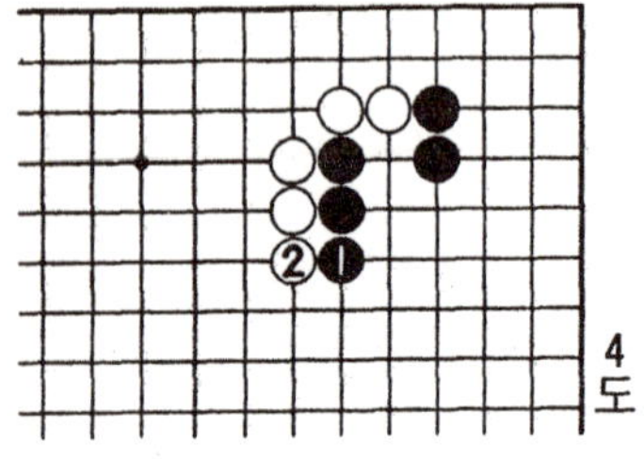

4도

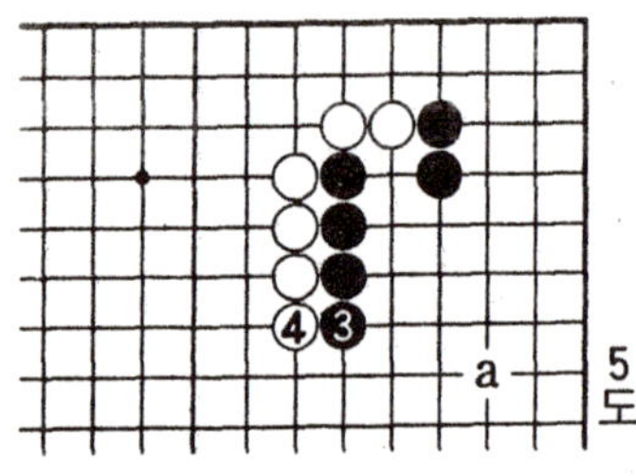

5도

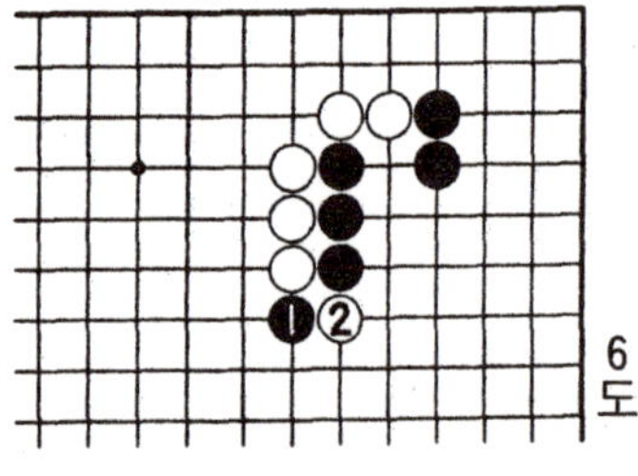

6도

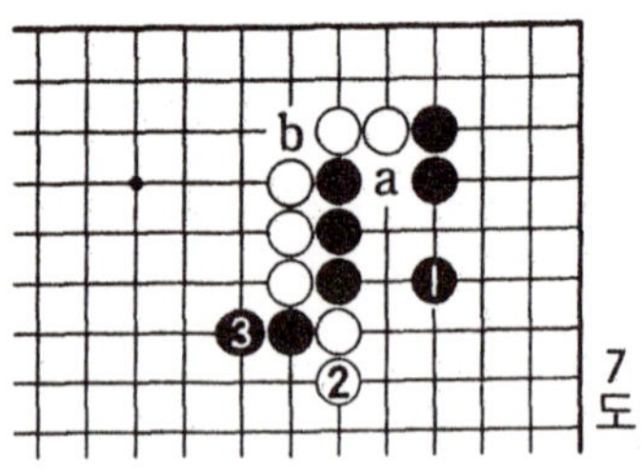

7도

선 생각할 수 있는 것은 상대에게 놓여지면 곤란한 장소를 흑1로 점령하는 수입니다. 그러나 백은 2로 붙여 눌러 볼 것입니다.

5도

흑3이라면 백4로 더욱 '세력'을 만들어 가든가, 또는, 백a 등으로 흑의 세력을 지워 가든가. 그 선택권은 백에게 있읍니다.

6도

세력을 되찾으려 흑1로 치면 백은 2로 끊어 싸움을 걸어 올 것입니다.

7도

백a의 나감을 막고 흑1로 지키면 백2로 치는 싸움입니다. 흑3으로 쳐도, 다음에 b의 끊기는 겨냥할 수

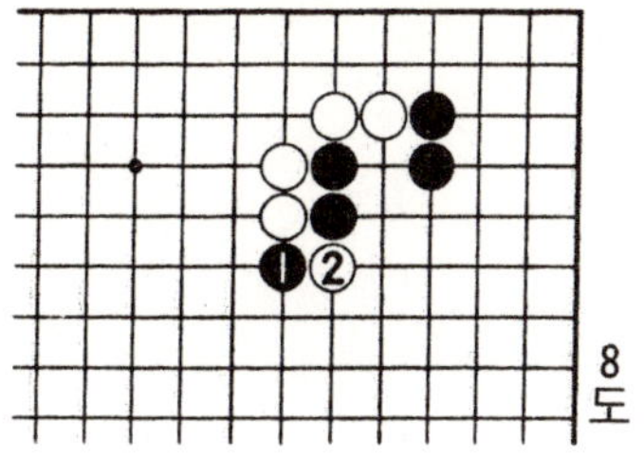

8도

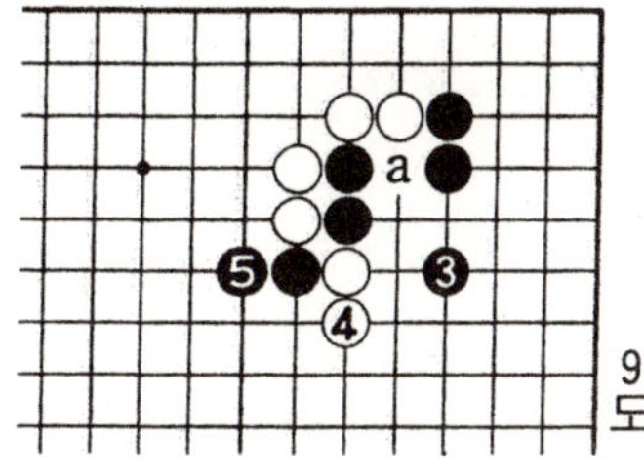

9도

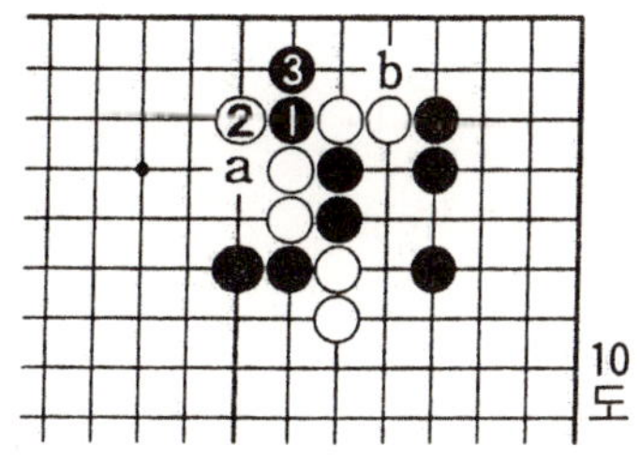

10도

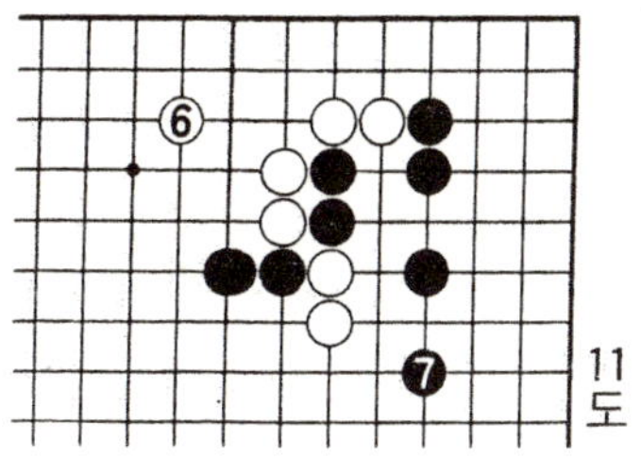

11도

없습니다.

8도

2도 백1이 '두 점의 머리'였던 것과 마찬가지로 흑1도 두 점의 머리입니다. 무서운 것은 백2로 끊기는 역습인데——

9도

흑3으로 백a의 나감에 대비, 다음에 4의 혼잡을 봅니다. 백이 4로 한 점을 도운 때 흑5로 축을 막으면서 상변의 백을 겨냥하는 것입니다. 7도와 달리 이 싸움은 흑이 유리.

10도

백이 손을 빼면 흑1의 끊기가 강렬합니다. 백2에 흑3으로 다음에 a를 겨냥, 백이 a의 단점을 지키면 흑

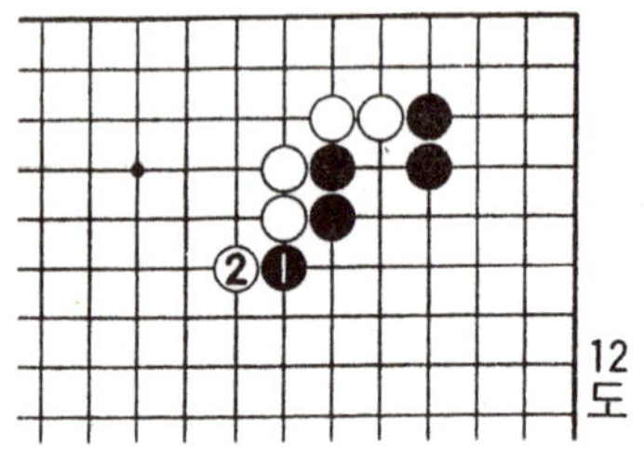

12도

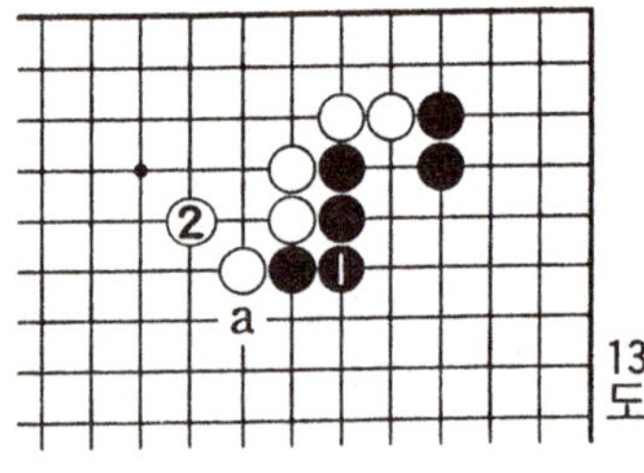

13도

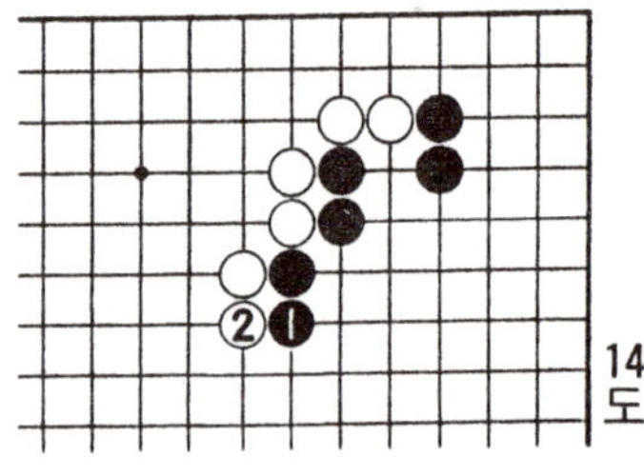

14도

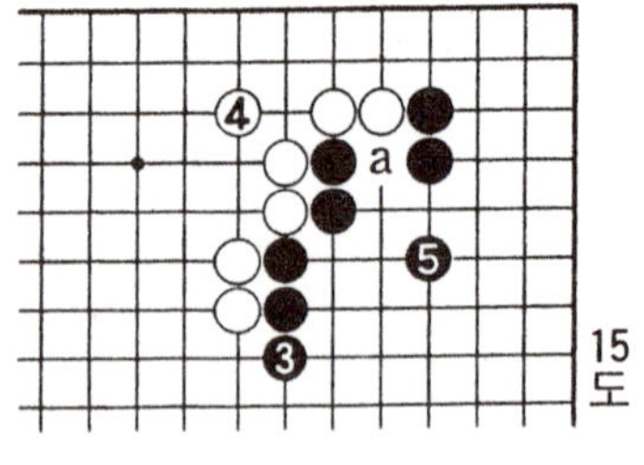

15도

b로 이쪽의 두 점을 잡읍니다.

11도

9도에 이어 백6으로 지키고, 흑7로 우변의 집을 늘리면서싸움이 되는 것입니다.

12도

흑1에 대해 백2로 치는 수는 어떨까요?

13도

만일 흑1의 지키기로 돌아준다면 백2로 걸쳐 이어 당당한 형입니다.

14도

또, 흑1의 뻗기라면 백2로 눌러갑니다.

15도

흑은 3으로 뻗는 정도의 것으로, 백은 4로 단점 두 개를 동시에 지킵니다. 흑5의 준비는 백a의 약점에 대

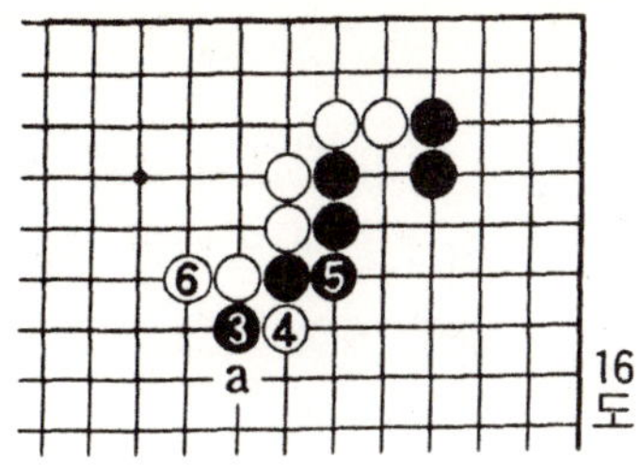

16
도

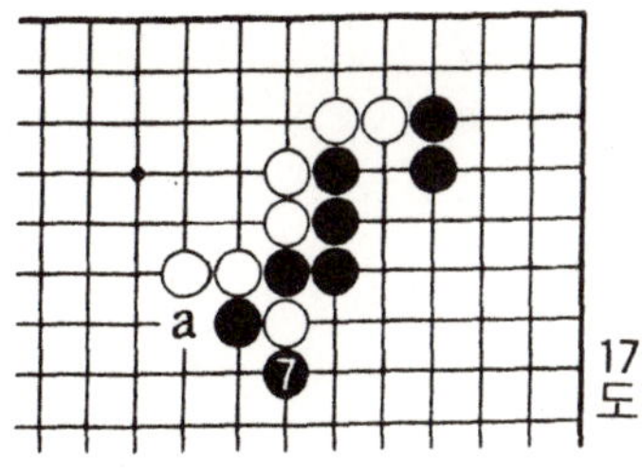

17
도

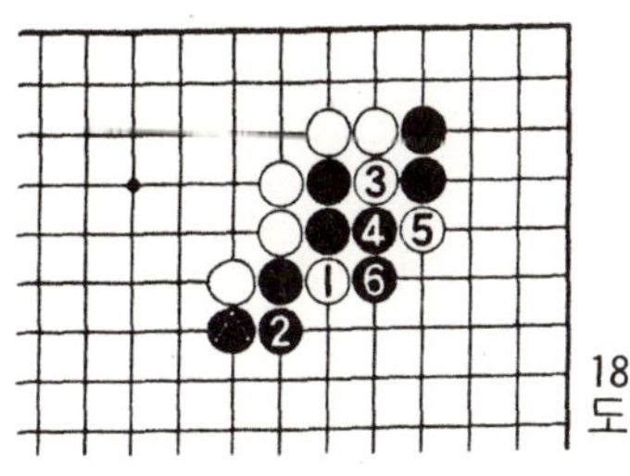

18
도

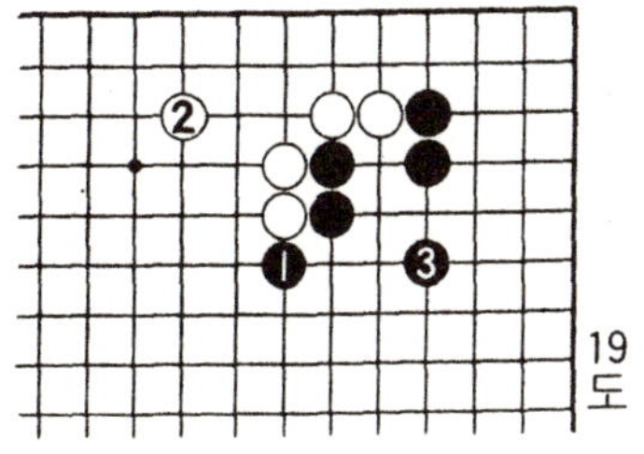

19
도

비, 뺄 수 없읍니다.

16 도

12 도에 이어서, 흑 3
이 강수. '2 단 젖히
기' 라고 불리우는 맥
입니다.

17 도

흑이 칠 차례이므로
한 발 먼저 7 로 축에
걸 수가 있읍니다. 흑
7 에서는 a 로 눌러 강
하게 싸우는 수가 유
력합니다.

18 도

무서운 것은 ⬤ 에 대
해 백 1 의 단수에서 3
·5 로 반격하여 가는
수인데, 흑 6 까지 응수
해 가 두려운 것은 없
읍니다.

19 도

거슬러 올라가 흑 1
때 백 2 로 단점을 지
키면 평온.

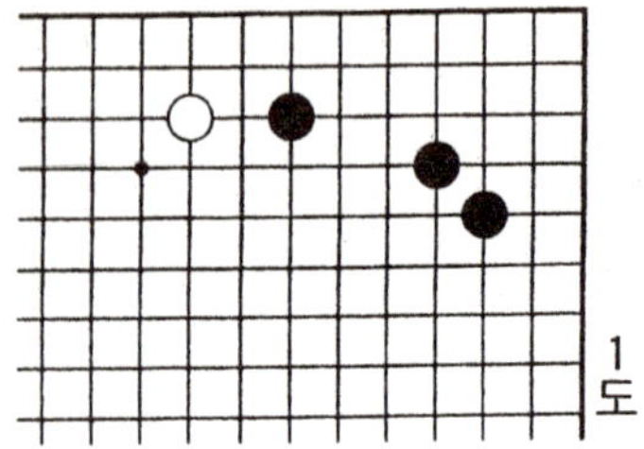

1도

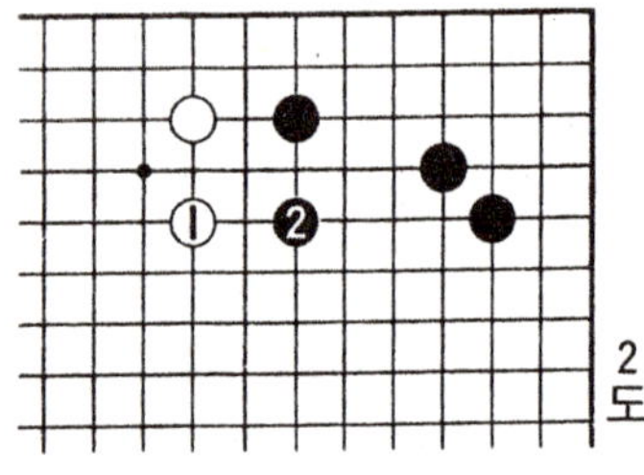

2도

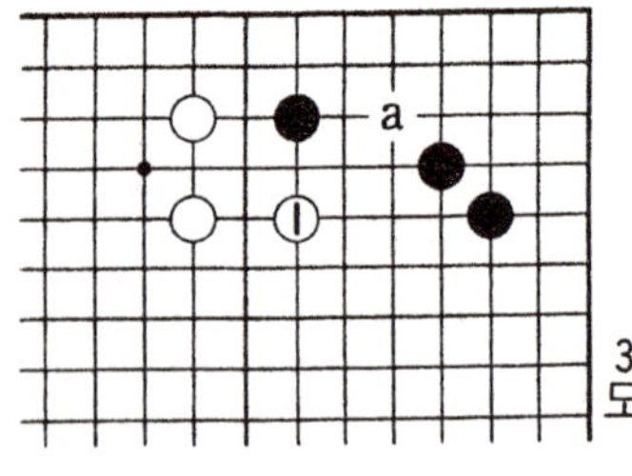

3도

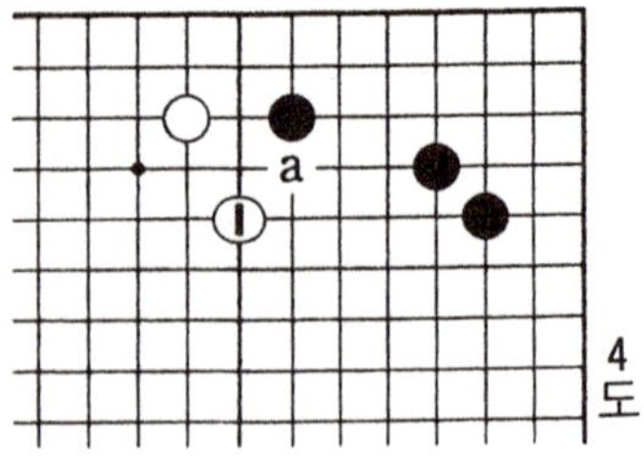

4도

뛰기와 붙이기

돌이 떨어져 있을 때의 뻗음과 압박의 싸움에도 맥이 있다.

1도

흑부터 쳐서 백의중앙 진출을 제약하려면 어떤 수를 생각할 수 있을까요?

2도

백부터 치면 1의 뛰기가 최초로 생각할 수 있는 수입니다. 흑2는 지킴의 뻗기.

3도

전도 흑2를 치지 않으면 백1로 더욱 압박당합니다. 백1에서는 a로 돌입하여 흑의 집을 어지럽힐 수도 있을 것입니다.

4도

그외 백에는 1의 날

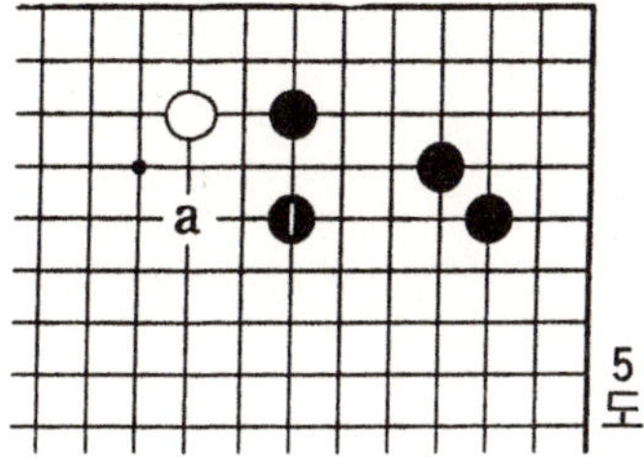

5 도

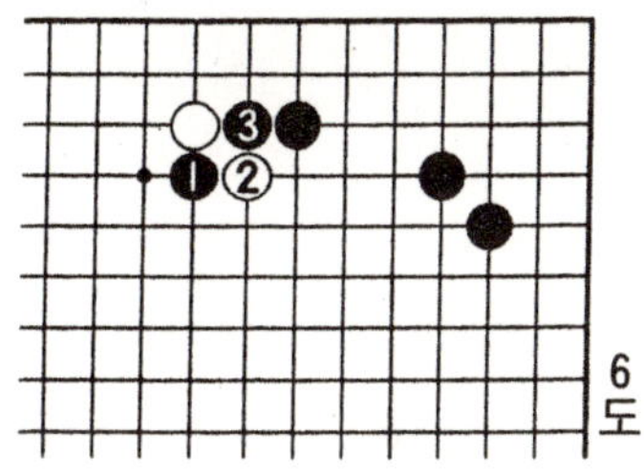

6 도

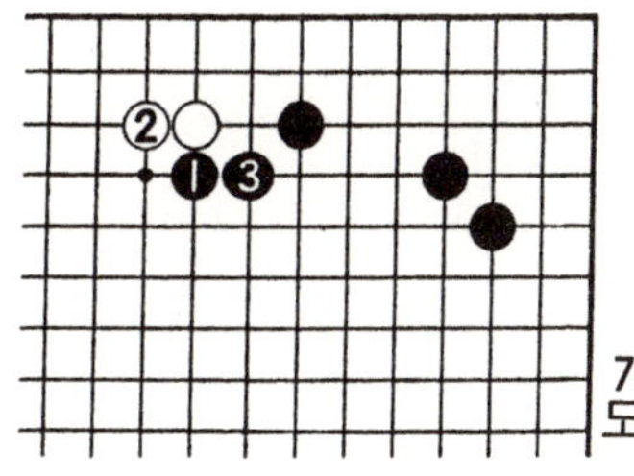

7 도

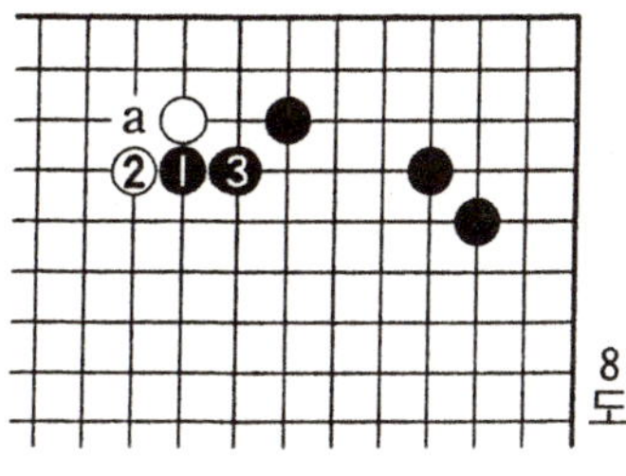

8 도

일자나 a의 붙이기 등, 여러 가지 압박 수단이 있읍니다.

5 도

그럼 본제로 되돌아가 흑은 어떻게 칠까요? 1의 뛰기는 백a의 뛰기와 같은 의미입니다.

6 도

흑1의 붙이기가 서로의 돌이 제3선에 한 칸의 거리로 나란히 있을 때의 압박의 맥입니다. 백2는 흑3으로 끊겨 무리.

7 도

백2라면 흑3으로 보강하여 세력상의 우위를 확보합니다.

8 도

백2에는 흑3으로 되돌아가 a의 끊기를 겨냥하는 것입니다.

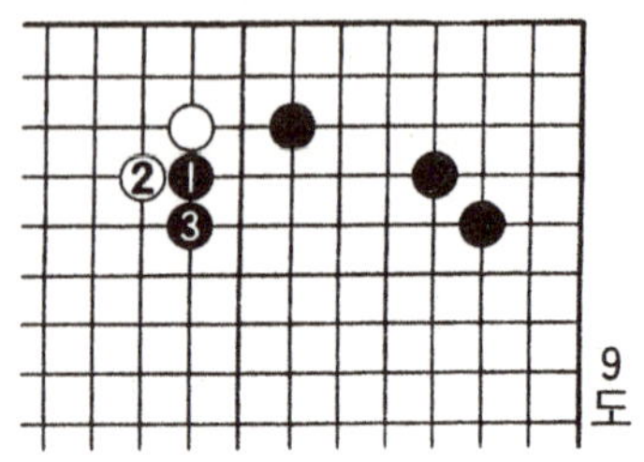

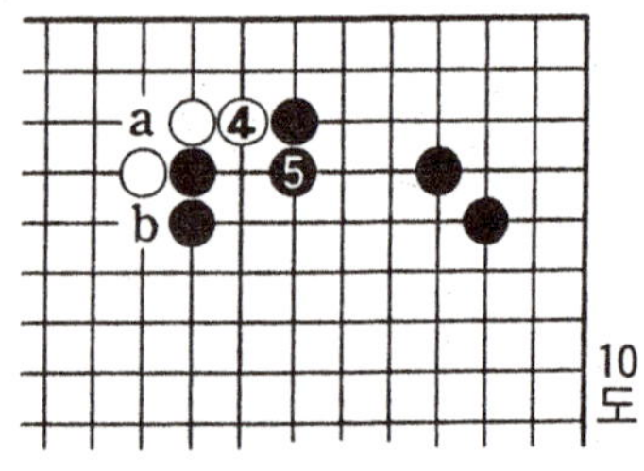

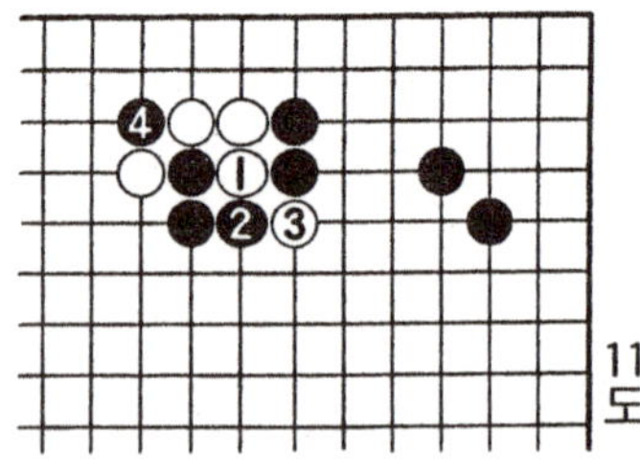

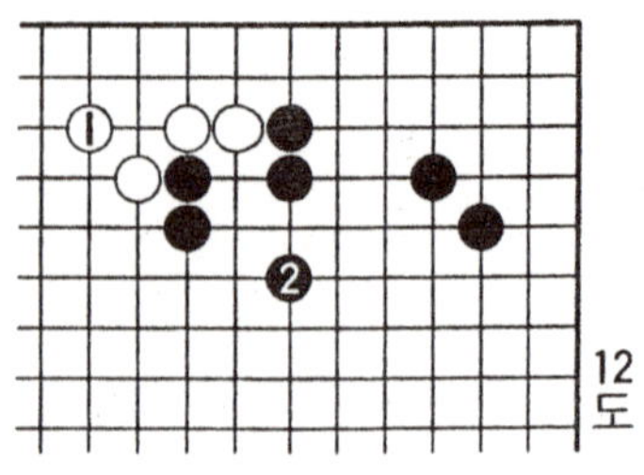

9도

흑이 1·3의 붙여 잇기라면 세력상의 우위를 확정할 수 있읍니다.

10도

이어서 백은 4로 치는 것에 의해 a의 단점을 일시적으로 막읍니다. 흑은 5로 치고 백의 진출을 막읍니다.

11도

무서운 것은 10도에서 백1·3의 내끊기인데, 지금 단계에서는 무리. 흑4로 끊어 흑의 유리한 싸움인 것입니다.

12도

10도에서 백1로 단점을 지키면 흑도 2로 약점을 지켜두는 요령입니다.

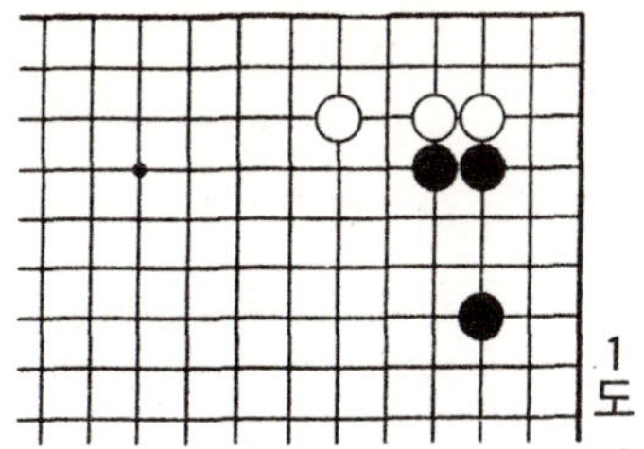

부풀림과 날일자

세력상의 급소로 필수 맥에 부풀기의 맥과 날일자의 맥이 있다.

1도

흑과 백이 싸우는형으로 어느쪽이 쳐도 이후의 싸움이 유리하게 된다는 급소가 있읍니다.

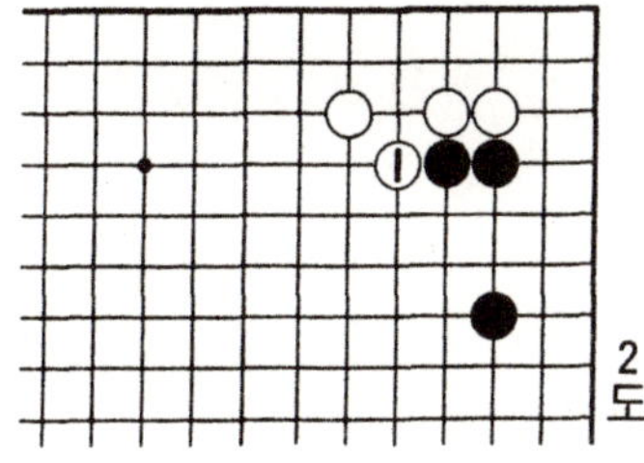

2도

백부터 치면 1의 부풀림으로 흑의 머리를 누릅니다.

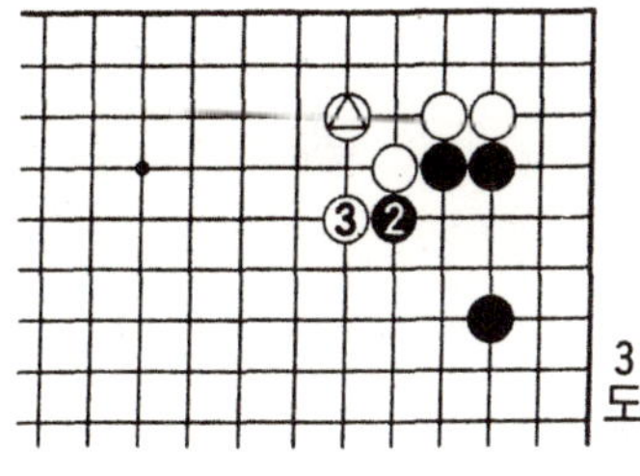

3도

흑2에 백3으로 눌러 붙이는 것은 △이 있기 때문입니다.

4도

흑은 1 등으로 발뺌하여 진출하는 수밖에 없는, 약점이 많은 형입니다.

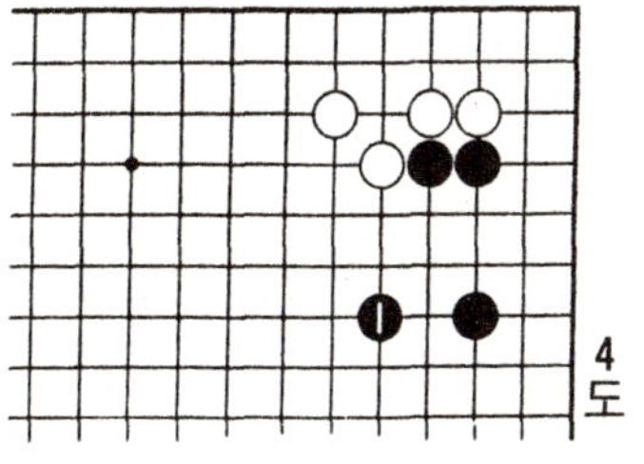

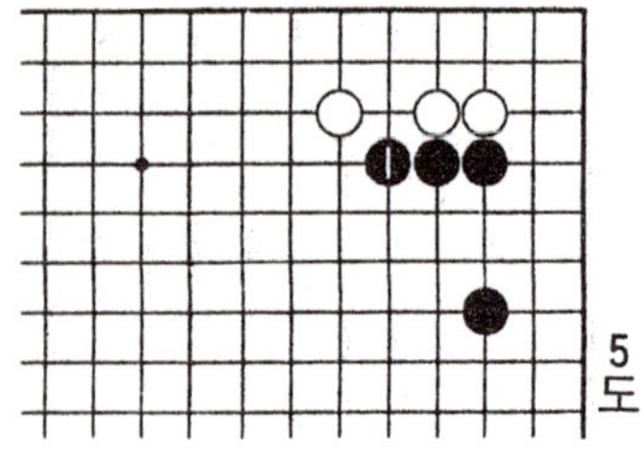

5 도

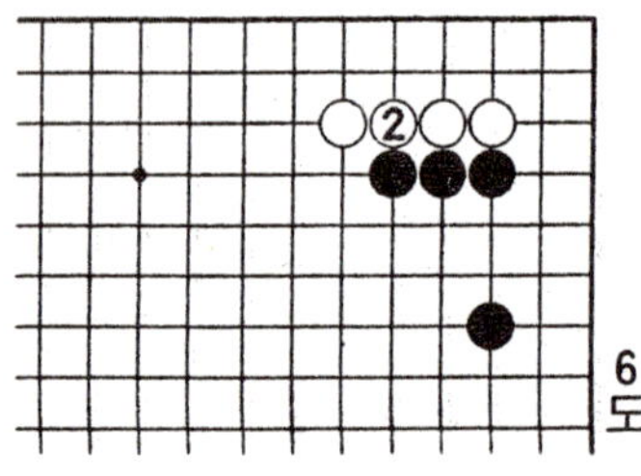

6 도

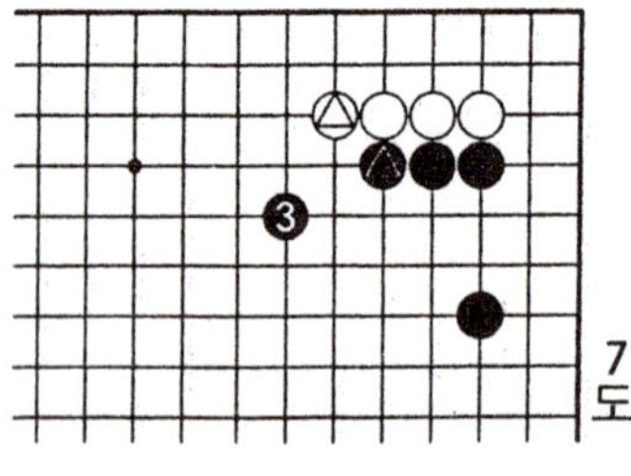

7 도

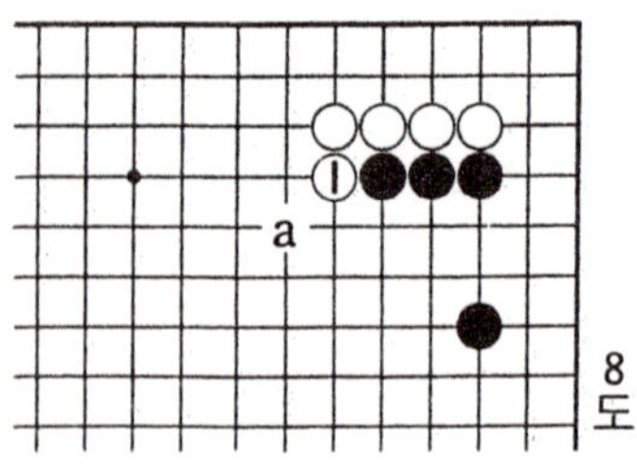

8 도

5 도

혹부터 치는 경우도 1의 점입니다. 백의 부풀림을 방해하므로 '부풀림의 맥' 이라고 불리우고 있읍니다.

6 도

백은 2로 약점을 지키는 것이 바른 수. 이에 관해서는 후에 다시 설명하겠읍니다.

7 도

이어서 혹3으로 치는 것이 '날일자의 맥' 입니다. ● 부터도 △ 부터도 날일자의 지점에 해당하므로, '양날일자의 맥' 이라고도 불리웁니다. 백 보다 1 보 앞에 내어 세력의 우위를 확정하는 급소.

8 도

전도 혹3을 손 빼기하면 백1의 구부

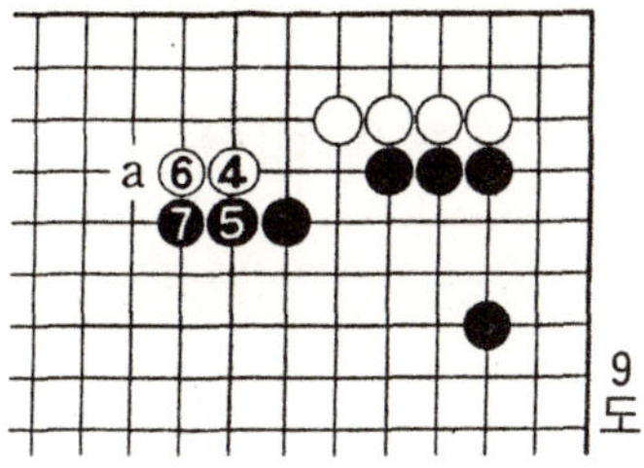

9도

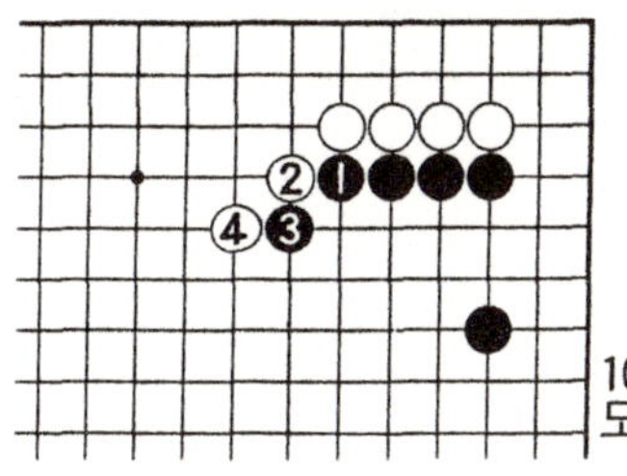

10도

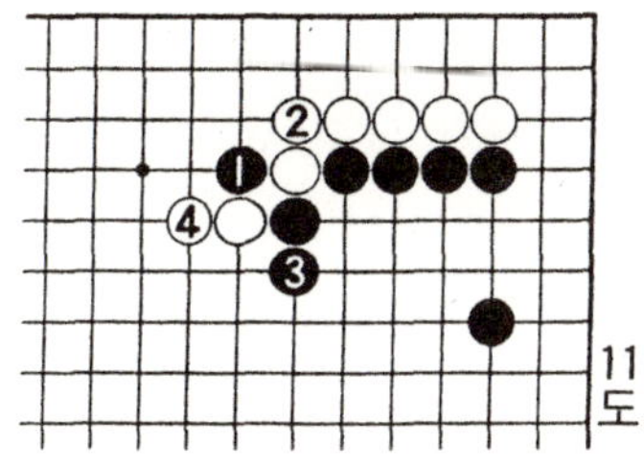

11도

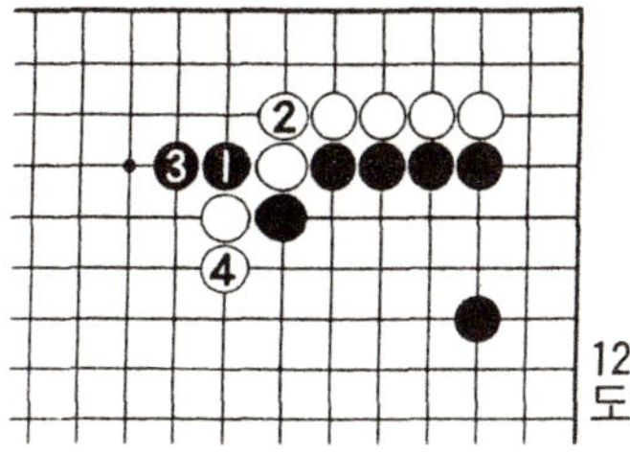

12도

림이 호점입니다.

9도

7도의 '날일자의맥'에 이어 백4로 진출해도 흑은 5·7로 눌러 중앙의 세력을 강조할 수 있읍니다.

10도

흑1의 누르기로는 7도에서 9도와 같이 모양 좋게 중앙을 제압할 수 없읍니다. 백2·4라는 예의 2단 젖히기로 저항케 합니다.

11도

이어서 흑1·3은 백2·4로 상변의 백이 쑥 부풀어 오릅니다.

12도

또 흑1·3의 반격도 백4의 뻗기로 불리한 싸움으로 이끌려 들어갔던 것입니다.

3. 모양의 선악

돌의 탄력

　모양의 선악은 눈모양의 유무, 단점의 유무로 판별된다.

　1도

　백의 약점을 어떻게 추급하는가.

　2도

　백부터 보강한다면 1로 치는 것입니다. 이로써 눈모양 풍부한 형이 되어 주변에서 강하게 싸울 수가 있을 것입니다.

　3도

　약점을 직접 백 1로 지키는 것은 눈모양이 빈약하여 강력한 모양이 아닙니다.

　4도

　흑 1이 모양의 급소입니다. a의 단점을 간

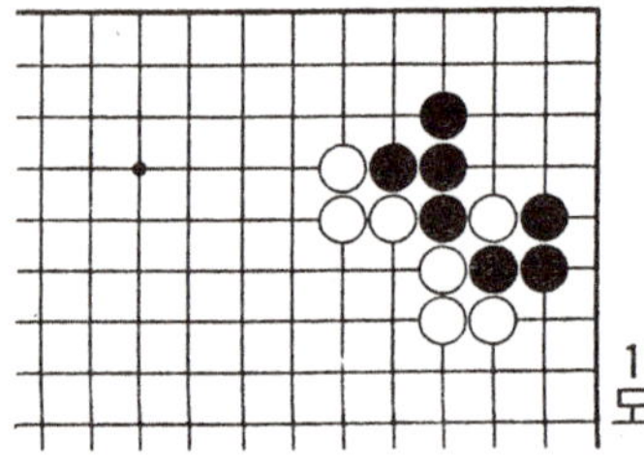

1도

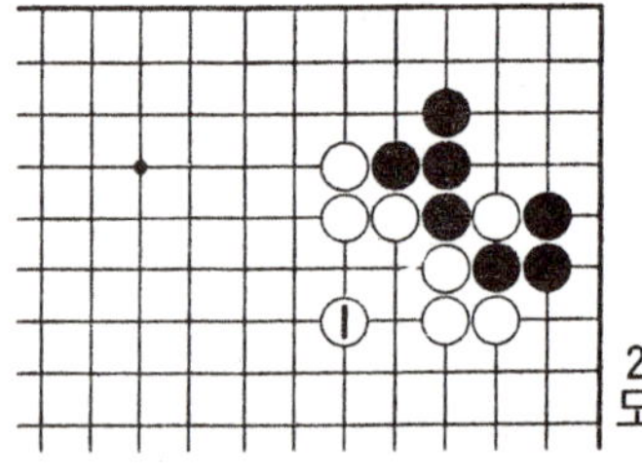

2도

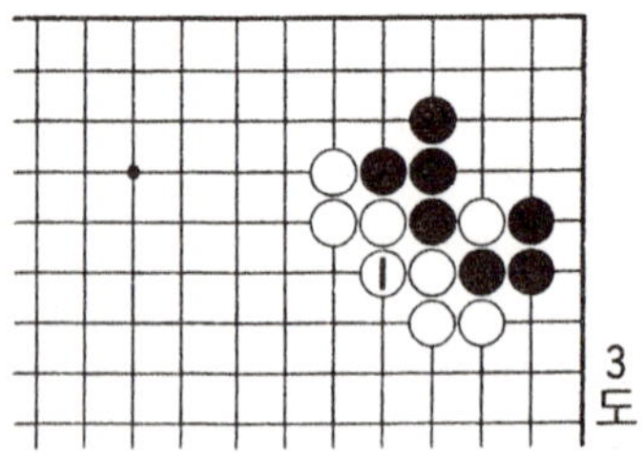

3도

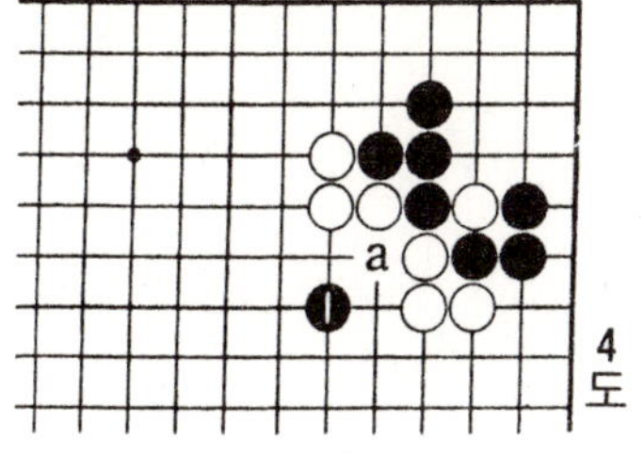

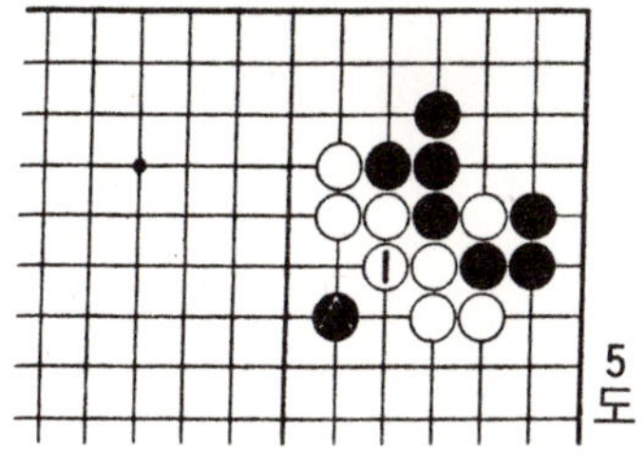

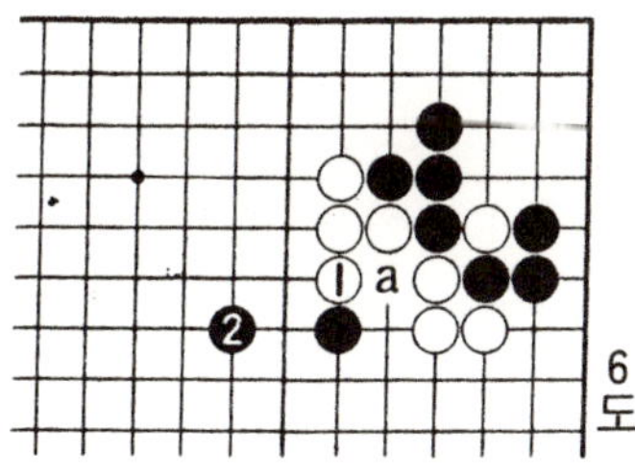

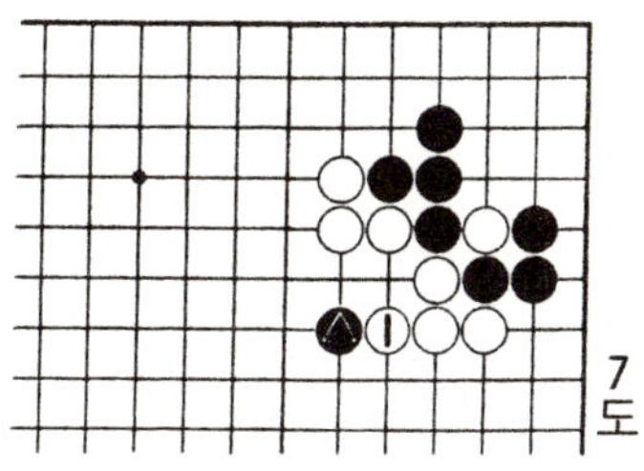

접적으로 공격하여 백
을 작용이 나쁜 형이
되게 하려는 목표.

5 도

백 1 로 이으면 백의
모양은 3 도와 같읍니
다. ▲ 은 눈모양의 급
소가 되고, 장래 백을
크게 공격하는 재미가
생깁니다.

6 도

백 1 이라면 흑 2 로
뛰어 공격합니다. a 의
점이 빠진 눈이므로 백
은 의외로 궁핍한 형
입니다.

7 도

백 1 이라도 마찬가
지. 흑은 곧 공격하지
않아도 충분합니다. 본
래, 백이 보강한다면 2
도와 같이 ▲ 의 점이
급소였읍니다. 그 급
소를 일격하고 백의 호

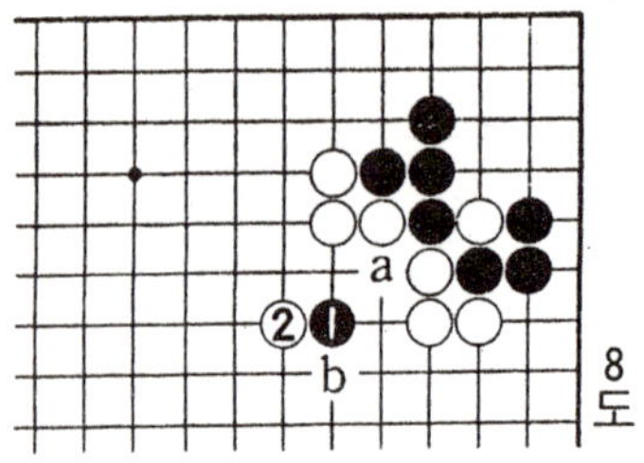

8도

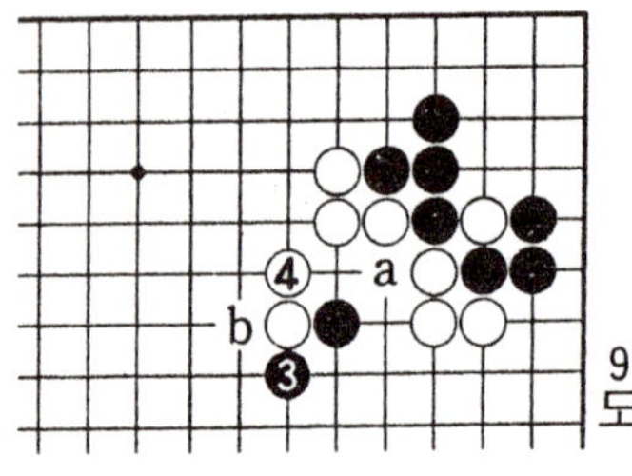

9도

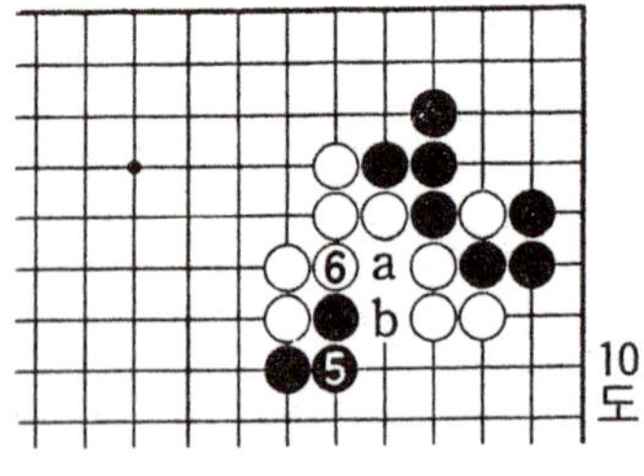

10도

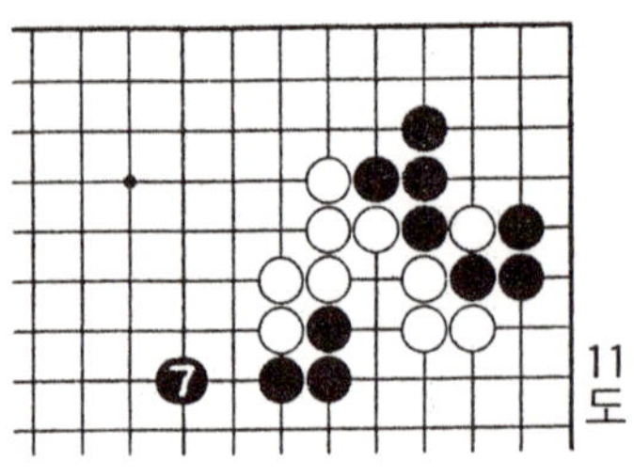

11도

형을 방해한 흑에 득점이 들어갑니다.

8도

백2로 붙이는 것도 저항의 한 수단. 곧 흑a로 끊으면 백b로 전부 먹힙니다.

9도

일단은 흑3으로 젖힐 것입니다. 백은 4로 당기고, 또 간접적으로 a의 단점을 지키는 등을 생각할 수 있읍니다.

10도

이어서 흑5로 이으면 그렇게도 고집센 백도 6으로 지키는 수밖에 없을 것입니다.

11도

흑7로 뛰어 중앙을 정복했읍니다. 백의 약점을 이용, 무에서 유를 만들고 있읍니다.

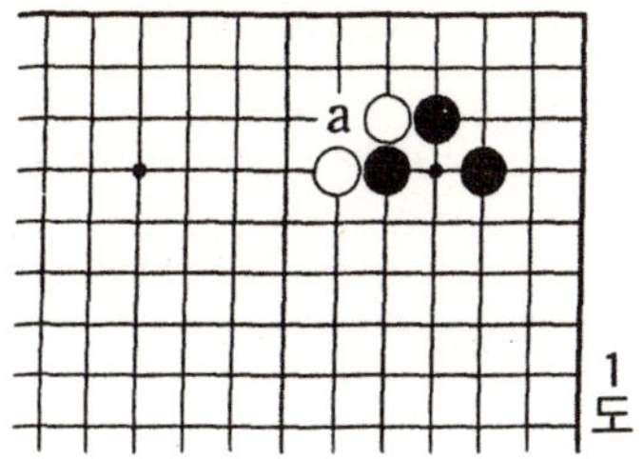

1도

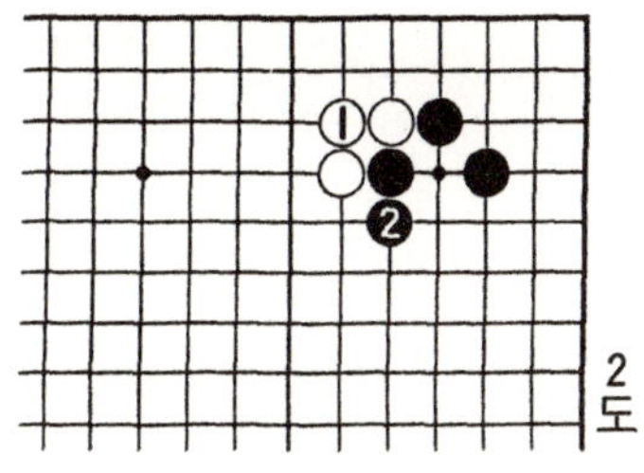

2도

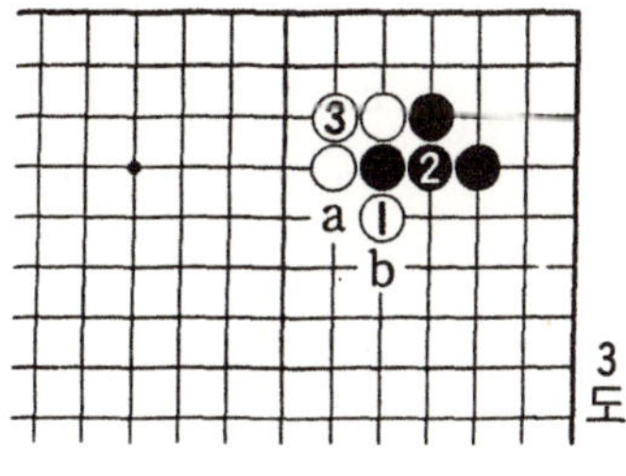

3도

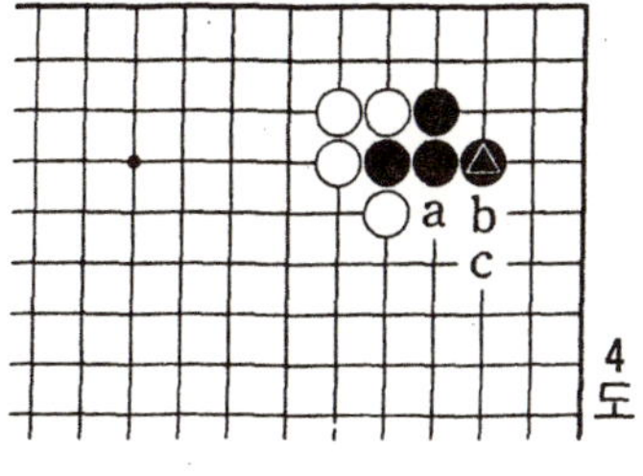

4도

진립(陣笠)

진립은 악형의 한 표본.

1도

백은 어떻게 칠까요? 우선 a의 단점이 마음에 걸립니다.

2도

백1로 곧 지키면 흑2가 쭉쭉 뻗은 형. 이것은 백에게 좋지 않읍니다.

3도

백1로 단수를 걸고 그리고 3으로 잇읍니다. 이 일격으로 흑네점은 진립의 악형. 다음에 흑a라면 백b로 뻗어 싸웁니다.

4도

악형의 원인은 작용이 빈약한 ●의 위치. 이것이 a나 b, 또는 c에 있으면 호형입니다.

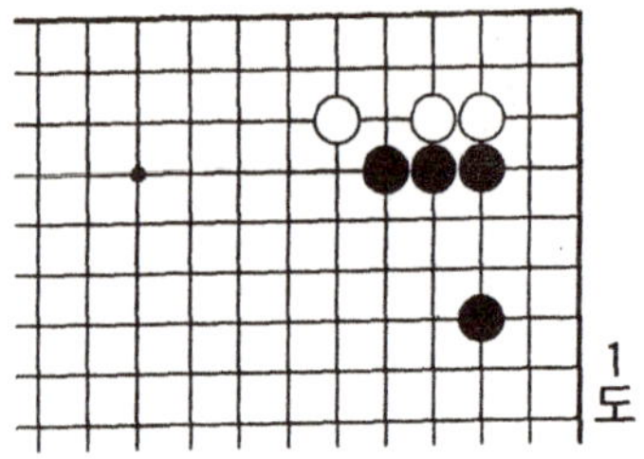

1도

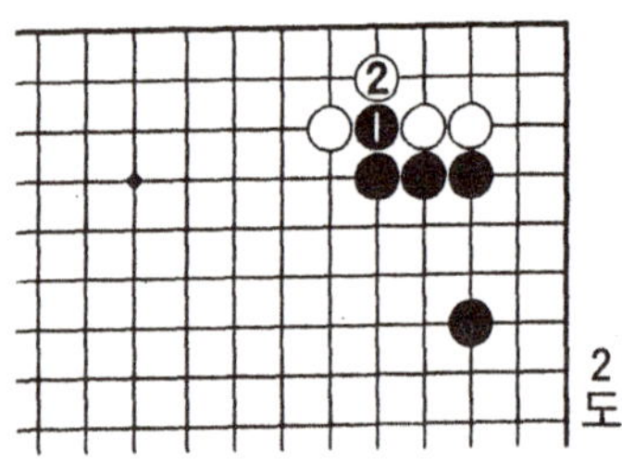

2도

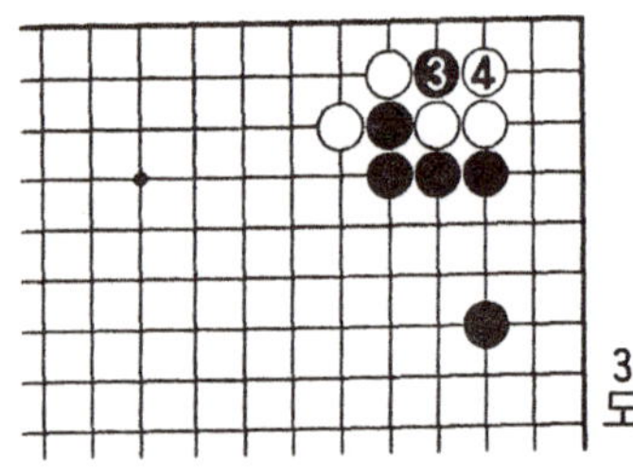

3도

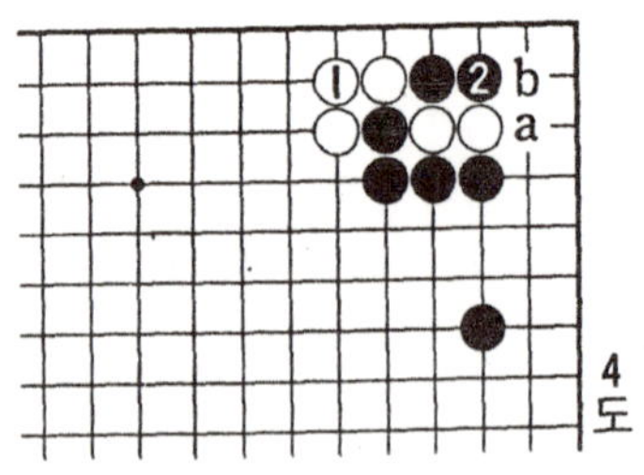

4도

약점의 유무

약점이 있는 형은 악형. 단, 추급법에는 연구가 필요.

1도

백에는 약점이 있고 나쁜 형입니다. 흑부터의 추급법을 몇 가지 생각해 봅시다.

2도

흑1로 찔러내면 백은 2로 받아 건널 것입니다.

3도

거기에서 흑3으로 끊기를 넣고, 이 한 점을 희생하는 것이 호수인 것입니다.

4도

전도 백4에서 1쪽을 치면 흑2로 단수를 걸어 백 두 점을 잡읍니다. 이 뒤 백a라면 흑b로 치는 호수로

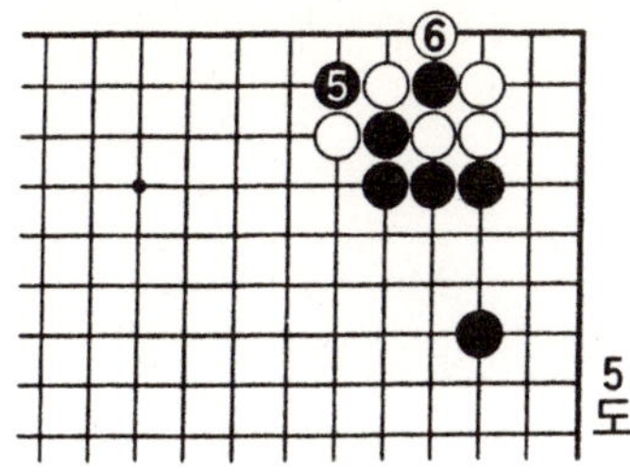

서로 싸워 승리.

5 도

3 도에 이어서 흑 5
로 단수를 걸어 백 6
으로 뺍니다. 귀에서는
손해를 보지만 ──

6 도

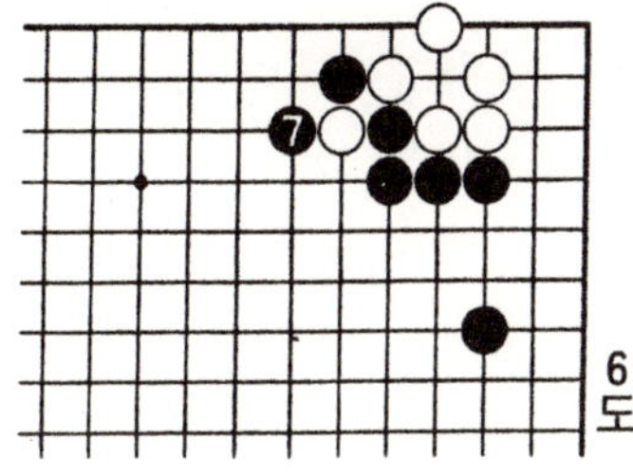

그 대신 흑 7 로 백
한 점을 분단하고 축
에서 잡는다는 대전과
를 바깥쪽에서 올릴 수
가 있었읍니다.

7 도

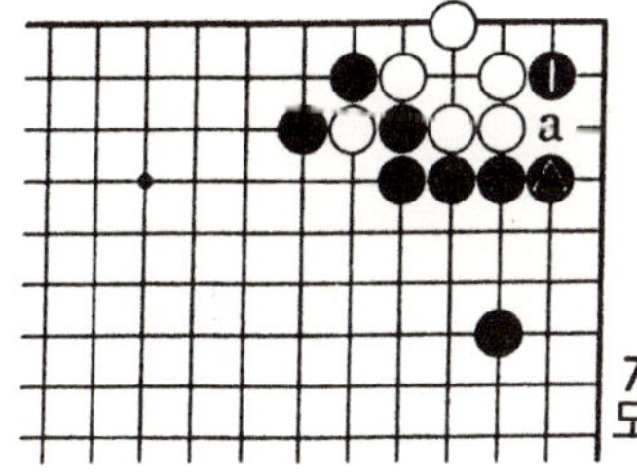

귀의 백의 형도 그
렇게 거만하지 않고,
● 이 가해지면 흑 1 로
쳐져 문제(패)가 생깁
니다. 따라서 ●에는
a 로 받지 않으면 안되
고, 그만큼 바깥쪽의 흑
은 강한 돌이라는 뜻
입니다.

8 도

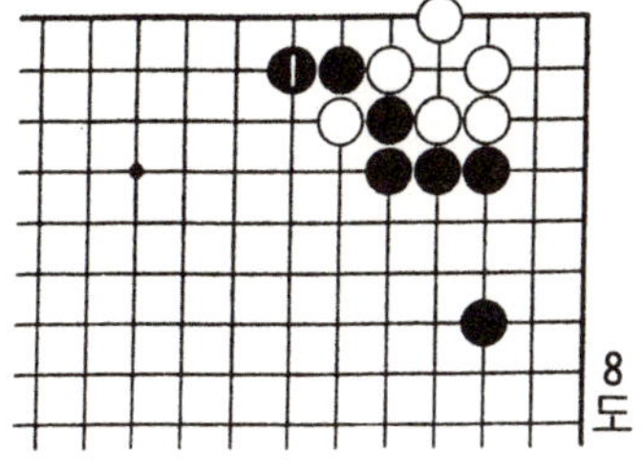

만일 축이 나빠도 흑

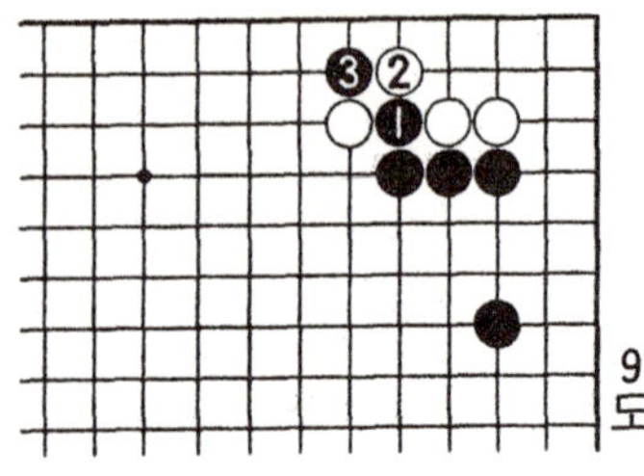

은 1로 쳐 충분히 싸울 수 있는 형일 것입니다.

9도

또 흑에는 1로 내어 3쪽을 끊는 맥도 있고, 경우에 따라서는 유력합니다.

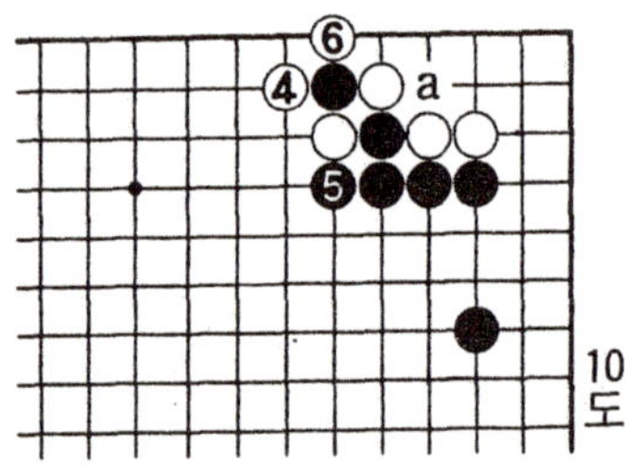

10도

백4로 한 점을 잡을 수 있지만 흑5로 단수를 다시 대어 뽑니다. 단, 이것에는 흑 a쪽에서 단수, 4도와 같이 귀의 두 점을 잡는 것도 가능. 그때는 집이 목적입니다.

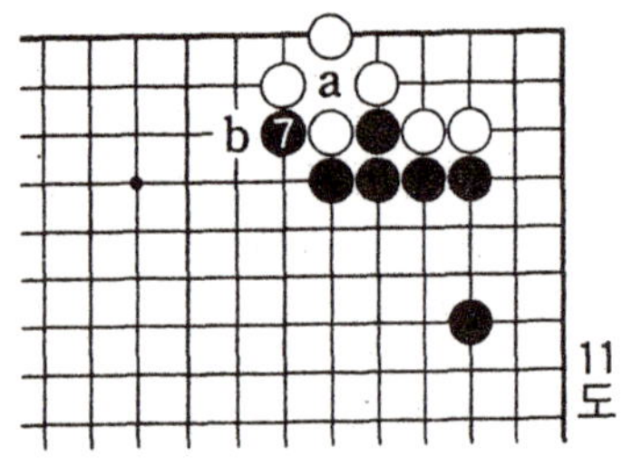

11도

전도 흑5로 단수한 것은 더욱 흑7로 단수하려는 의도. 백a로잇게 하고 흑b의 뻗기로 돌면 중앙으로 향하는 큰 세력이 출현합니다.

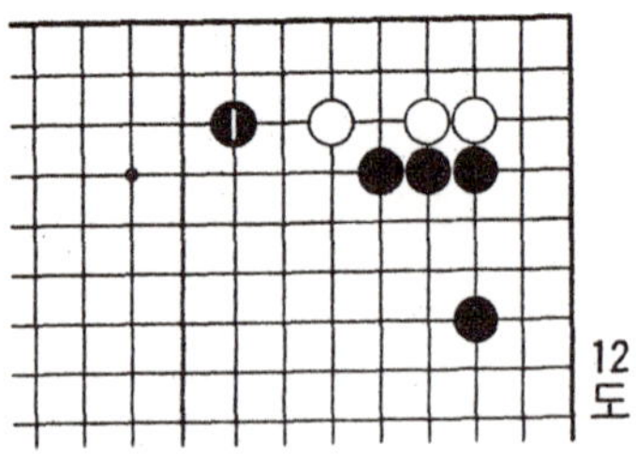

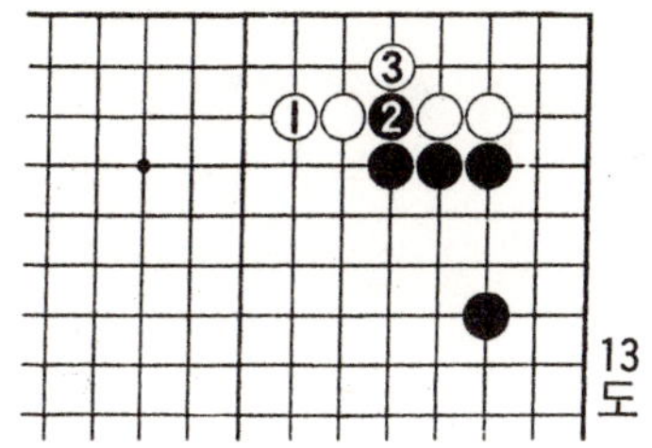

13도

12 도

직접 약점을 이용하지 않고 흑1로 바깥 쪽에서부터 압박하는 맥도 있읍니다.

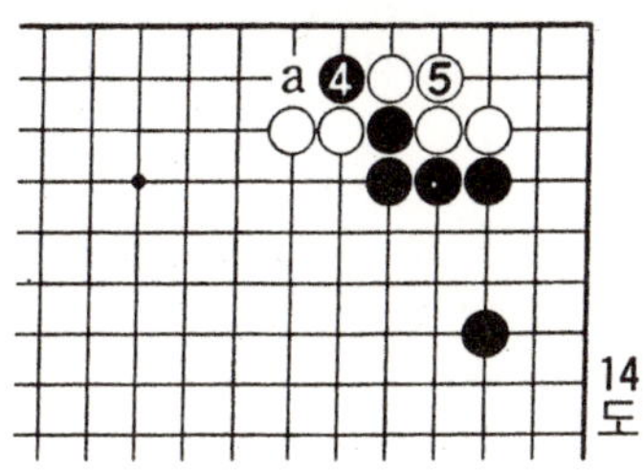

14도

13 도

그러면 1도에서 백이 어떻게 지키면 좋을까를 생각해 봅시다. 백1은 간접적인 약점의 보강으로 흑2에 백3으로 건넙니다.

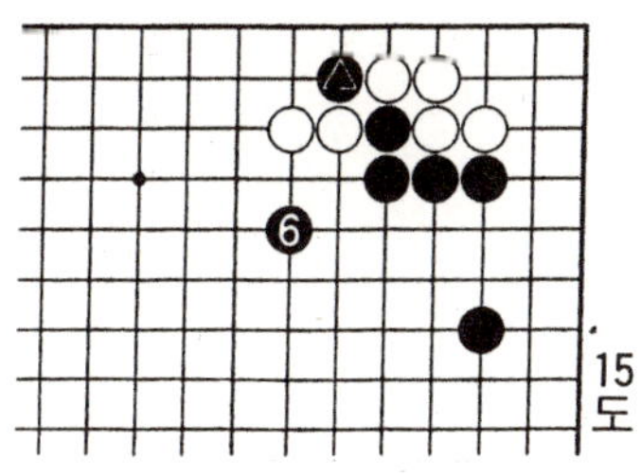

15도

14 도

이어서 흑4의 끊기에도 백5로 잇고, 흑4의 돌에는 직접적인 작용이 없읍니다.

15 도

흑6은 세력상의 호점. 여기에 돌이 오면 ●의 돌에 활력이 조금씩 살아납니다.

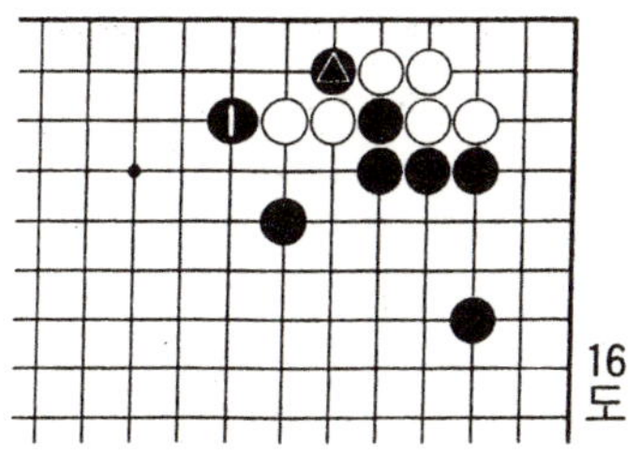

16도

16 도

백이 손을 빼면 흑

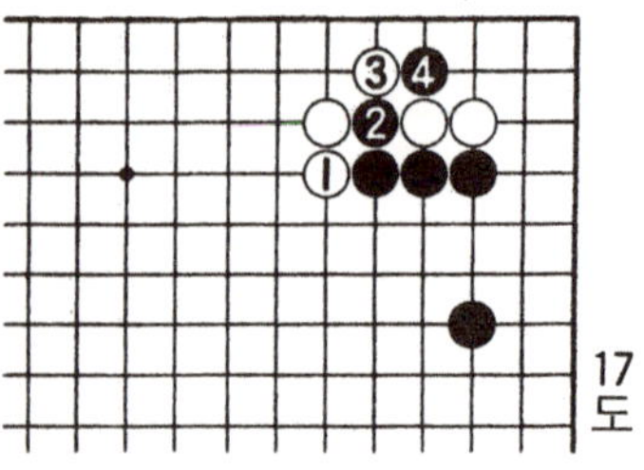

1의 잇기가 목표. 만일 ▲이 없으면 흑1은 폭수인 것입니다.

13도 백1은 바른지키기라고 할 수 없읍니다.

17도

그러면 백1로 치는 것은 어떨까요? 흑은 또, 2·4로 끊기를 넣어 봅니다.

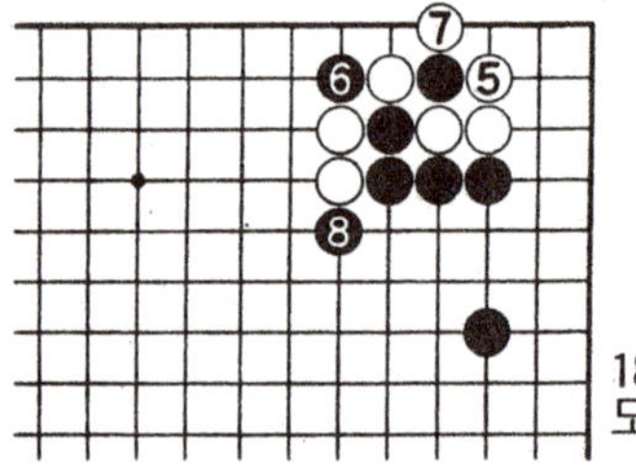

18도

백5로 두 점을 돕는다면 흑6의 단수를 치고, 흑8로 머리를 눌러 안는 것이 호수순입니다.

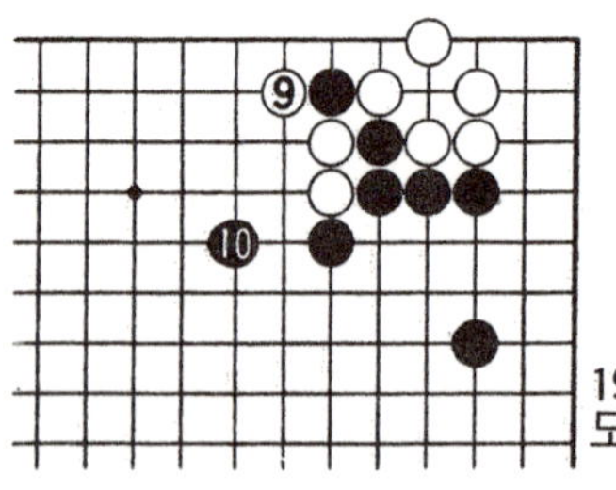

19도

백9로 후퇴시키고 흑10의 중앙 정복이라면 대만족일 것입니다.

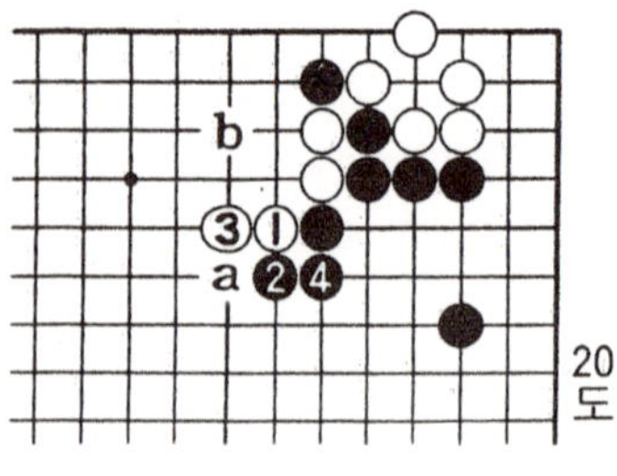

20도

전도 백9에서 1이

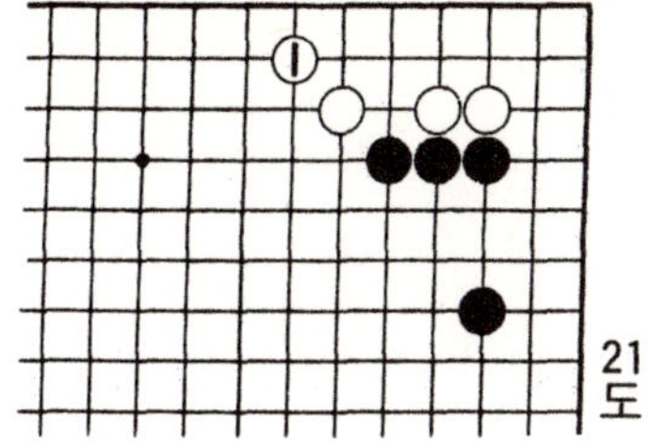

21도

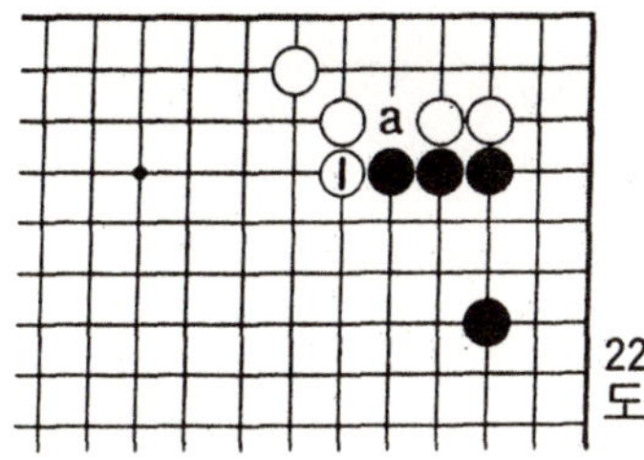

22도

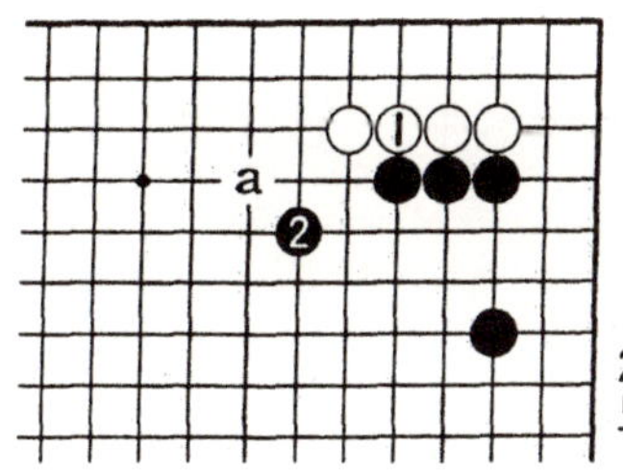

23도

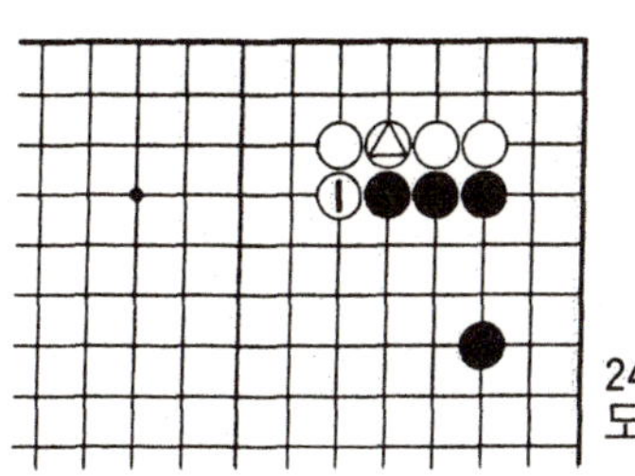

24도

라면 흑2의 2단 젖히기입니다. 백3 때 흑 4라는 수비, 이 뒤 백 a라면 흑b로 형의 급소로 쳐 갑니다.

21 도

간접적으로 지킨다면 백1의 마늘모가 유력한 형. 이것이라면 17도와 같은 맥이 없읍니다.

22 도

그러나 흑이 손을 뺀 때 백1로 쳐도, a의 공배가 비어 있으므로 흑으로의 압력이 빈약한 형인 것입니다.

23 도

백부터는 직접 1.

24 도

흑이 손을 빼고 백1로 구부린 형과 22도를 비교하면 △의 강력함이 분명합니다.

지식과 기술의 강좌

초롱 행렬

중앙 진전 싸움의 하나로, 돌의 서로 뻗기가 있다.

포석에서 싸움으로 이행하는 직전은 근거의 유무와 중앙 진전의 편안함이 쟁점이 됩니다.

백1의 뛰어들기에 흑2로 친 것은 백의 근거를 빼앗는 수. 백3에서 중앙에 서로 뻗는 듯한 형을 '초롱 행렬' 이라고 부릅니다. 예를 들면, 백5로 손 빼기는 흑a로 압박받아 궁핍한 형. 상대의 머리를 눌러 붙이느냐 반대로 눌러 붙여지느냐는 이후의 싸움에 큰 영향을 주는 것입니다.

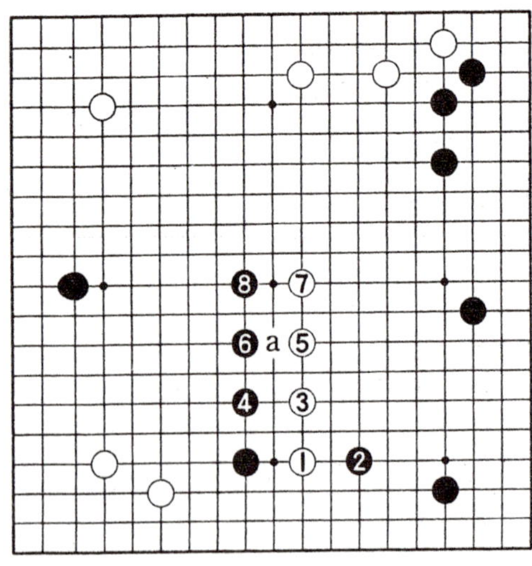

제 2 장

싸움의 맥

이 장에서는 돌의 '접촉전'을 설명합니다. 싸움의 기본은 돌의 연결과 절단으로 고립된 돌은 약하고, 약한 돌은 공격당하고, 공격당한 돌은 살기 위하여 대타의 희생을 지불하지 않으면 안될 것입니다.

돌의 강약은 집의 손익이 되는 것입니다.

1. 연결과 절단
상립 이음

돌이 서로 혼잡하게 싸우면 연락에서 연결로 촛점을 짤 수 있다.

1도

상변의 ● 두 점은 어떻게 치면 중앙으로 도망쳐 낼 수 있을까? 효율이 좋은 형이 요구됩니다.

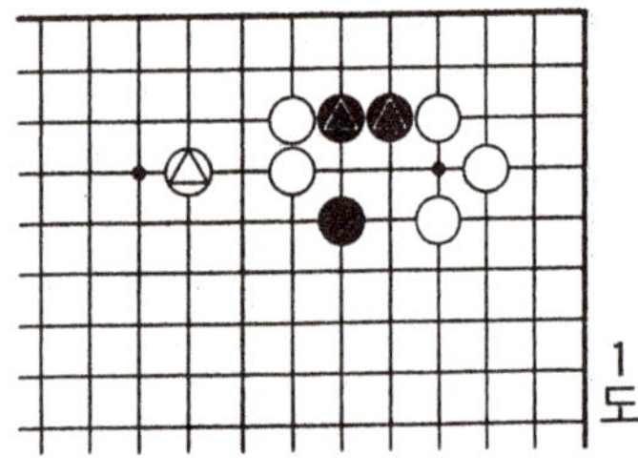

1도

2도

방치해 두면 백1의 나감으로 상하를 끊어 떨어집니다.

3도

흑2라면 백3의 절단. 흑 세 점은 '구할 수 없는 돌' 입니다.

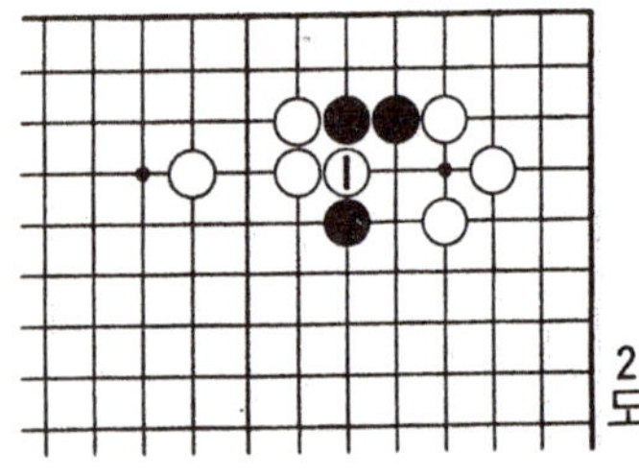

2도

4도

흑1로 치면 상하 하나의 연결입니다. 그러

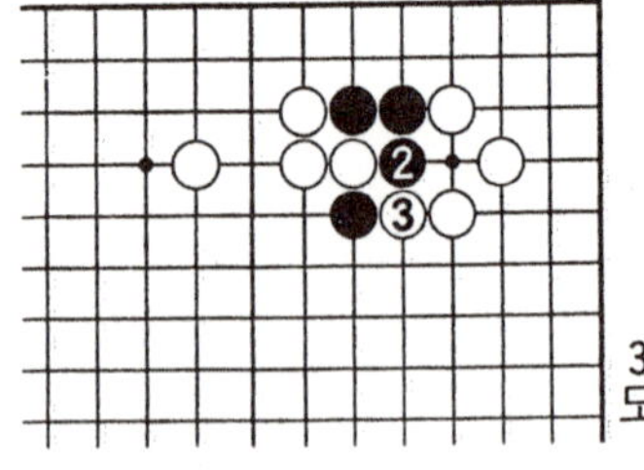

3도

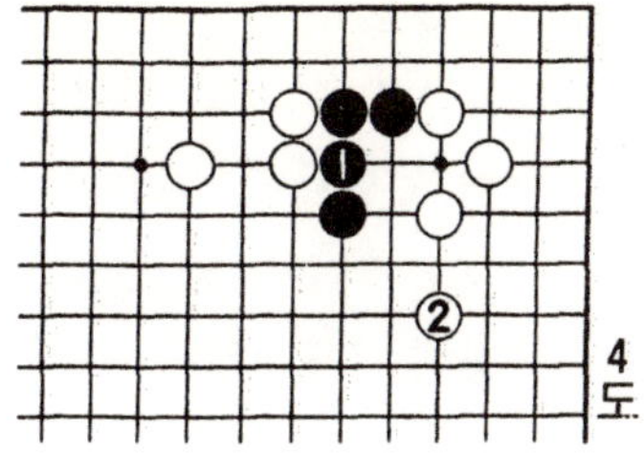

4 도

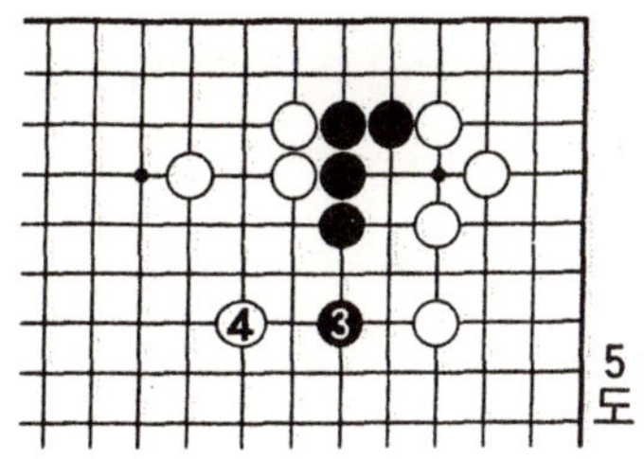

5 도

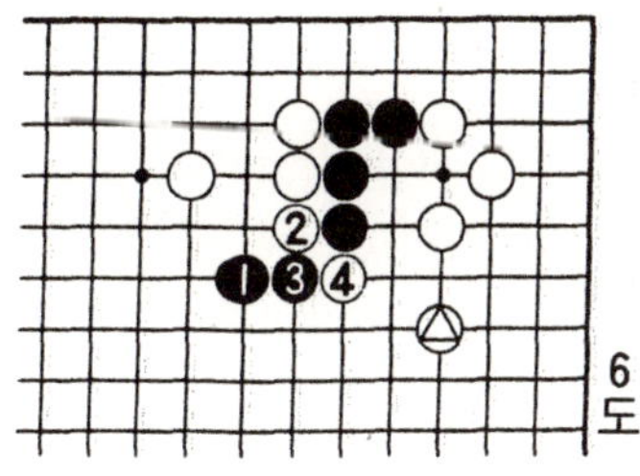

6 도

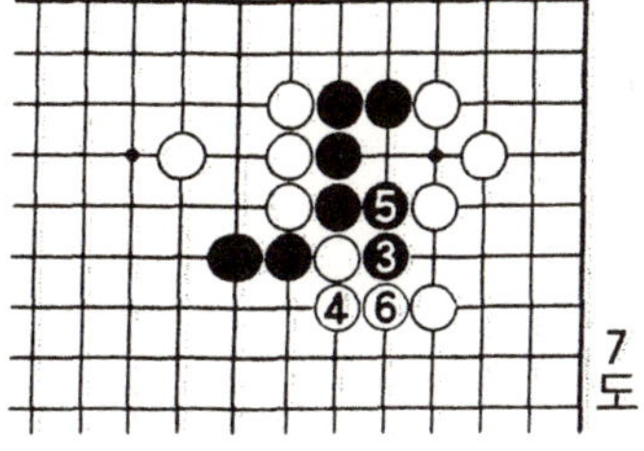

7 도

나 문제는 이것만이 아
닌 백 2 등으로 크게
공격당할 경우의 일도
생각해 둘 필요가 있
을 것입니다.

5 도

흑 3 으로 뛰는 정도
이지만, 백 4 로 추격당
해 어려운 도망 생활이
계속될 것입니다.

6 도

가능하다면 흑 1 로
치고, △이 기다리고
있지 않은 쪽으로 도
망치고 싶지만, 이 형
에서는 백 2 로 내어지
고 4 로 끊겨 약해집
니다.

7 도

그 뒤 흑 3, 5 로 발
버둥쳐 보아도 백 6 의
잇기로 용이하게 살수
없는 형입니다. 6 도
흑 1 은 무리.

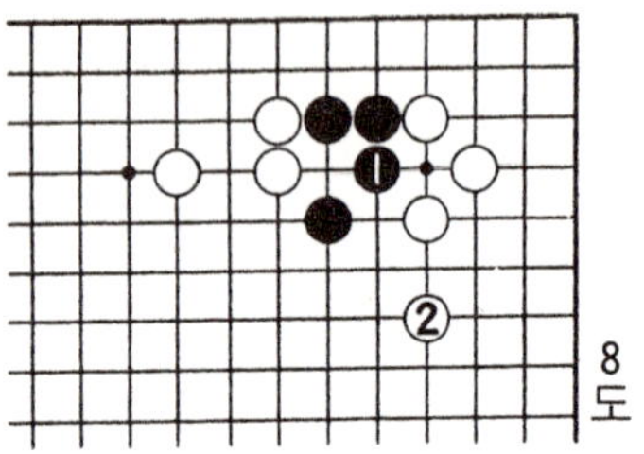

8도

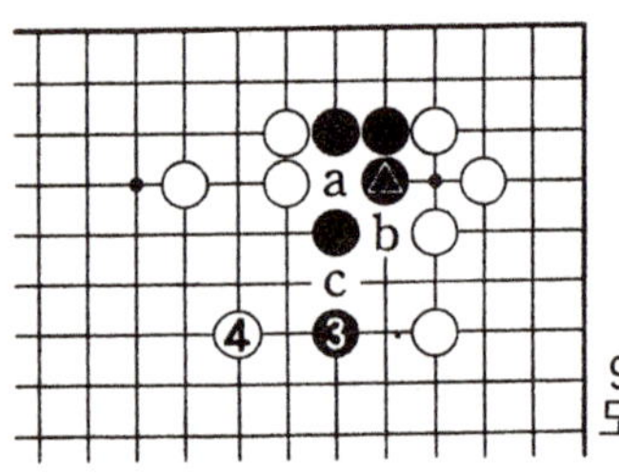

9도

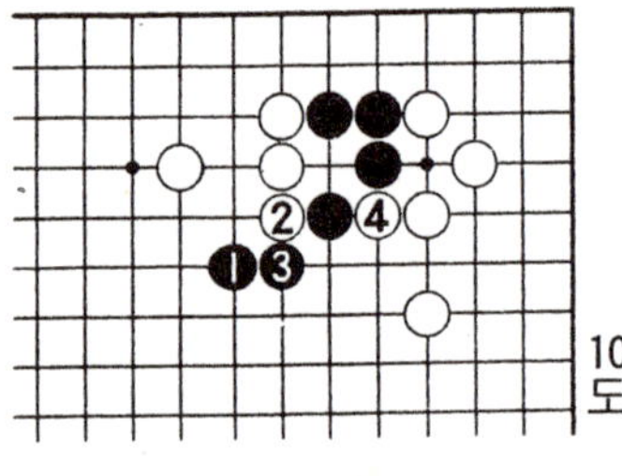

10도

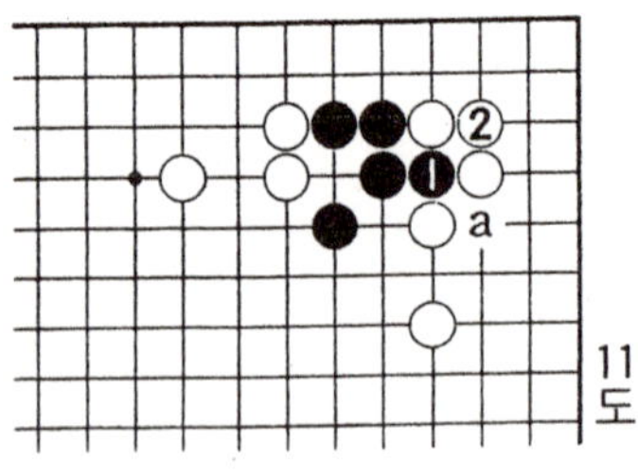

11도

8도

흑1로 쳐도 연결되어 있읍니다. 그러나 이것도 백2로 크게 공격당해 4도 보다 더욱 어려운 형.

9도

이어서 흑3, 백4가 된다고 해도 5도에서는 ●가 a에 있었읍니다. 본도는 백b, 흑a를 언제라도 칠 수 있으므로 그만큼 c 부근이 보다 약해져 있읍니다.

10도

흑1의 날일자는 6도와 같은 무리. 백2에서 4로, 흑은 두 개의 단점 어느쪽인가를 끊깁니다.

11도

흑1로 쳐 보아도 a의 단점은 대단한 겨냥이 되지 않읍니다.

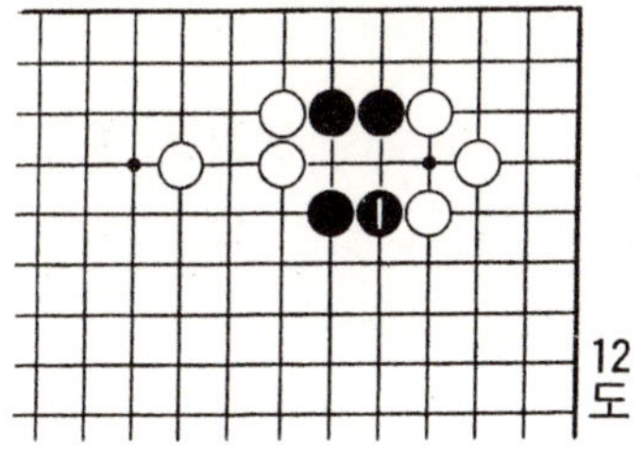

12 도

흑 1 이 '쌍립이음' 이라고 불리우는 효율 좋은 연결법. 대나무의 마디 모양이므로 그렇게 불리웁니다.

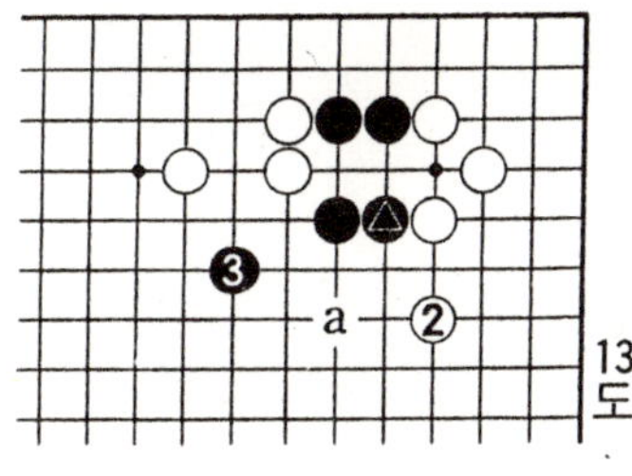

13 도

백 2 때 흑은 a 로 뛰면 탄탄한 형입니다. 게다가 a 에서는 ▲ 의 점에 흑돌이 있으므로 흑 3 으로 보폭을 크게 하여 도망쳐 낼 수도 있을 것입니다.

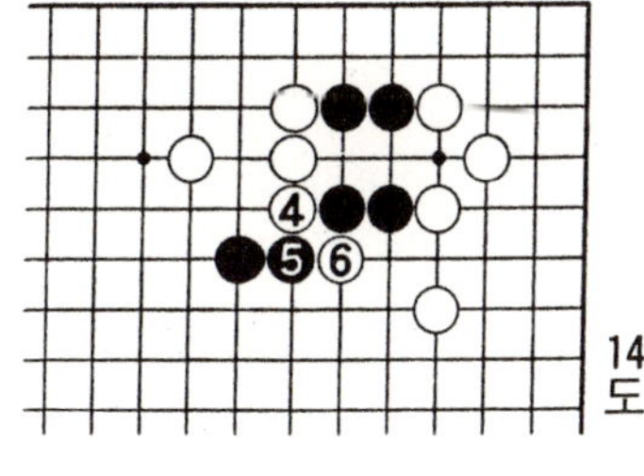

14 도

예에 따라 백 4 · 6 으로 절단해갔다고 합시다. 이 형은 6 도나 10 도와 다릅니다.

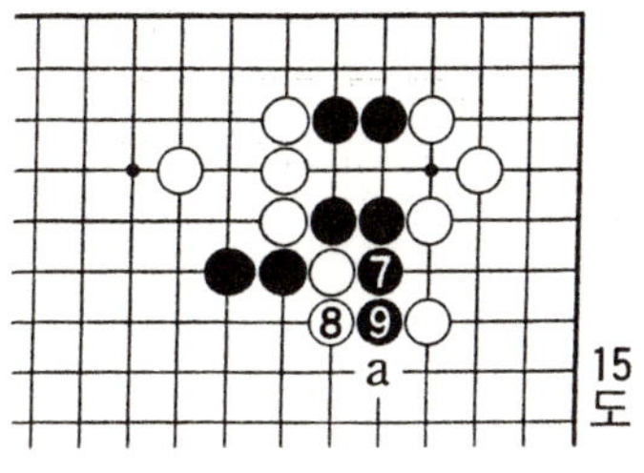

15 도

이어서 흑 7·9 로 내찌르고 백에는 a 로 누르는 수가 없습니다.

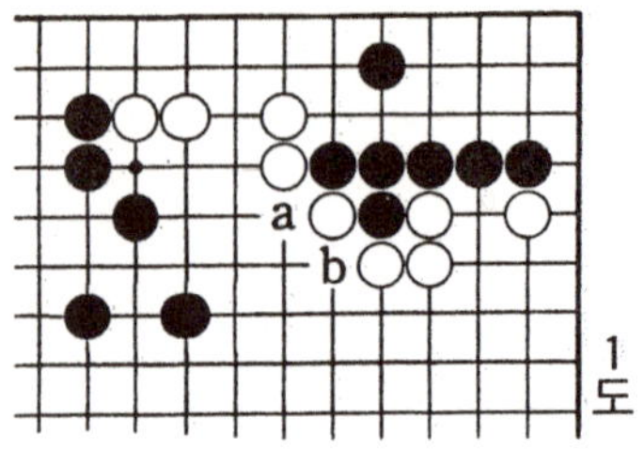

1도

나팔 잇기

두 개의 단점을 동시에 지키는 수법의 하나.

1도

a, b 두 개의 단점을 어떻게 지킬까?

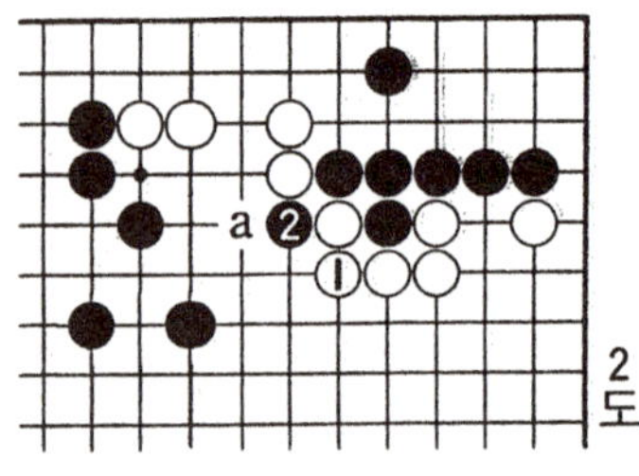

2도

2도

우선 백1로 한쪽을 이어 봅시다. 흑2의 끊기에 백a의 축은 물론 성립하지 않읍니다.

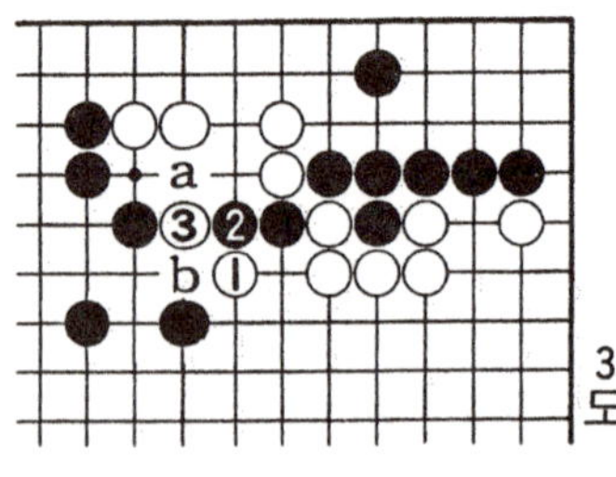

3도

3도

백1로 쳐 장문에 걸 수 있을까 어떨까입니다. 흑2에 백3으로 치고 흑a라면 백b로장문이 되는 것인데…

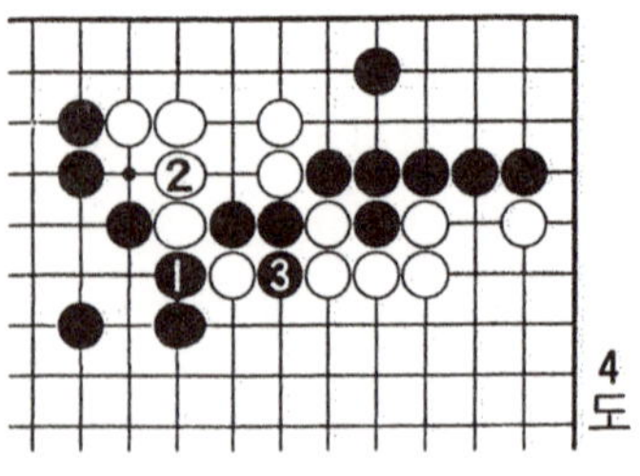

4도

4도

흑은 1쪽에서 단수하고 3으로 내어가 장문이 되지 않아, 절단 성공입니다.

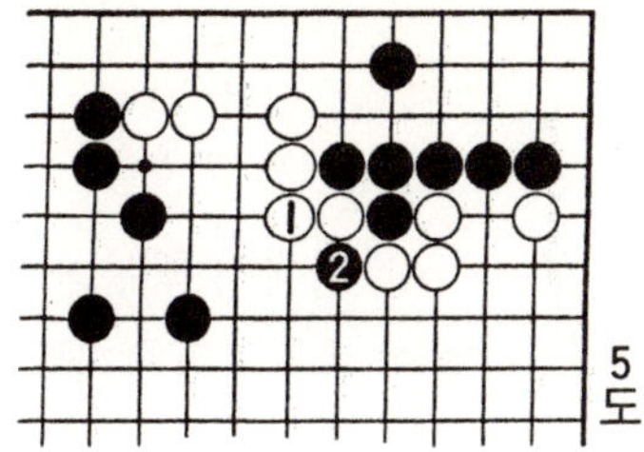

5도

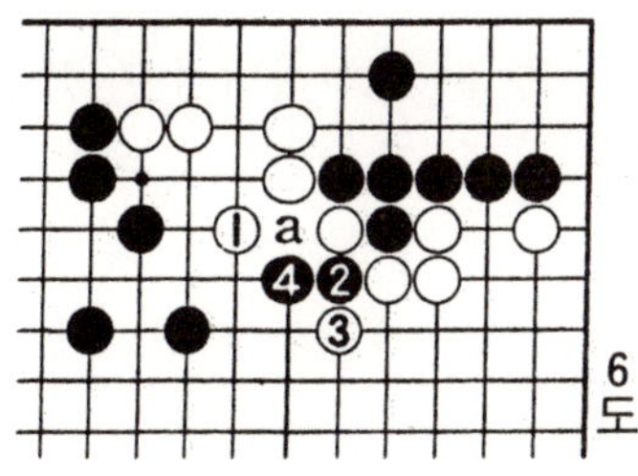

6도

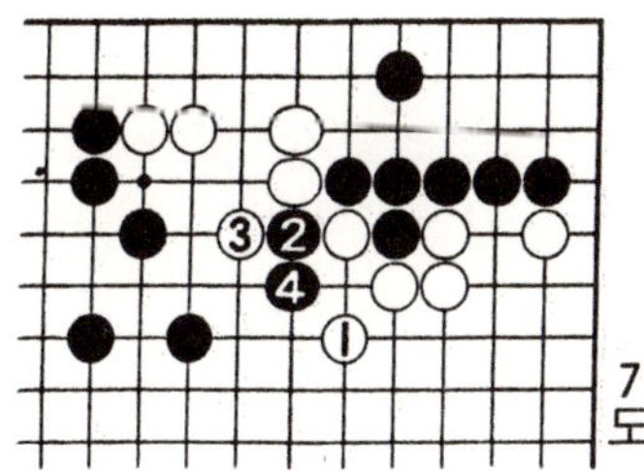

7도

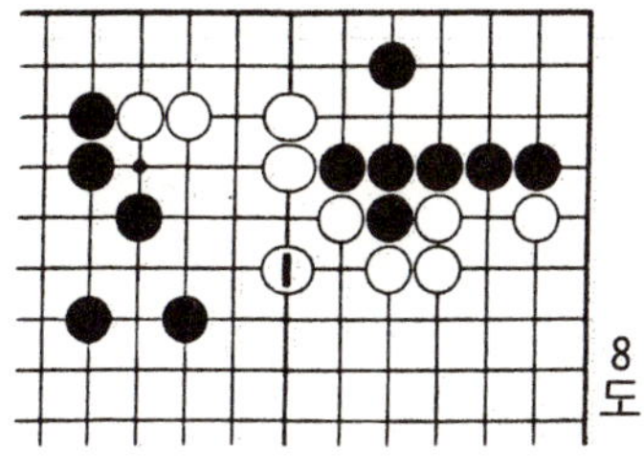

8도

5도

백1쪽을 이으면 어떻게 되는가. 흑2로 끊겨 축에 잡을 수 없으므로 고전일 것입니다.

6도

백1의 걸쳐 잇기는 흑2의 끊기를 막고 있지 않읍니다. 단 백3 때 흑a의 빼기는 백4로 단수되어 연락됩니다.

7도

백1쪽의 걸쳐 잇기도 흑2로 끊겨 안됩니다.

8도

백1로 전군 연결. 이 형에서의 잇는 방법을 '나팔 잇기'라고 부릅니다. 또, 이와 같이 두 개의 단점을 동시에 지키는 수를 '겹

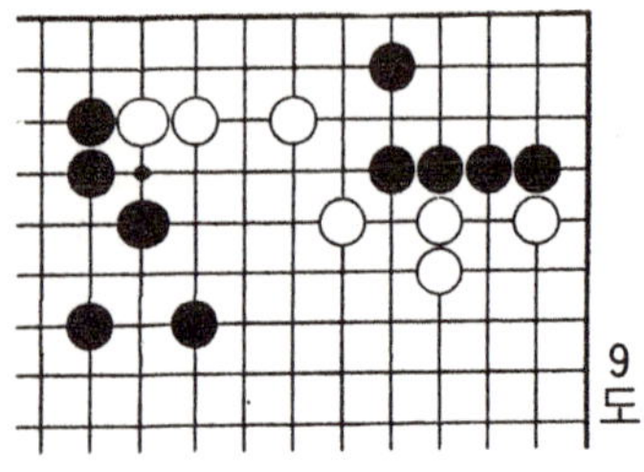

9도

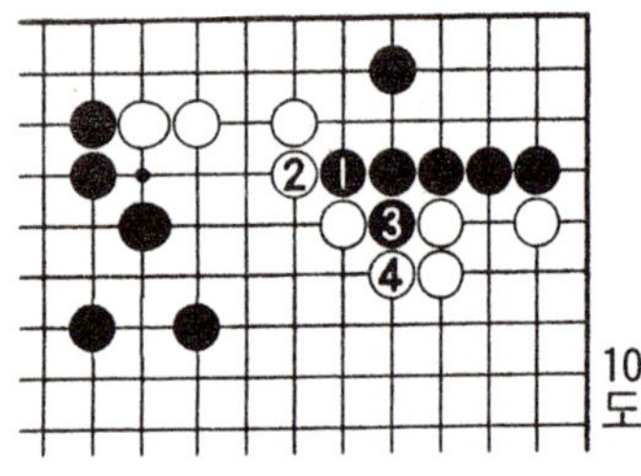

10도

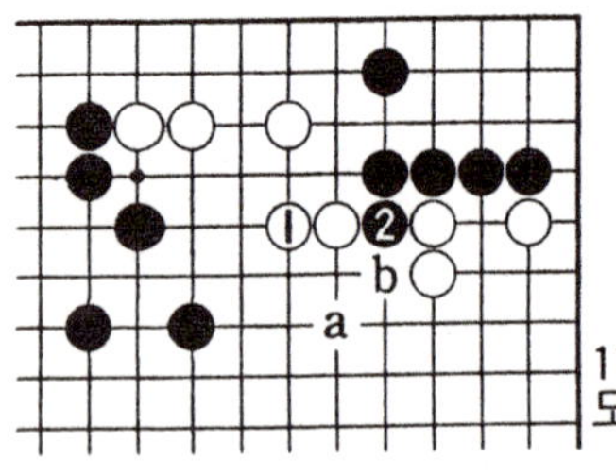

11도

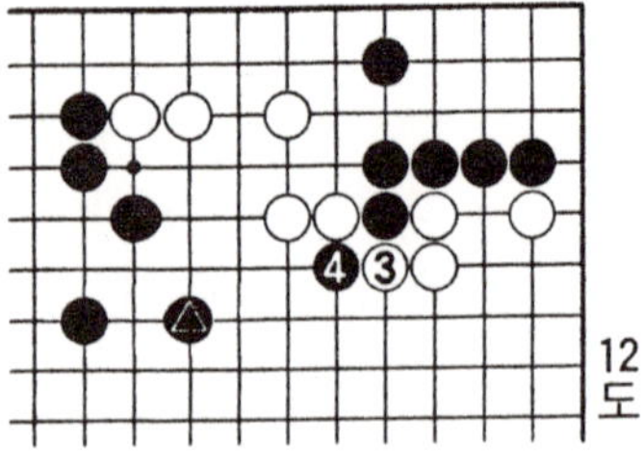

12도

쳐 있기'라고 부르는 경우도 있읍니다.

9도

이 형에서 백부터 치면 어떻게 보강할까요?

10도

흑1에서 백4까지를 교환하면 1도와 거의 동형입니다. 이것을 생각하면 다음 한 수는 간단할 것입니다.

11도

백1에서는 흑2로 낼 수 있읍니다. 이것은 5도와 같이 백이 연결되지 않는 형. 백a라면 흑b로 상관말고 내찔러 조금씩 끊어 갑니다.

12도

백3의 누르기에는 흑4로 끊고, ●이 축 단수가 된 돌은 잡을 수 없어 절단 성공입

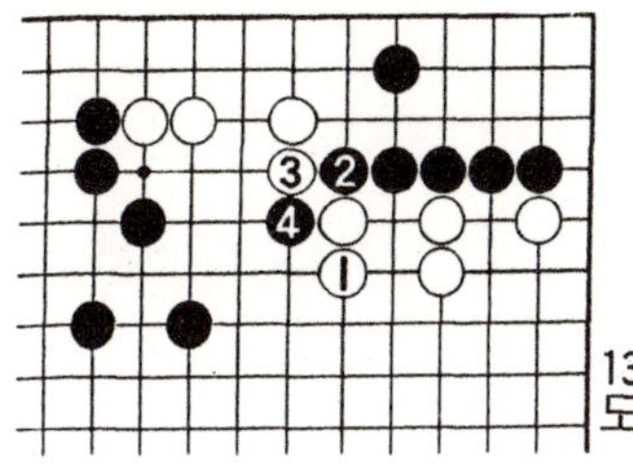

13
도

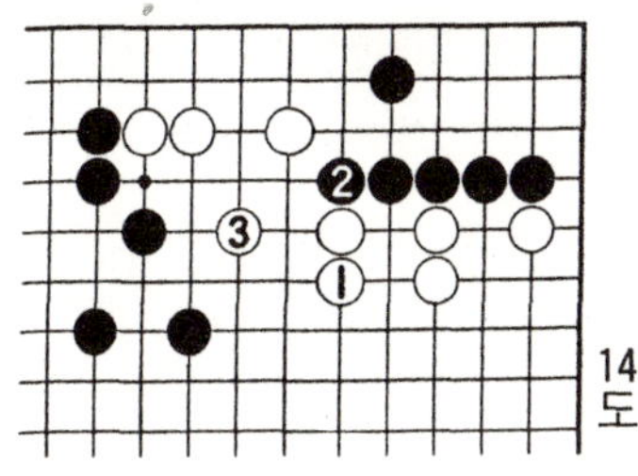

14
도

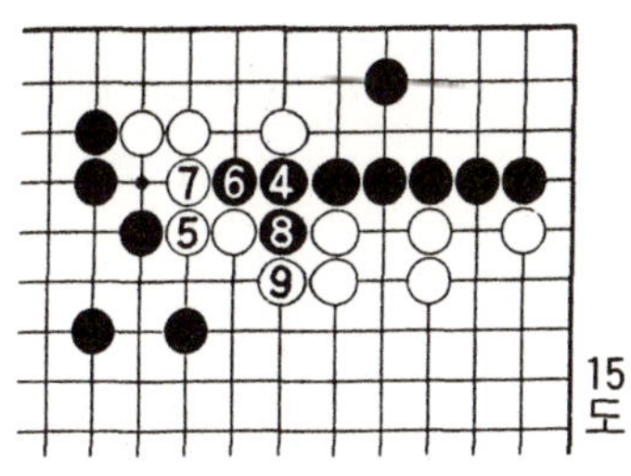

15
도

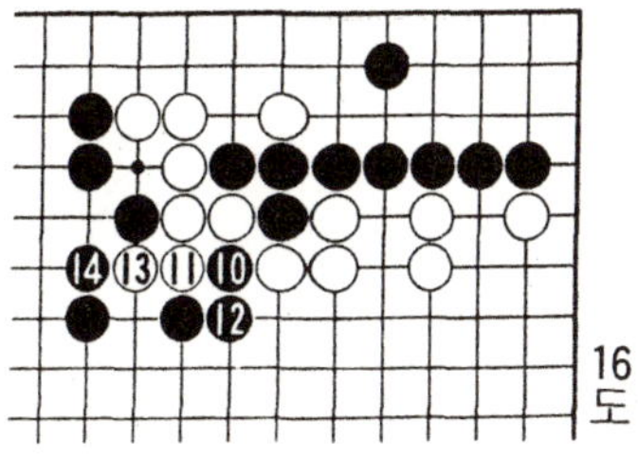

16
도

니다.

13도

백1로 친 때 흑2·4로 끊으면 2도와 동형입니다. 그러나 백은 이 경우 반드시 백3으로 누른다고 한정할 수 없읍니다.

14도

흑2 때 백3으로 뛰는 맥이 있기 때문입니다. 멀리 돌아 연결하려 하는 수는 잘못 생각한 것. 이 국면에서는 어떨까요?

15도

상관말고 흑4부터 내어가, 마침내 절단의 찬스를 맞았읍니다.

16도

흑10으로 끊어 절단 성공입니다. 백11·13 모두가 있어 보여도 흑14 까지. 상변의

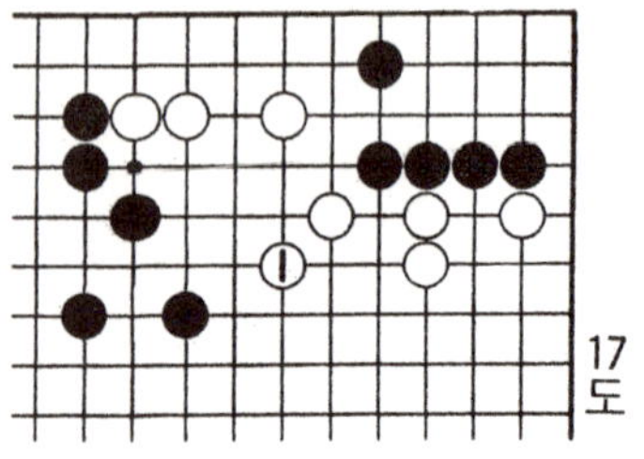

17도

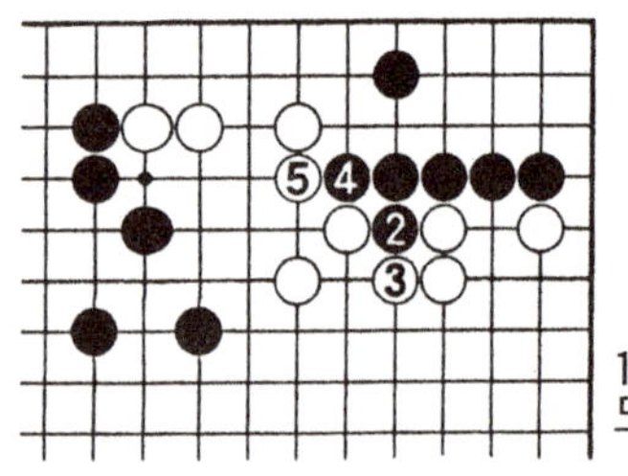

18도

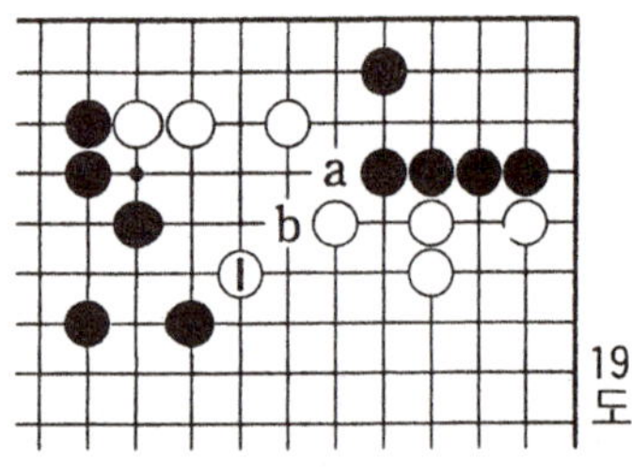

19도

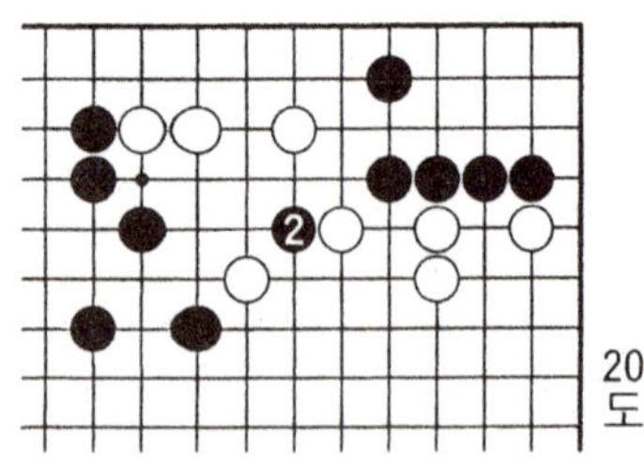

20도

백에 삶은 없습니다.

17도

백1의 마늘모가 '겹쳐 잇기'가 됩니다. 이로써 좌우 연결.

18도

흑2 이하 백5까지 치면 8도와 같이 나팔 잇기의 형이 됩니다.

19도

백1이라는 잇기 방법도 생각할 수 있지만, 좀 위험한 수. 흑a로 내어 백b로 지키게 하면 백1이 딱 맞는 겹쳐 잇기가 되어 버리지만……

20도

흑2의 잇기가 귀찮은 수로 용이하게 연결할 수 없는 형이 되어 있습니다.

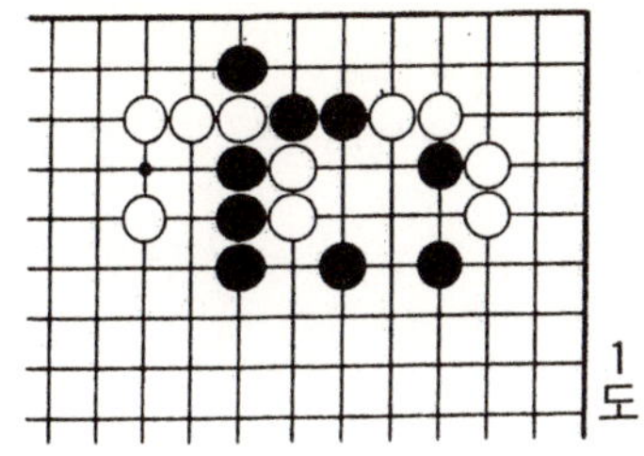

1도

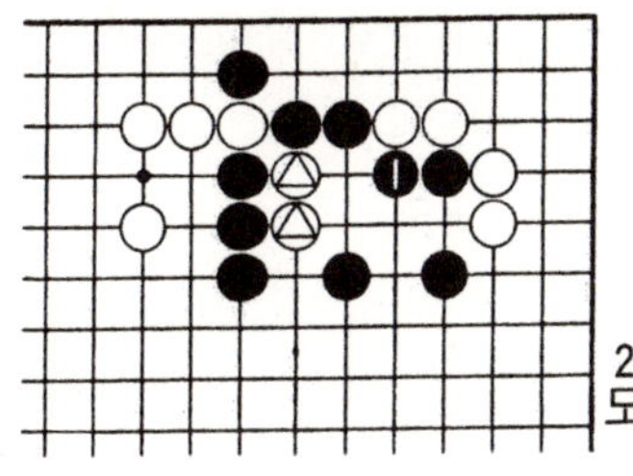

2도

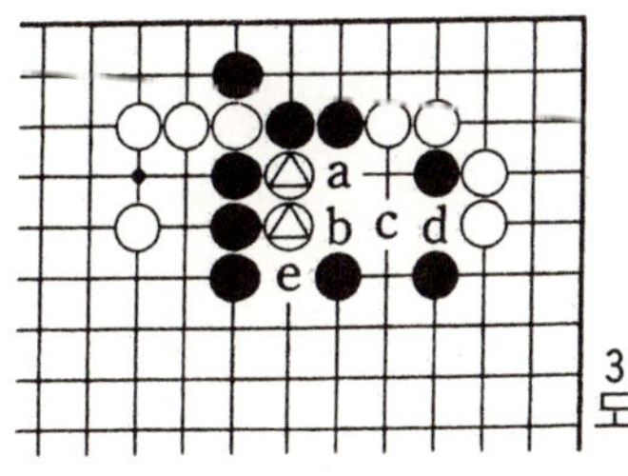

3도

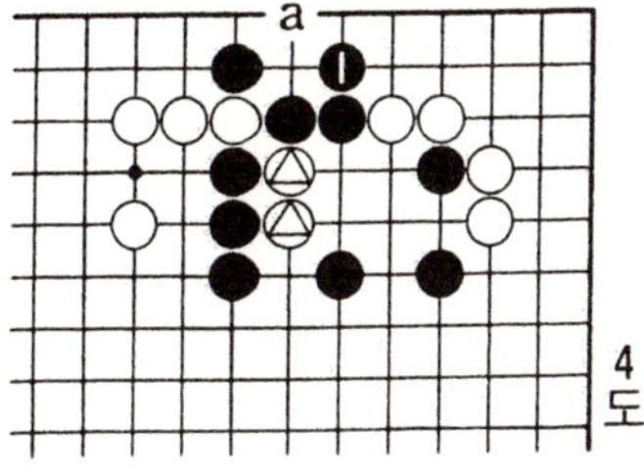

4도

연결의 결과

돌의 연결은 돌의 생사와도 관계되는 중요한 것이라는 것을 재인식.

1도

흑부터 치고, 또 백부터 쳐 이익을 얻는 수를 생각해 봅시다.

2도

흑부터 치면 1. 이로써 △ 두 점을 잡아 두어 '집'이 됩니다.

3도

△ 두 점을 잡는 수는, 달리 흑a 이하 e 까지 등도 생각할 수 있지만, 전도 흑1이 가장 이익인 수입니다.

4도

△ 두 점이 생환되어도 흑1로 쳐 두면 다음에 흑a로 살기. 이런 수도 있읍니다.

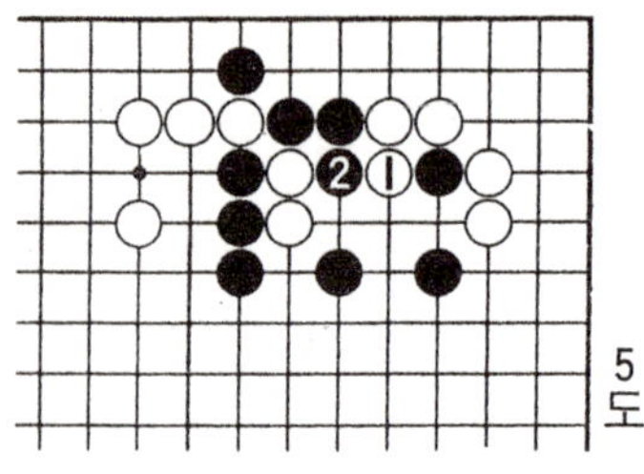

5 도

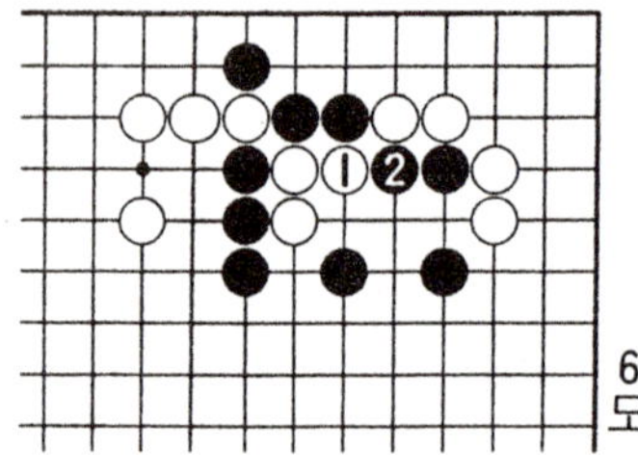

6 도

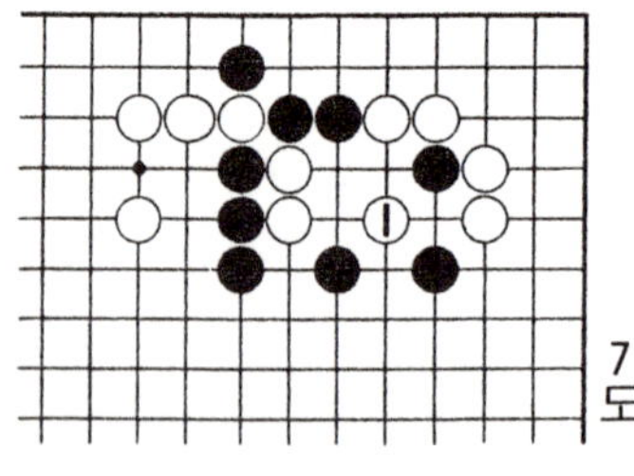

7 도

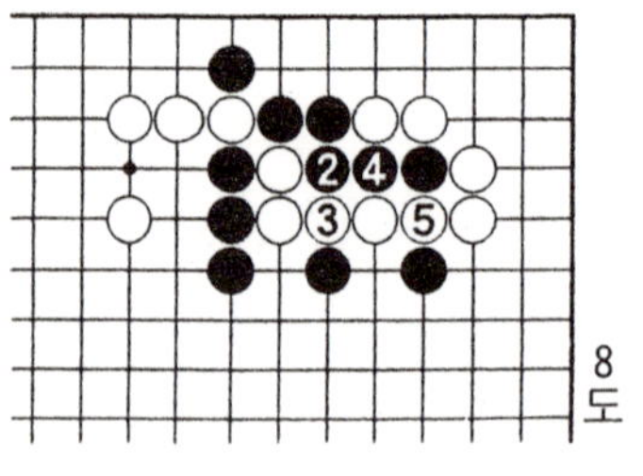

8 도

5 도

백부터 쳐 두 점을 구해낼 수 있을까요? 백1 에서는 흑2 로 안 됩니다.

6 도

백1 로 쳐도 흑2 로 안됩니다.

7 도

백1 이 절묘의 맥으로 두 점을 훌륭하게 구출하고 있읍니다. 이것은 상변의 흑 세 점을 백이 잡는다는 것. 2 도와 본도와의 차는 몇십 집이 될 것인가? 이와 같이 기본적인 연결과 절단의 문제라도 실전에서는 큰 손익과 연결되는 것입니다.

8 도

전도에 이어서 흑2 ·4 등으로 발버둥쳐도 백5 까지입니다.

2. 돌을 잡는 맥

끼워 붙이기

절단에 대항하는 것이 돌을 잡는 맥. 돌을 잡아 연락할 수 있을까.

1도

흑은 뿔뿔이 흩어지기 일보전. 급소의 돌을 잡아 연결하고 싶은 것인데……

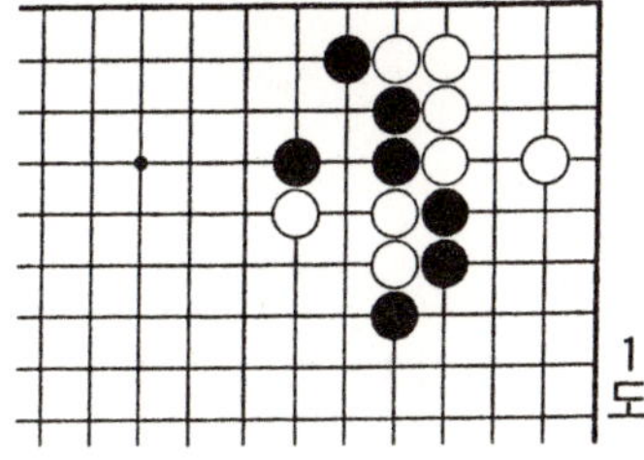

1도

2도

흑1에서는 백2로 뻗어져 이미 추격할 수 없는 형입니다.

3도

흑1 등으로 수를푸는 수에서는 백2로 끊겨져 뿔뿔이 흩어져 버릴 것입니다.

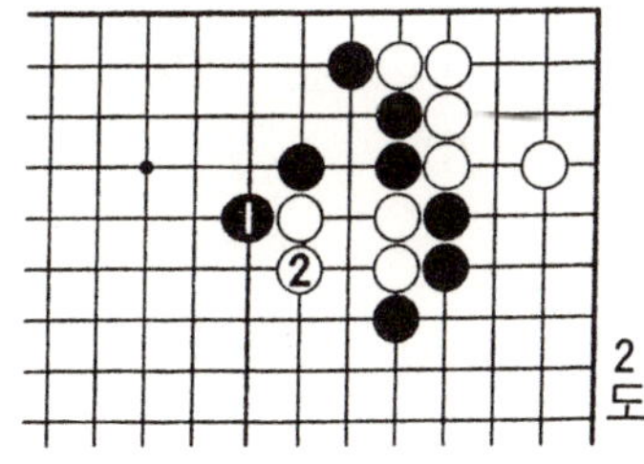

2도

4도

흑이 잡고 싶은 돌

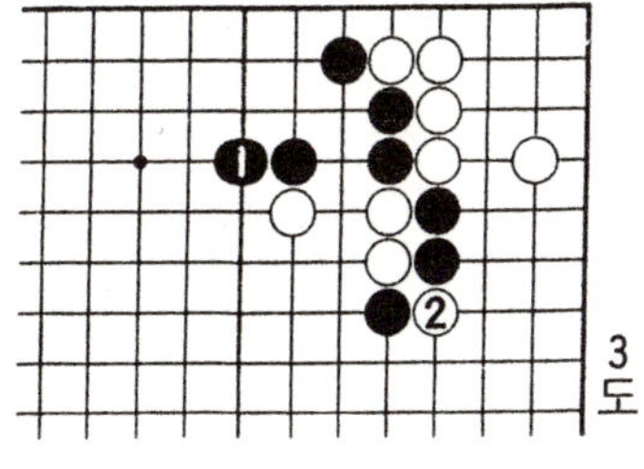

3도

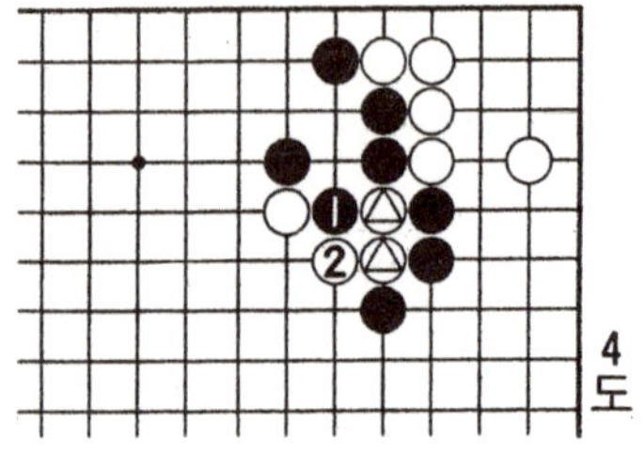

은 △ 두 점인데, 흑1로 단수를 걸어도 백2로 반대로 단수. 또 흑1에서 2쪽부터 단수를 걸어도 백1로연결될 뿐입니다.

5도

흑1의 뻗기는 다음에 a를 겨냥하고 있지만, 백의 차례이므로 당연 2로 연결됩니다.

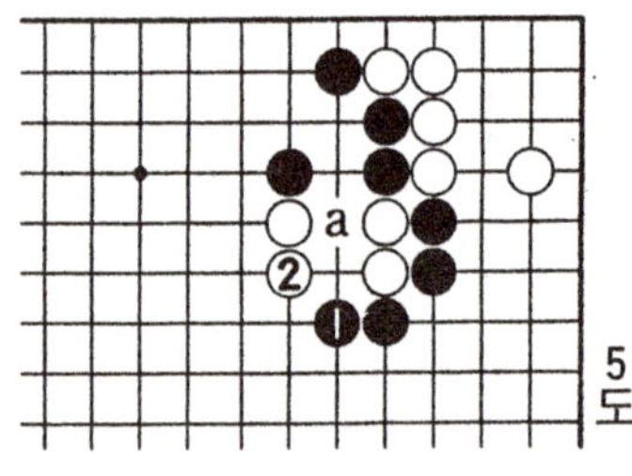

6도

흑1이 이상한 수. 간접적으로 △ 두 점의 작용을 누르고 있는 것입니다. 백a라면 흑b로 두 점 잡기.

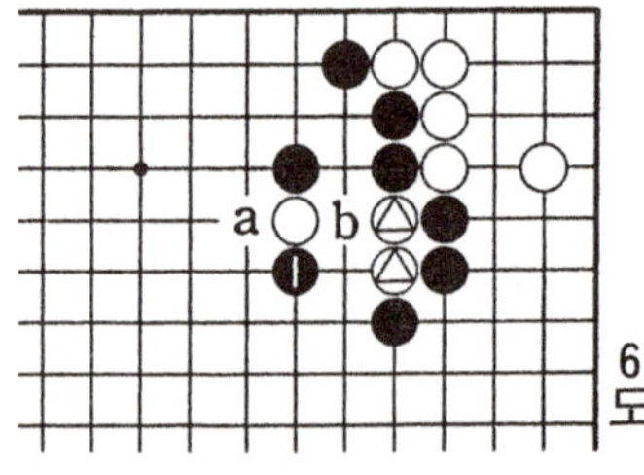

7도

백2라면 흑3입니다. 이 뒤 백이 어떻게 치려고 하면 한 수 단수가 되어 꼼짝할 수도 없는 형인 것입니다.

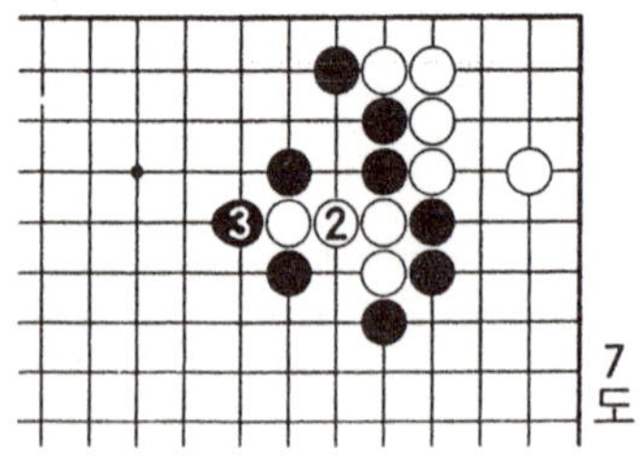

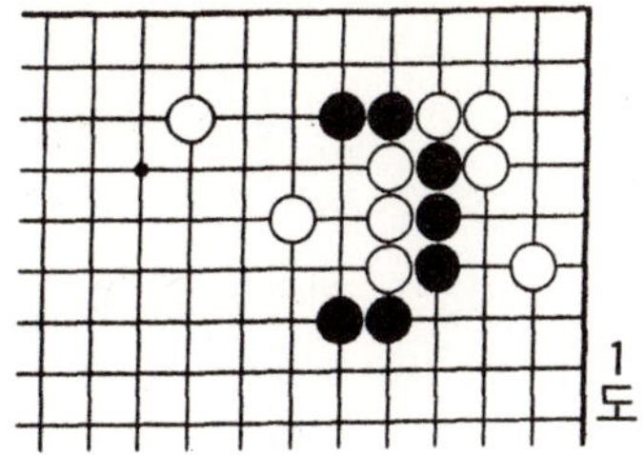

1도

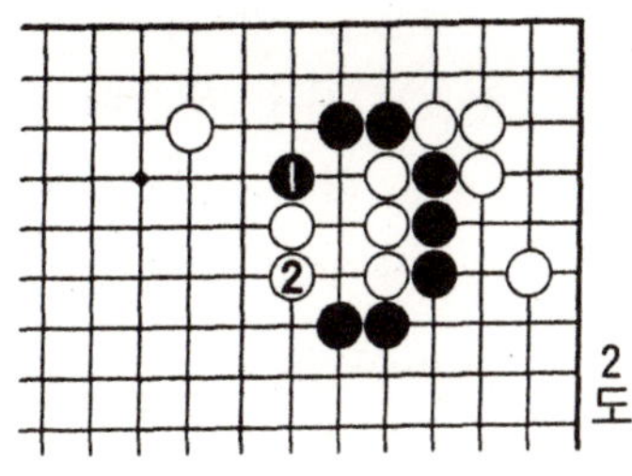

2도

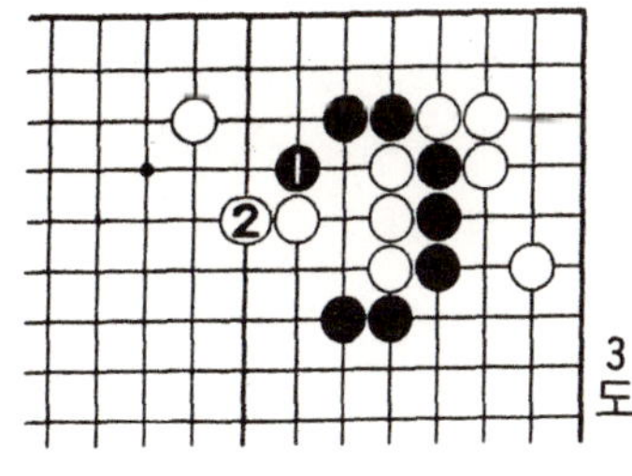

3도

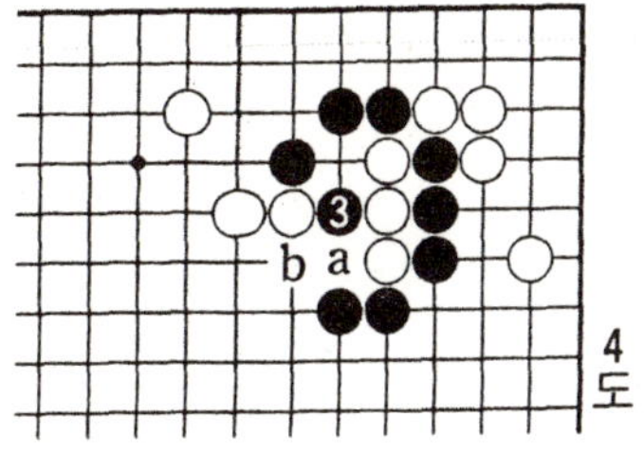

4도

학의 칩거

중앙에서의 빼앗기에 학의 칩거라고 불리우는 맥이 있다.

1도

흑돌은 뿔뿔이가 될 듯. 어느 돌을 잡으면 전부 연결할 수 있을까요?

2도

흑1은 목표로 갖는 수이지만, 백2의 쌍립 이음으로 쳐져 이미 쫓을 수 없읍니다.

3도

단, 백2로 치면 흑의 술수에 들어갑니다.

4도

흑3으로 쳐져 세점은 도울 수 없게 되었읍니다. 백a로 단수 해도 흑b로 세 점은 되치기입니다.

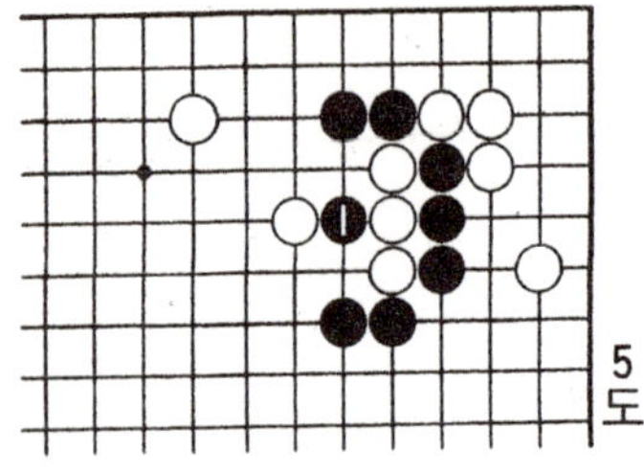

5도

흑1이 호수. 상대의 돌 사이에 끼워 가는 것으로 끼어들기라고 불리우는 수입니다.

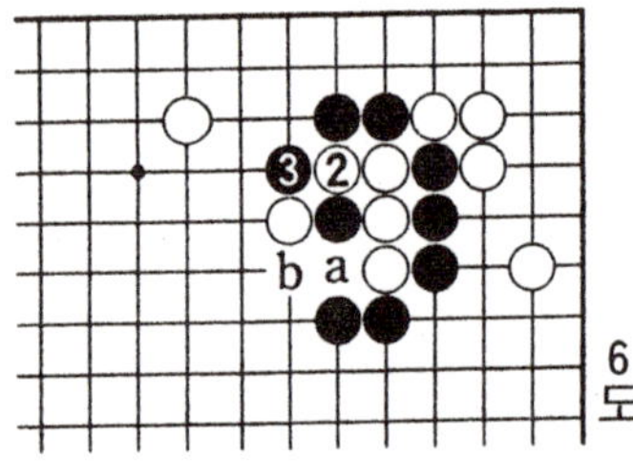

6도

백2로 내어주면 흑3으로 단수. 백2에서 a쪽을 내어가도 흑b로 단수를 거는 것이므로 같습니다.

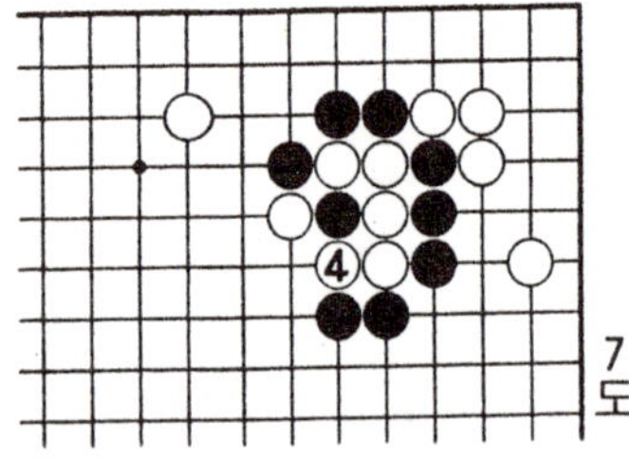

7도

백은 4로 잡는 수밖에 없읍니다. 여기에서 흑에 결정적인 맥이옵니다.

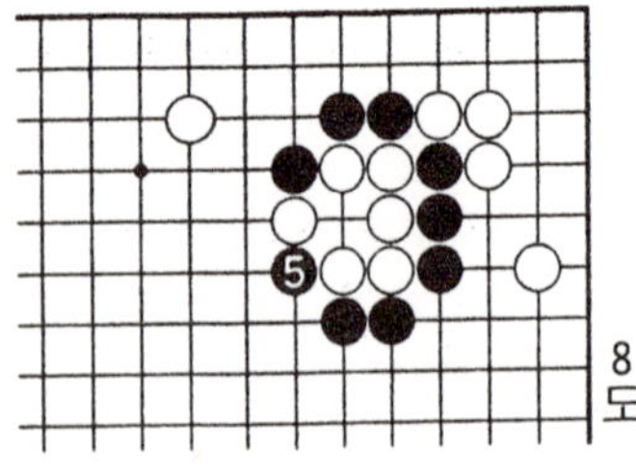

8도

흑5로 단수, 빼앗기가 되어 있는 것을 확인하기 바랍니다. 학이 둥지 속에서 알을 품고 있는 형이라고 보아 '학의 칩거' 라는 이름으로 불리우는 맥.

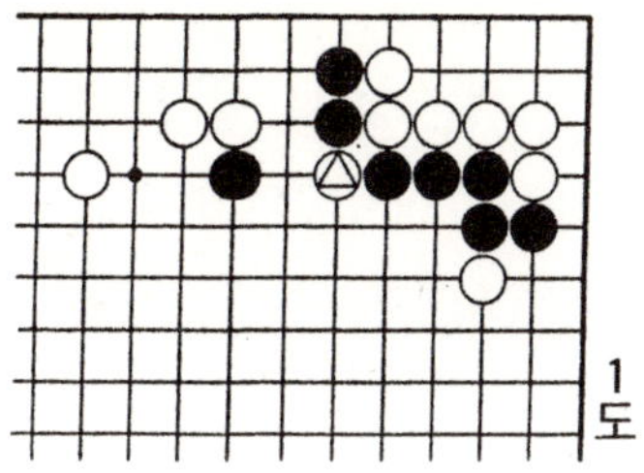

1 도

모자의 턱끈

장문의 변형. 멀리 돌아 상대의 돌을 꼼짝할 수 없게 하는 맥.

1 도

지금 백의 ⓐ으로 끊긴 경우 이 돌을 잡지 않으면 흑은 뿔뿔이 흩어져 대고전입니다.

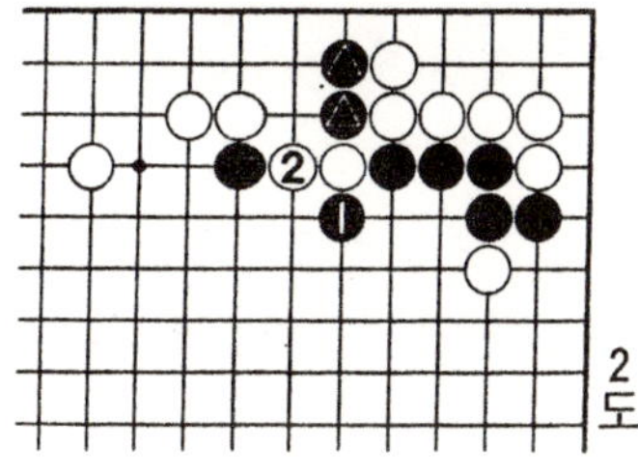

2 도

2 도

흑1로 단수를 걸어 보아도 백2로 도망쳐 별 수기 없읍니다. 상변의 ⓐ 두 점은 내버려 두고 갑니다.

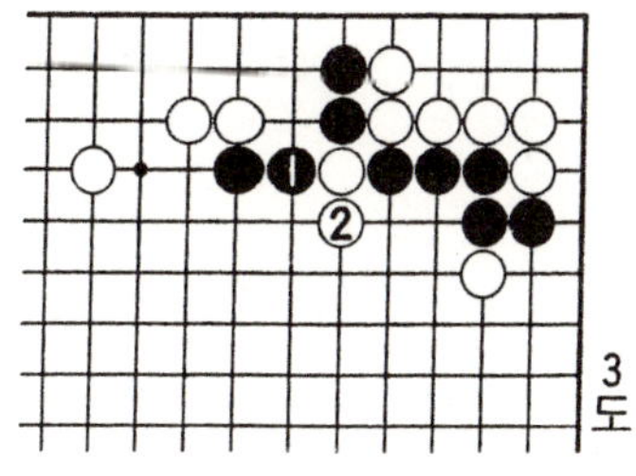

3 도

3 도

흑1 쪽에서부터 단수하는 것은 나쁘고, 백2로 어느쪽인가의 흑을 크게 잡을 수 있읍니다.

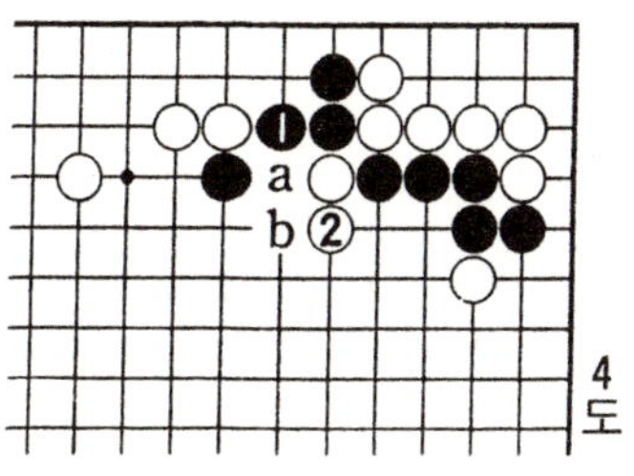

4 도

4 도

흑1에 백a는 흑b

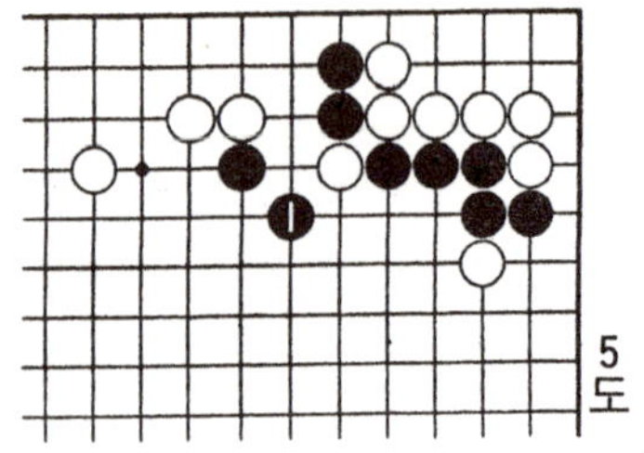

5도

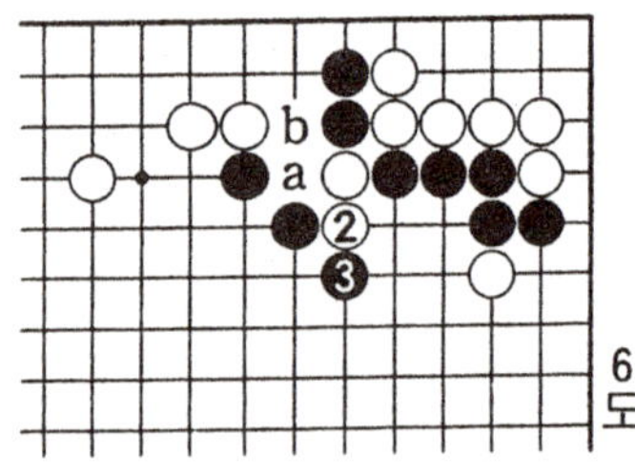

6도

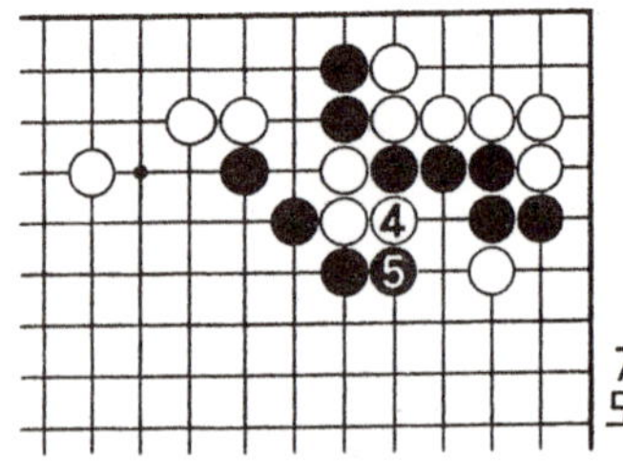

7도

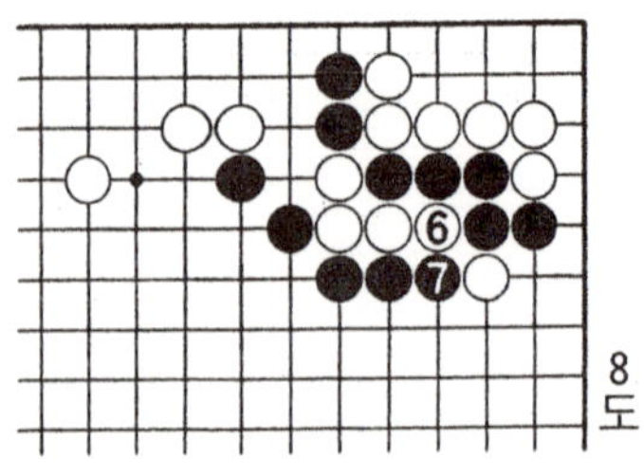

8도

로 축. 그러나 물론,
백은 2로 뻗어 전도
와 대동소이합니다.

5도

모르면 흑1의 마늘
모는 칠 수 없읍니다.
이것으로 백은 움직일
수 없는 것입니다.

6도

백2라면 흑3으로
누릅니다. 백2에서 a
라면 흑b로 단수, 그
대로 축에 안고 있는
것을 확인하기 바랍니
다.

7도

백4라면 흑5로 또
눌러 넣어 갑니다.

8도

백6 때 흑7로 단
수. 또 백은 어떻게도
움직일 수 없읍니다.
백6에서 7이라면, 물
론 흑6 입니다.

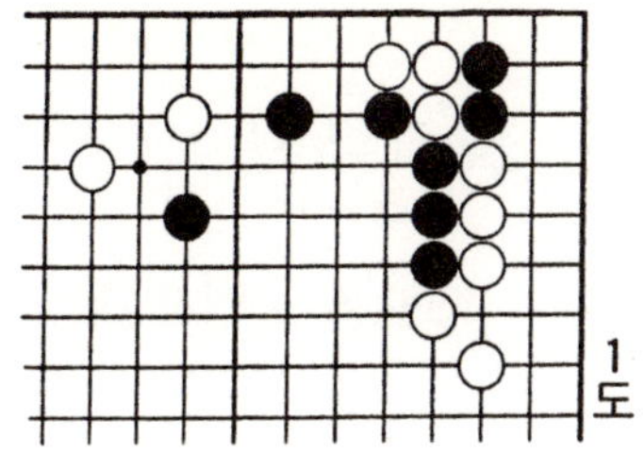

1 도

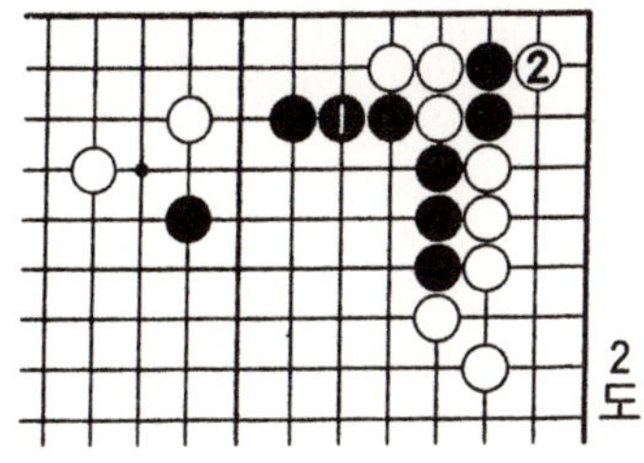

2 도

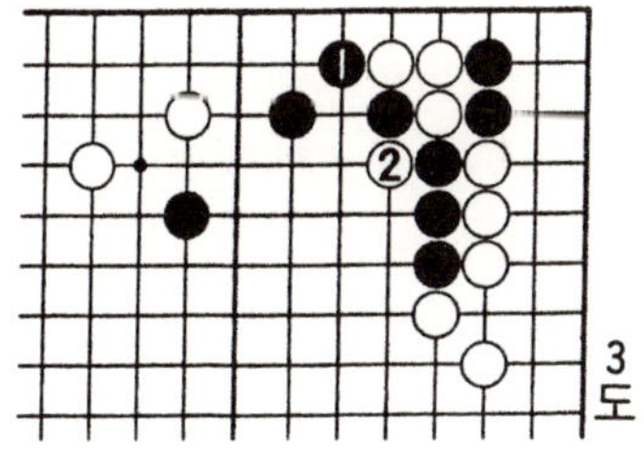

3 도

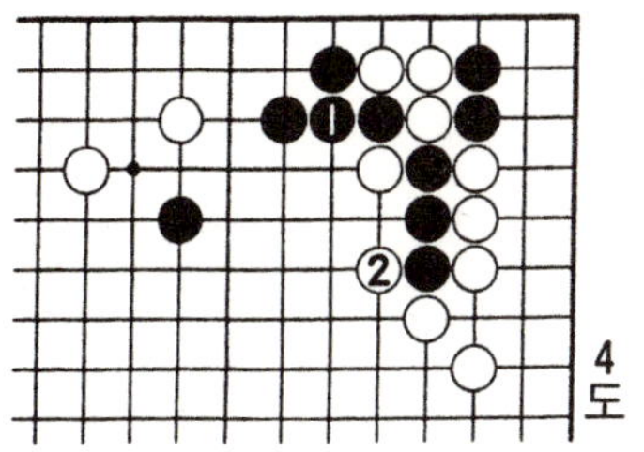

4 도

빙글빙글 돌리기

안쪽만으로 해결하는 축을 빙글빙글 돌리기라고 부른다.

1 도

귀의 흑 두 점과 상변의 백 세 점과의 싸움. 흑부터 쳐 어떻게 될까요?

2 도

흑 1 로 바깥쪽의 약점을 지키고 있으면 백 2 로 붙여져 2 : 3 의 싸움으로 실패. 백 2 는 '족제비의 배 붙이기' 라고 불리우는 맥입니다.

3 도

그렇다면 흑 1 로 누르는 수밖에 없지만, 백 2 의 단수에 어떻게 하는가?

4 도

단수에 흑 1 의 잇기

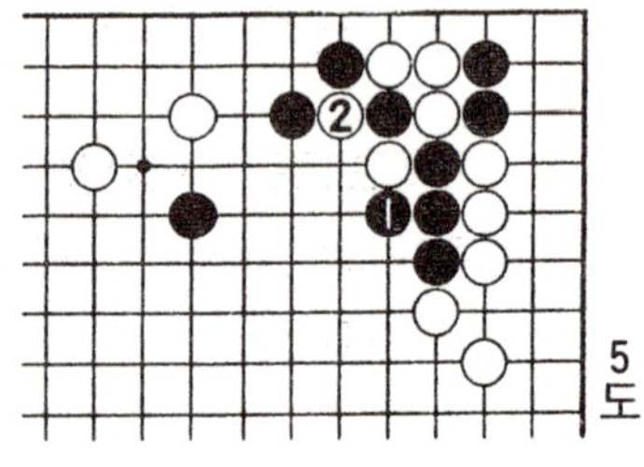

는 백2로 세 점이 잡
혀 버립니다.

5도

3도에 이어서 흑1
로 다시 단수하는 것
도 생각할 수 있는 수.
그러나 이 경우는 백
2로 잡혀 잘 되어
가지 않읍니다.

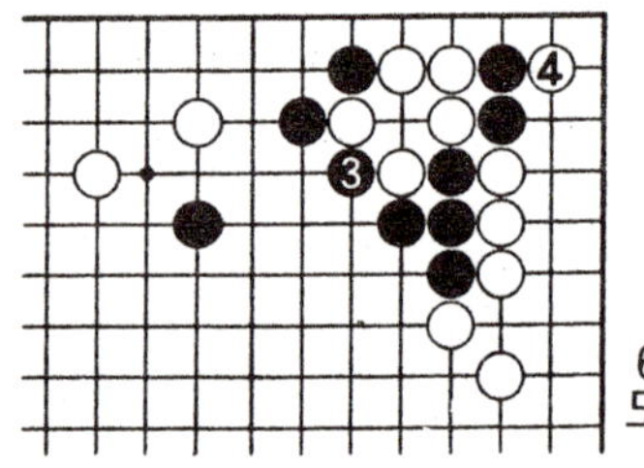

6도

이어서 흑3으로 단
수를 거는데 백은 잇
지 않고 4로 귀를 잡
아 버리고 있읍니다.
흑은 당초의 목적을 달
성할 수 없읍니다.

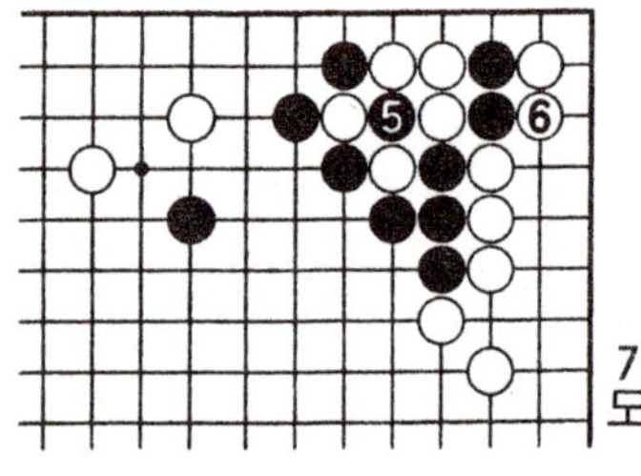

7도

흑5로 두 점 빼어
손실은 다소 회복했지
만, 잡은 돌을 반대로
잡히는 것은 역시 제
미있는 일이 아닙니다

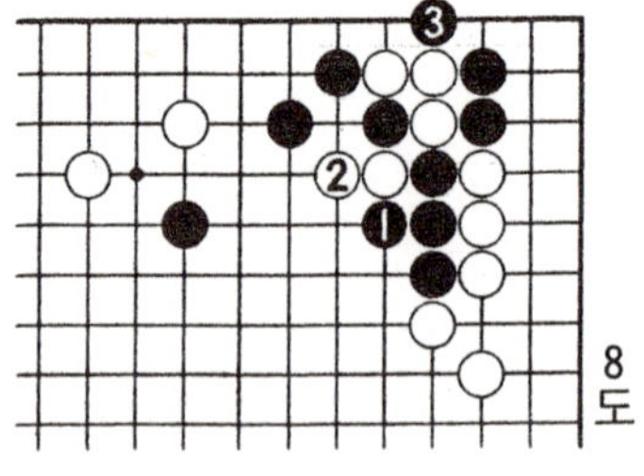

8도

백2의 뻗기에는 흑

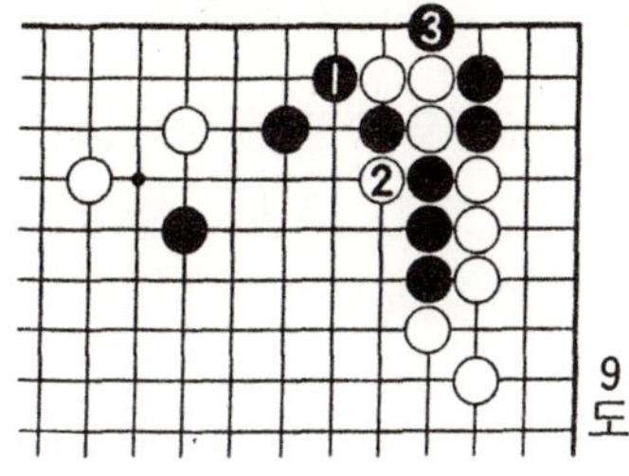

9도

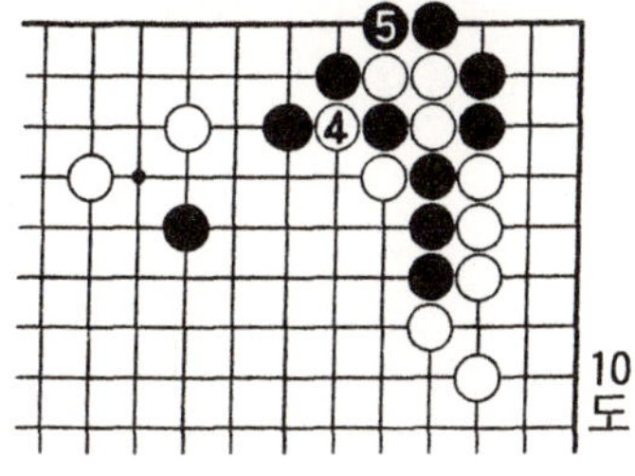

10도

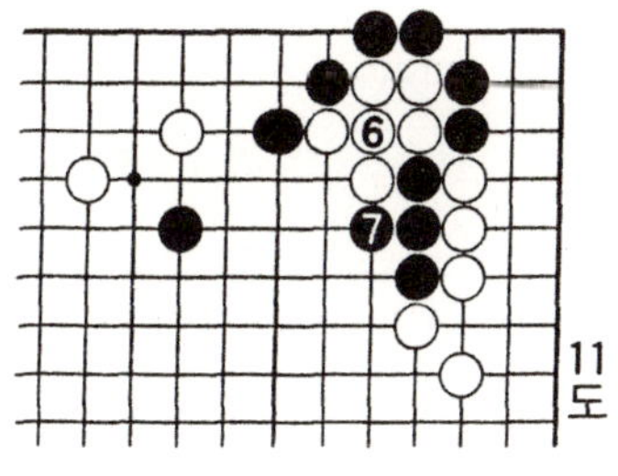

11도

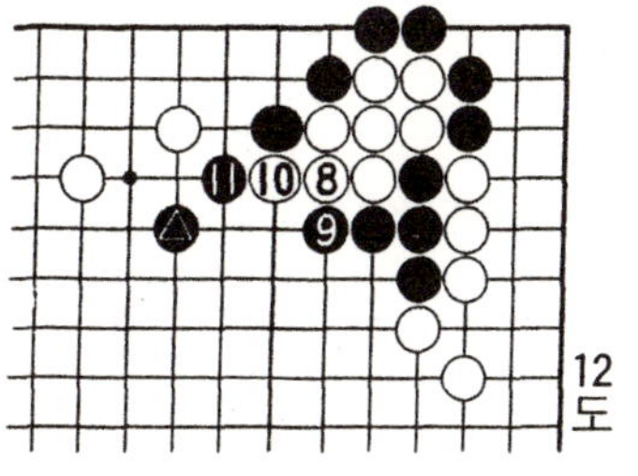

12도

3으로 쳐집니다. 이로써 백이 잡혀 있는 것을 후도에서 추측합니다.

9도

백2의 단수에 대해서는 흑3으로 아래에서부터 다시 단수하는 것이 맥입니다. 8도 흑3과 같은 요령인 것입니다.

10도

백4로 잡게 하고 더욱 흑5로 단수합니다.

11도

버틴다면 백6의 잇기 외에 없는데, 거기에서 흑7로 단수하여 추격합니다.

12도

백8에 흑9·11로 단수, 이것은 분명히 축. ●이 좀 축단수입니다.

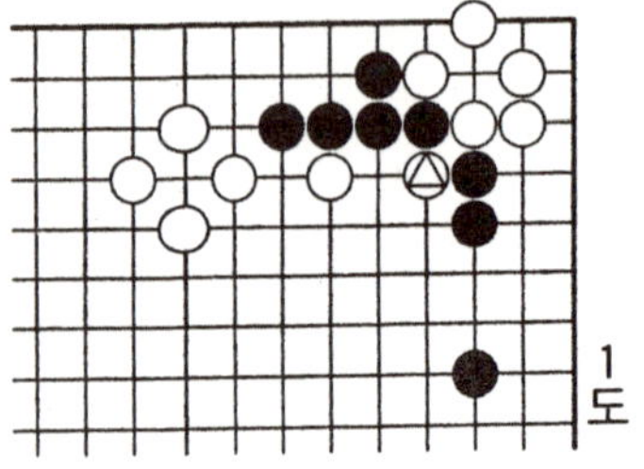

1도

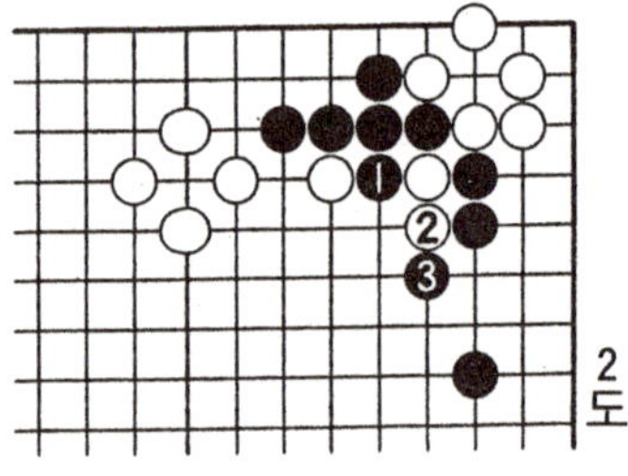

2도

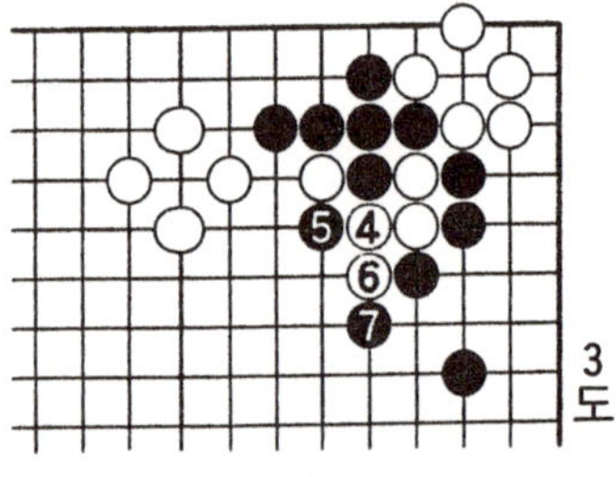

3도

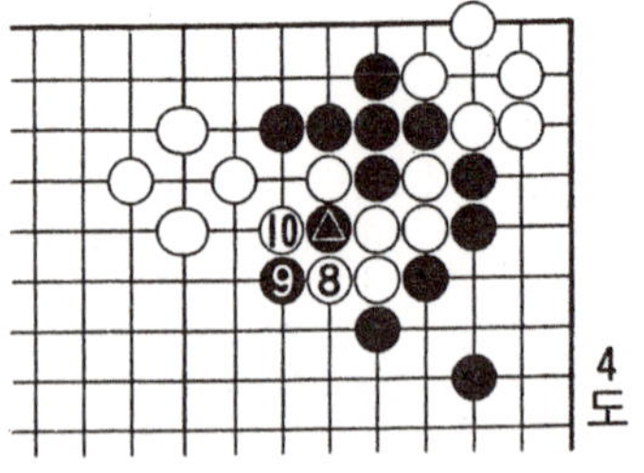

4도

장문의 변형

장문의 변형 맥은 수가 많고, 그 중 하나를 연구한다.

1도

절단된 흑은 △ 한 점을 잡는 것에 의해 연결될 수 있읍니다.

2도

우선 집에 붙이는 것은 흑1·3의 축인데

3도

백은 평범하게 4·6으로 도망쳐 내기. 또 흑7로 단수하여 쫓읍니다.

4도

백8로 도망쳐 결론이 나왔읍니다. 흑9로 축에 쫓는 수가 형이 되고, 백10으로 ● 한 점을 빼어 연결입니다.

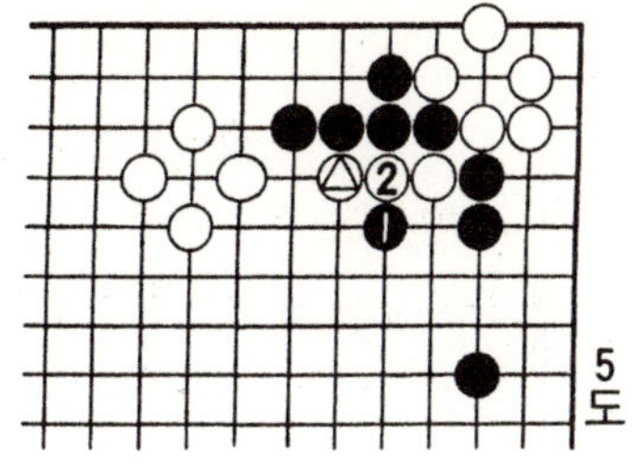

5도

흑1은 ⊘의 존재를 잊은, 모양뿐인 장문입니다. 백2로 이어져 깨끗하게 도망쳐 내어져 버립니다.

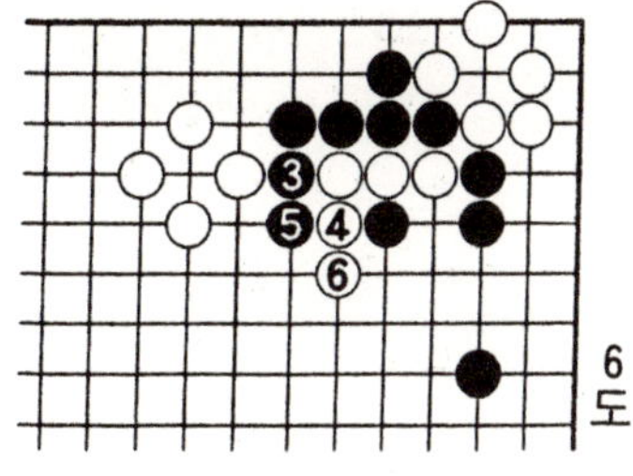

6도

흑3·5로 찔러내어 상변의 흑 숫자는 중앙으로 진출할 수 있지만, 좌우가 절단되고 있어서는 어려운 싸움이 예상됩니다.

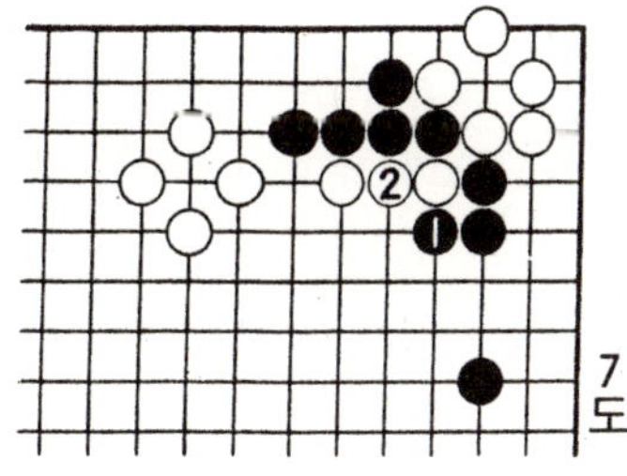

7도

흑1의 단수도 백2로 이어져 숨이 끊길 것입니다.

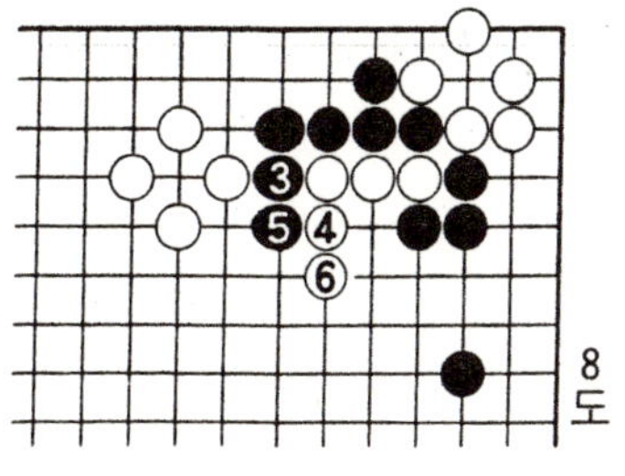

8도

흑3·5로 찔러 내어도 백4·6으로 잡히지 않읍니다. 6도와 같이 흑의 고전이 예상되는 형일 것입니다.

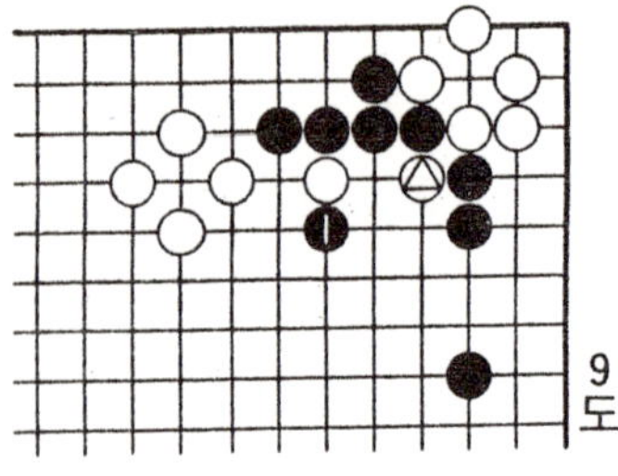

9도

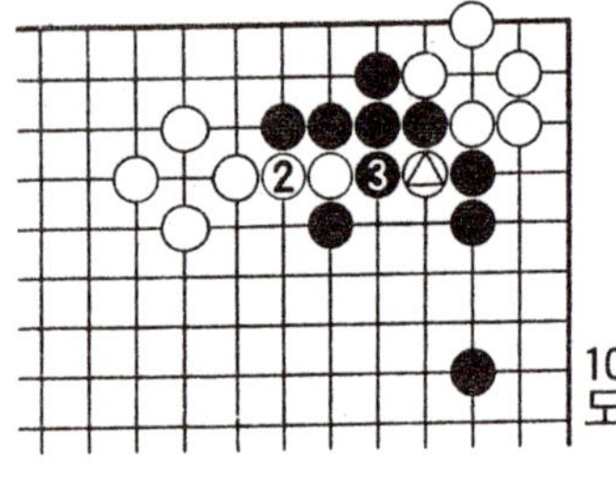

10도

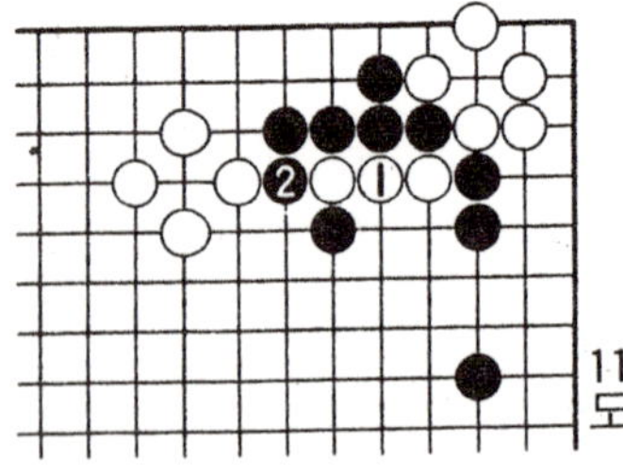

11도

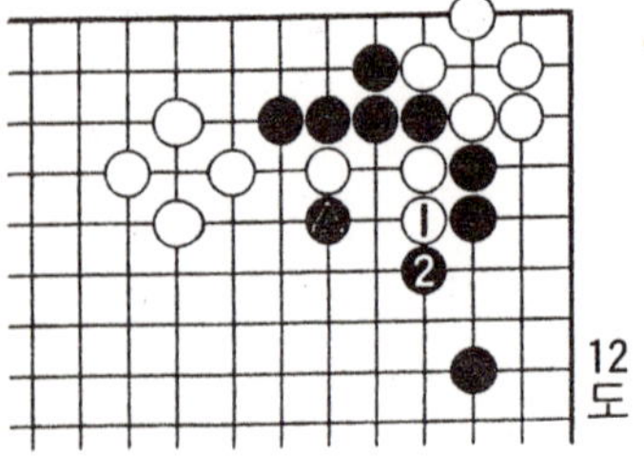

12도

9도

흑1의 붙이기가 정해. △의 돌을 잡을 목표인데, 다른 쪽을 치는 것이 맥이 맥다운 이유입니다.

10도

이어서 백2라면 흑3으로 단수를 걸어 △한 점은 움직일 수 없읍니다.

11도

백1의 잇기라면 흑2로 찔러 내어 백은 크게 잡혀 버립니다.

12도

백1이라면 흑2로 젖히고, 이것도 백 두 점은 꼼짝할 수 없읍니다. 최초로 친 ●이 마침 끼워 붙이기의 맥이 되어 있읍니다.

백은 9도 그대로 방치해 두는 수밖에 없

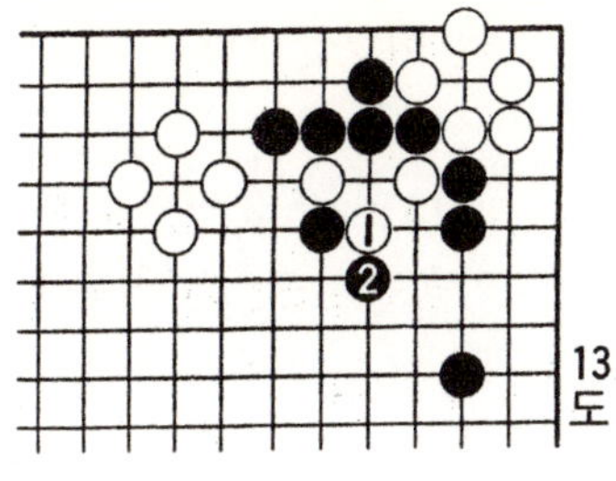

13도

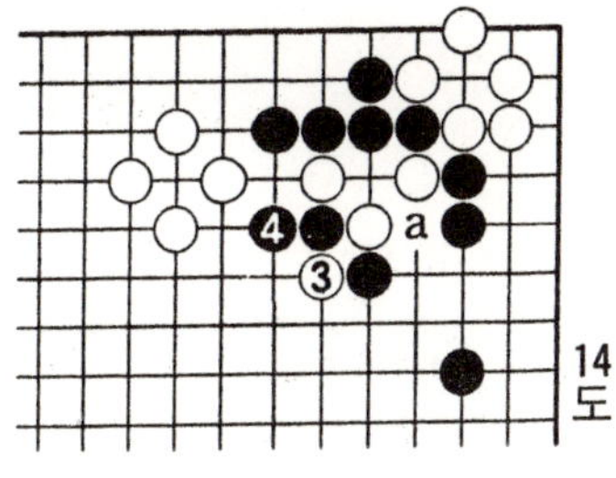

14도

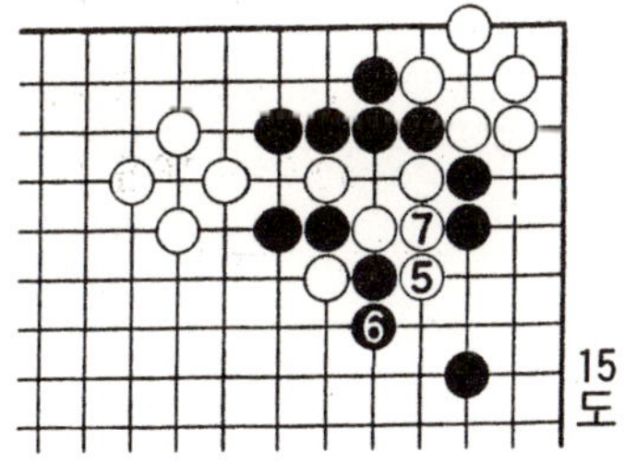

15도

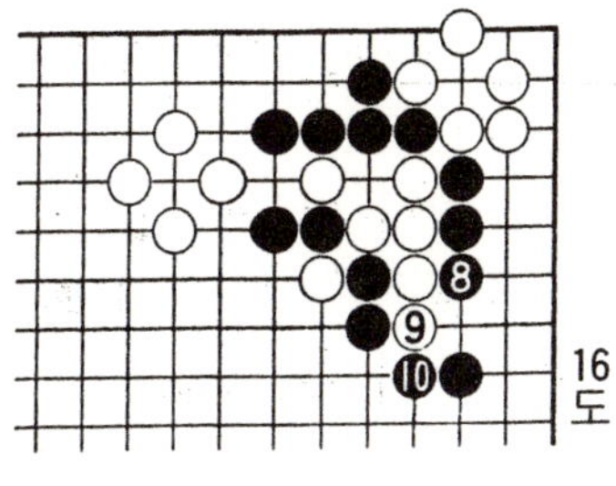

16도

읍니다.

13도

백1은 최강의 저항이지만, 흑2로 눌러 붙여져 오히려 손해를 크게 보게 되는 것입니다.

14도

백3의 단수에는 흑4로 도망쳐 버틸 것입니다. 흑4에서 a 라면 백4로 빼어, 연결되어도 바깥쪽에서 이익을 볼 수 있다라는 생각이있지만 ——

15도

백5로 단수, 흑6에 백7로 붙여 어떻게 될 것인가입니다. 흑6에서 7이라면 백6으로 빼어 바깥쪽에서 이익을 봅니다.

16도

흑10으로 전부 잡

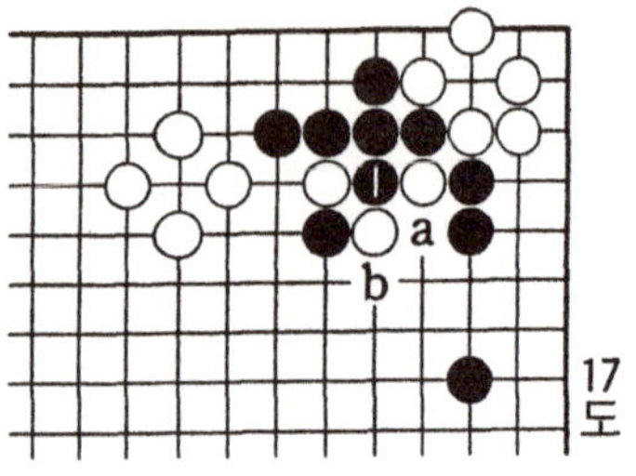

17도

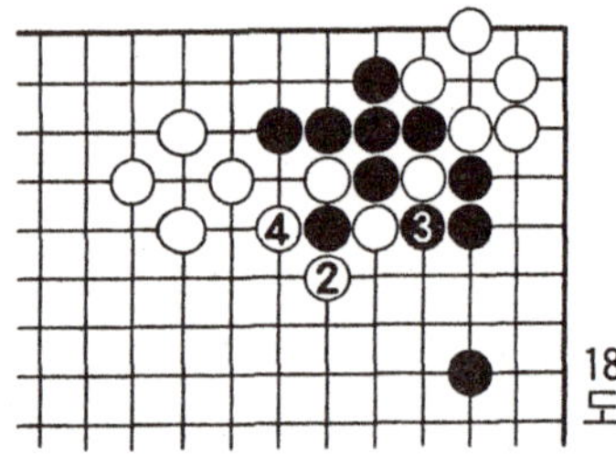

18도

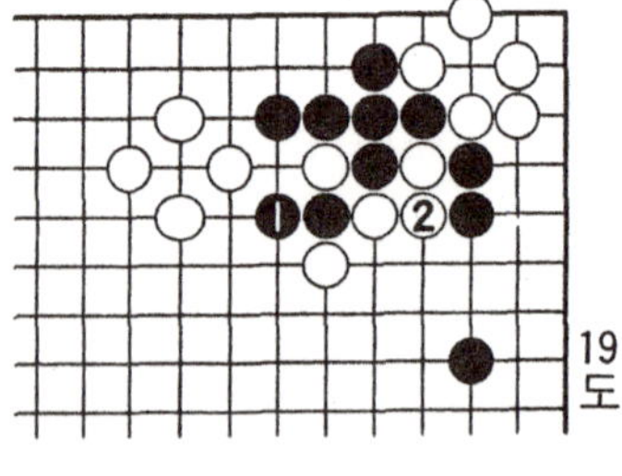

19도

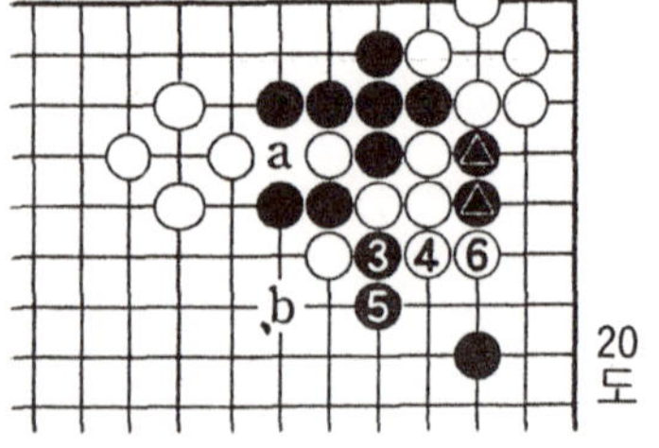

20도

혀 버렸읍니다.

17도

13도 흑2에서 1로 안쪽에서부터 단수하는 것은 손해인 것입니다. 만일 백a로 붙여 주면 흑b로 축이라는 것은 뻔뻔스러운 생각.

18도

백은 2로 단수하여 변화할 것입니다. 흑3으로 연결되어도 백4로 빼면 이익. 앞에서 본 13도 ~ 16도와는 상당히 다릅니다.

19도

전도 흑3에서 1로 한 점을 도망쳐 내면 백2로 연결됩니다.

20도

이어서 흑3·5로 쳐 보지만 백6에서 ● 두 점이 잡혔읍니다.

3. 진출과 봉쇄

모자와 뛰기

중앙으로 진출하면 근거가 없어도 금방 공격 당하지 않는다.

1도

백1점은 고립되어 있읍니다. 흑부터 치면 어떤 수를 생각할 수 있고, 백부터 치면 어떤 수를 생각할 수 있을까요?

2도

흑1의 모자(帽子)가 봉쇄의 맥.

3도

백2 이하 발버둥치면 살 정도는 되지만, 흑을 강하게 하면 다른 방면에서 손해를 봅니다.

4도

백이 손을 빼면 흑1

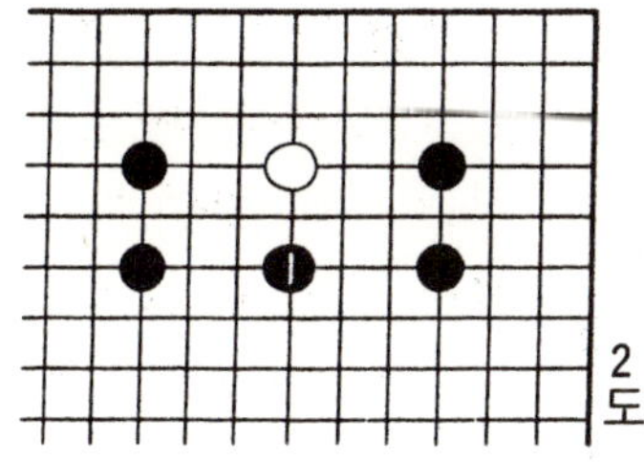

2도

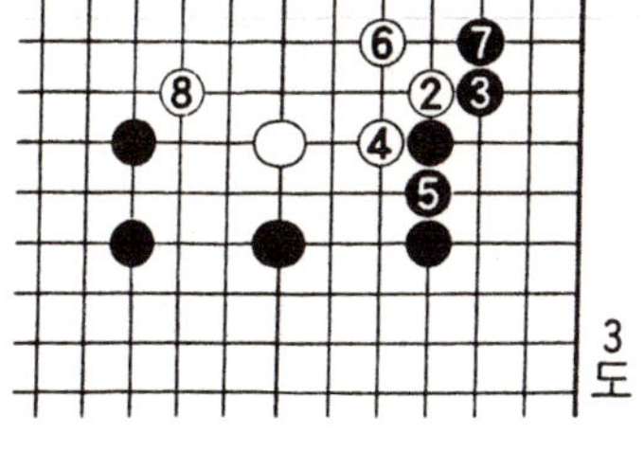

3도

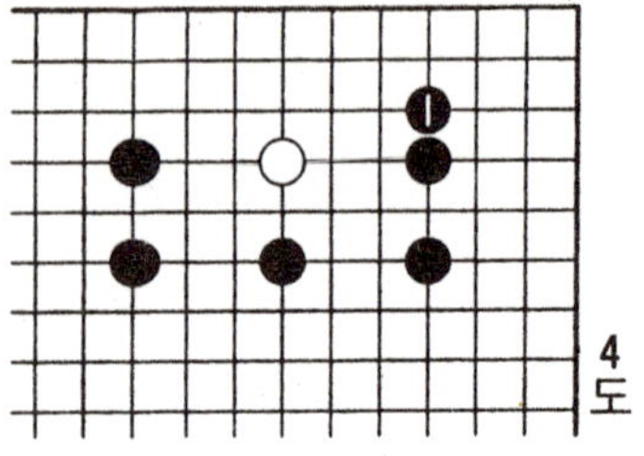

4도

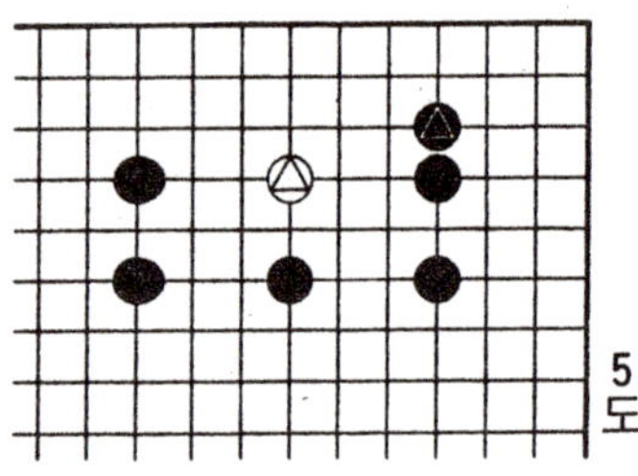

5도

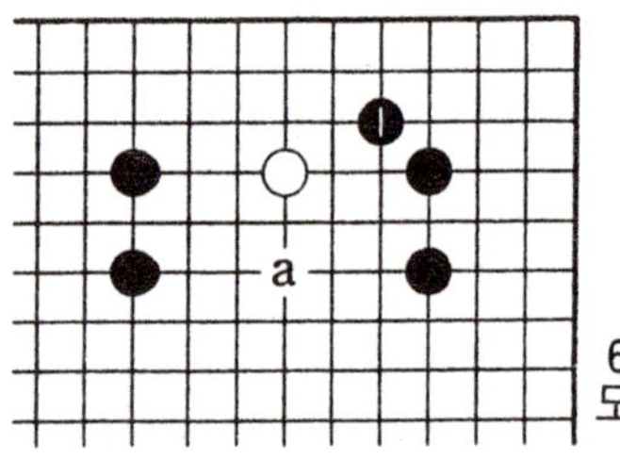

6도

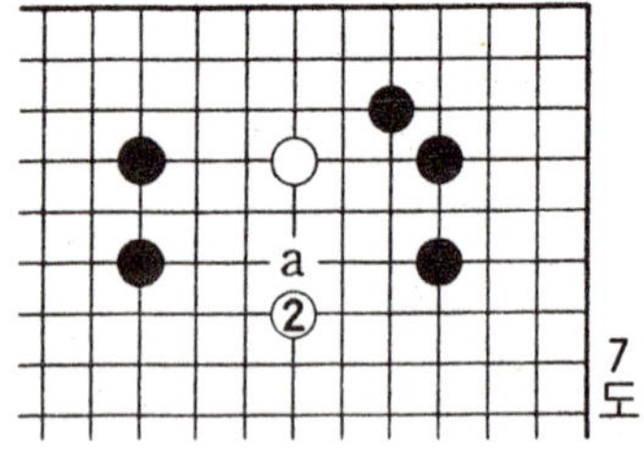

7도

로 쳐 이 부근 일대를 크게 집으로 합니다. '봉쇄' 하면 여러 가지 이익이 붙어오는 것입니다.

5도

⬭, ⬤ 을 빼어 보면 흑이 어느 정도 효율적으로 큰 집을 포위하고 있는지 알 수 있을 것입니다. 백은 큰 손해입니다.

6도

봉쇄하지 않고 흑1로 근거를 빼앗아 공격하는 것도 유력. 백이 손을 빼면 흑a로 치고, 이것은 4도와 큰 차 이없이 흑의 유리입니다.

7도

백이 한 점을 도우려고 하면 2 등으로 치는 진행이 됩니다.

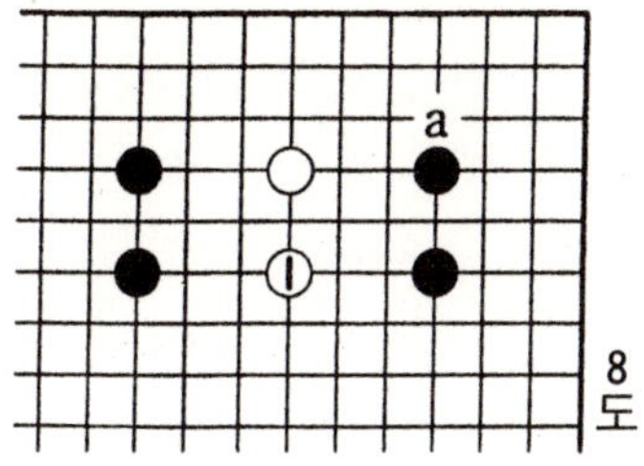

8도

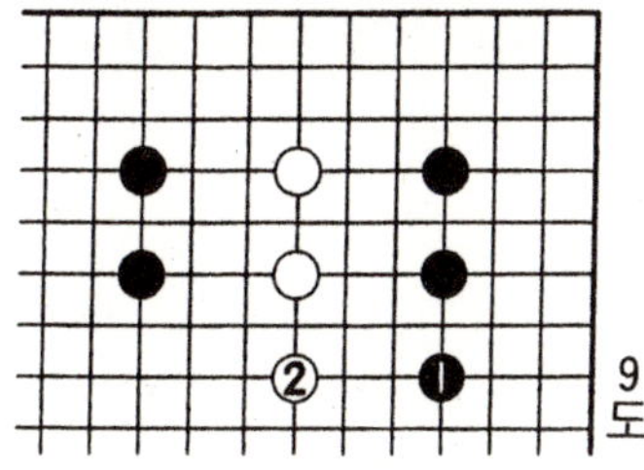

9도

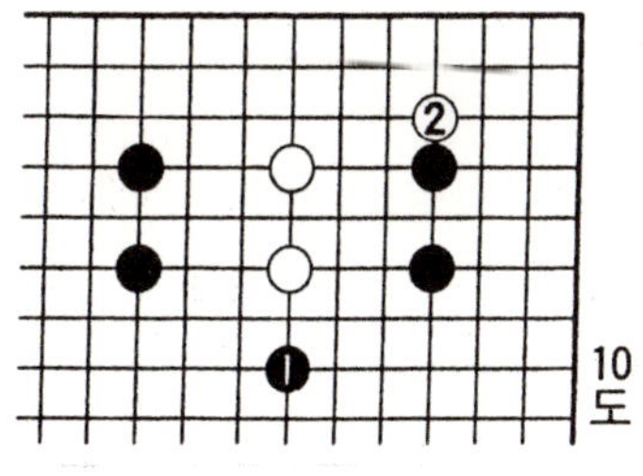

10도

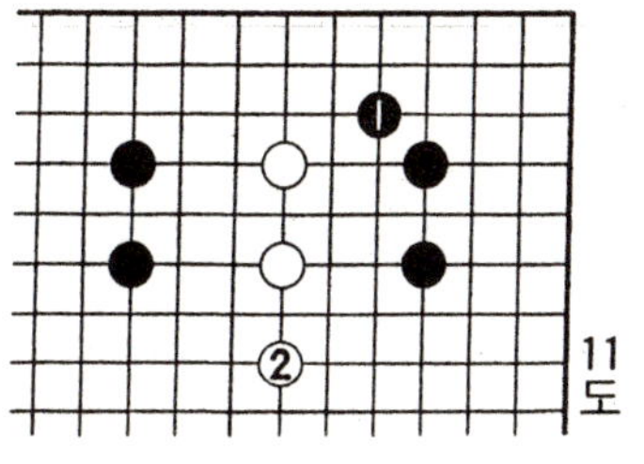

11도

이것으로 a의 한 칸 뛰기는 다소 도망치는 속도가 늦어 의문일 것입니다.

8도

백부터 치기라면 1의 한 칸 뛰기를 우선 생각할 수 있읍니다.

9도

흑1로 우변으로 발전해 가면 백은 2로 도망쳐, 이미 공격당하지 않읍니다.

10도

흑1로 머리를 눌러주면 딱 맞는 봉쇄형이 사라진 것에 만족하고, 백2입니다.

11도

전도 백2를 꺼리면 흑1로 귀의 집을 지키면서 백의 근거를 빼앗는 것입니다.

12도

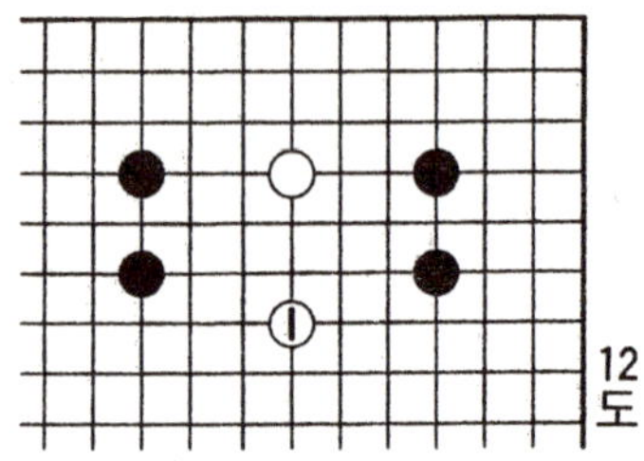

12도

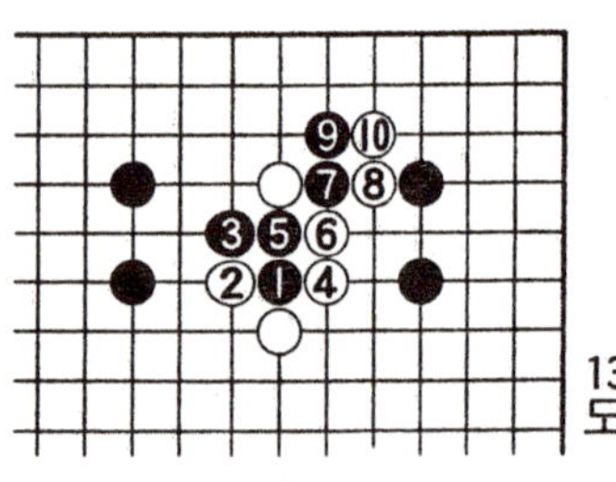

13도

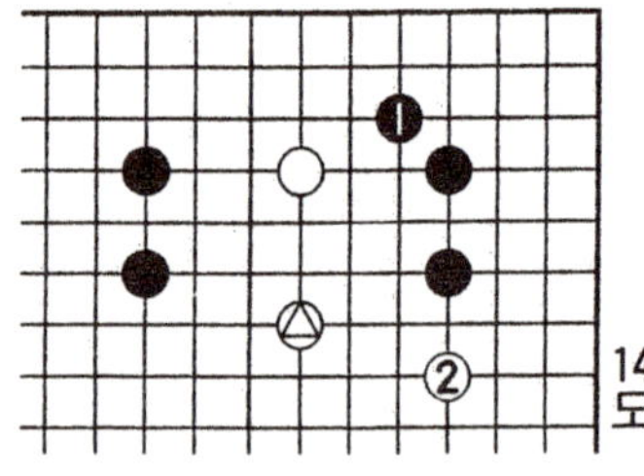

14도

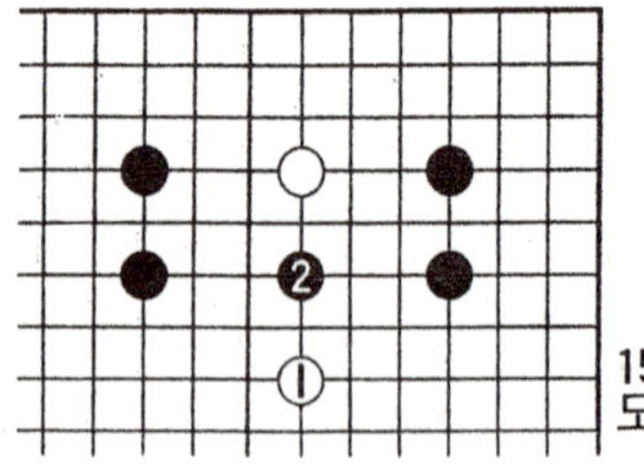

15도

상대가 강한 장소에서는 도망치는 속도가 빠른 편이 좋읍니다.

13 도

단, 연결 상태는 불완전하여 흑1·3 등으로 강인하게 절단되는 수가 남읍니다. 절단되어도 다른 보상을 구할 수 있는가 어떤가? 이 경우는 백4 이하 10으로 찔러내어 귀를 깨는 것은 손해가 없읍니다.

14 도

흑1이라면 백2로 흑의 우변 진출을 누르는 느낌으로 치는 것이 △까지 발을 뻗는 효과를 보아 좋을 것입니다.

15 도

백1의 세 칸 뛰기는 속도가 지나칩니다.

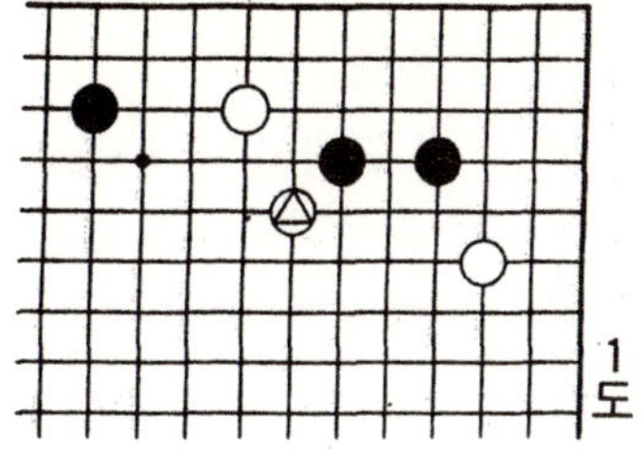

진출 방법

진출이나 봉쇄의 방법은 한가지가 아니고, 형에 따라 맥을 선택한다.

1 도

지금 △에 쳐진 때입니다. 어떤 진출법을 생각할 수 있을까요?

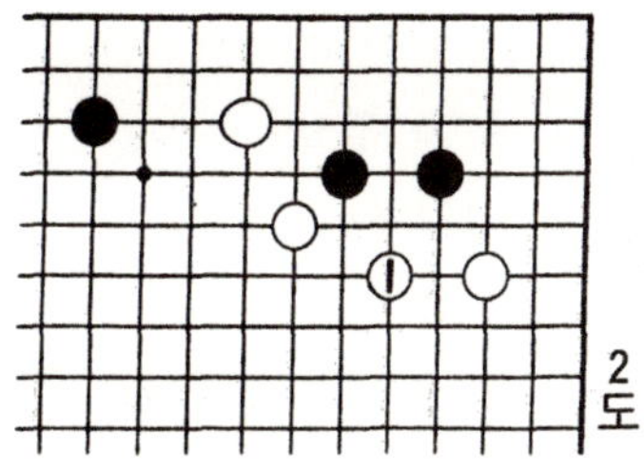

2 도

손을 빼면 백1로 봉쇄되어 귀의 흑이 괴로워집니다.

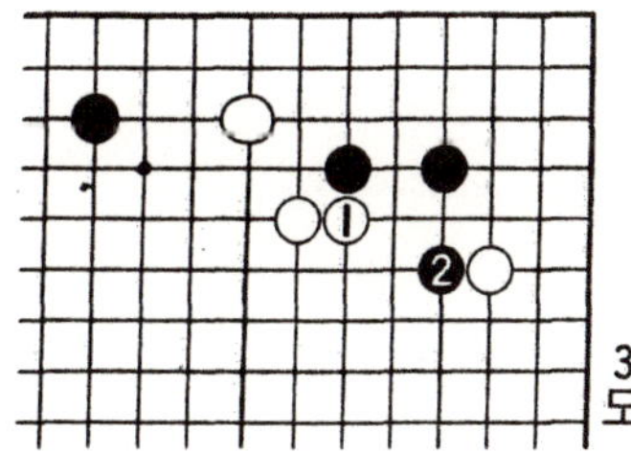

3 도

이 백1에서는, 흑2로 붙여 진출될 여지가 남는다는 것에 주의.

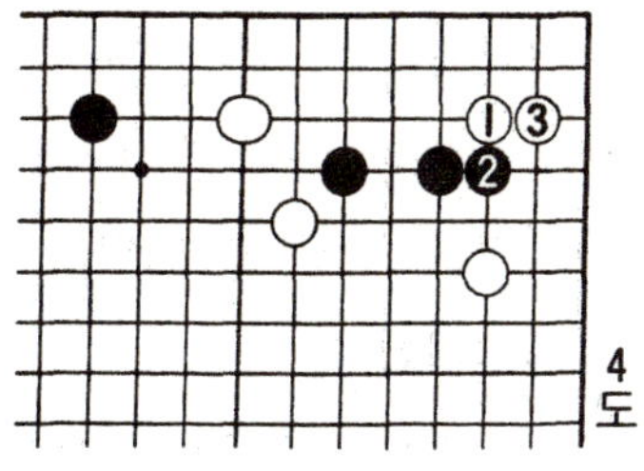

4 도

백은 봉쇄하지 않고 1·3으로 근거를 빼앗아 갈 지도 모릅니다.

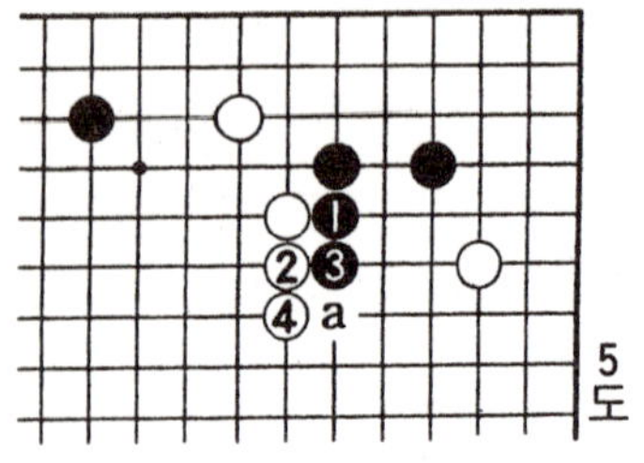

5 도

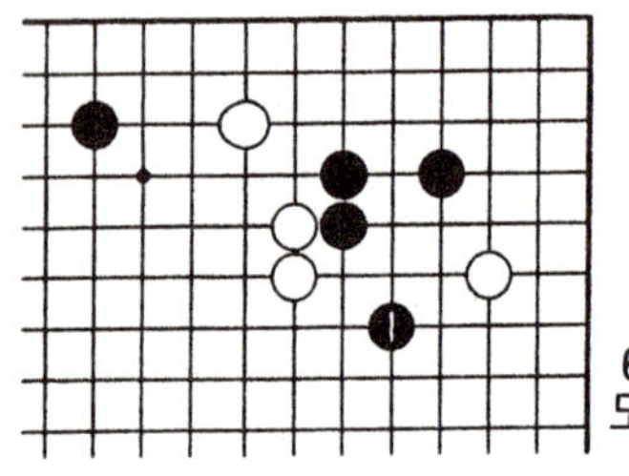

6 도

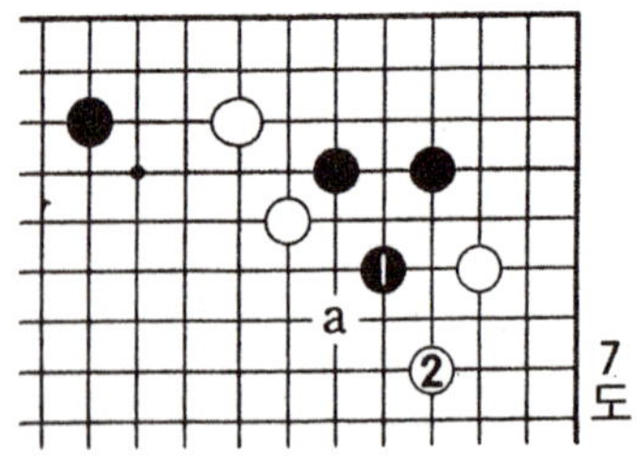

7 도

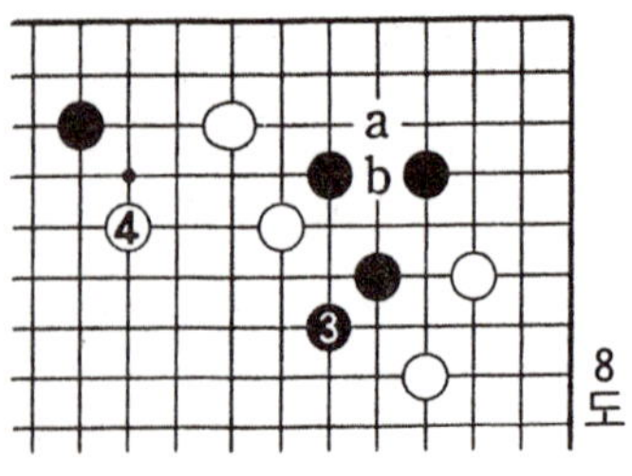

8 도

5 도

1도에서 흑1·3으로 내가는 것은 백2·4로 1보 앞서 진출되어 안됩니다. 백도 2에서 3, 4에서 a 등으로 무리하게 머리를 누를 필요는 없는 것입니다.

6 도

전도 흑3에서는 1로 날일자로 친 것.

7 도

처음부터 흑1로 치는 수도 있읍니다. 그다지 좋은 수는 아니지만 그런 대로 진출은 가능. 백은 2로 치고 다음에 a를 봅니다.

8 도

흑3에서 분명하게 머리를 내었읍니다.

9 도

흑1로 구멍을 뚫어

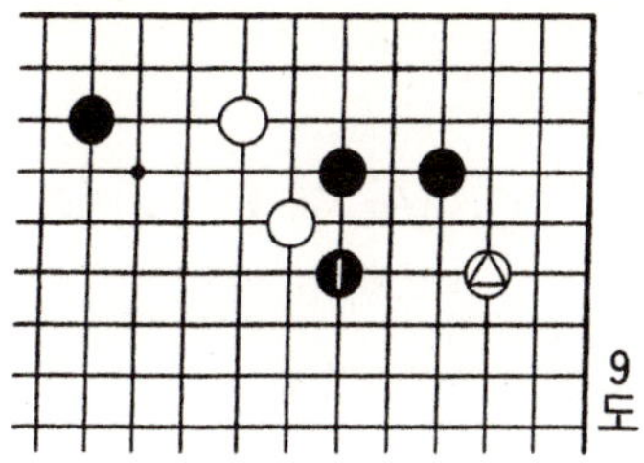

9도

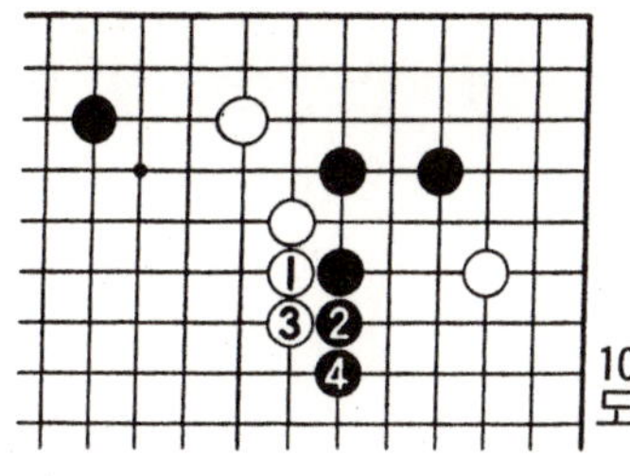

10도

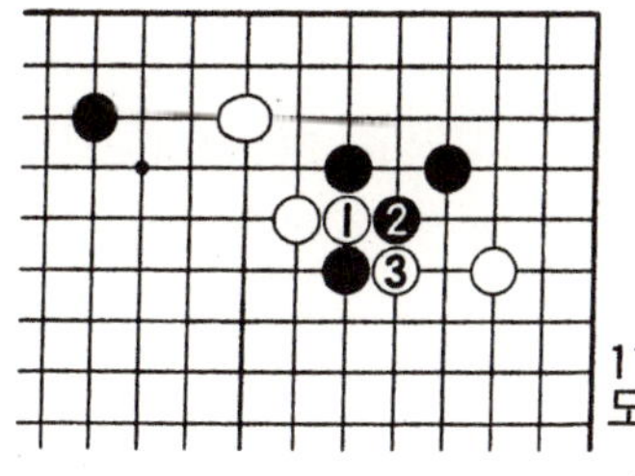

11도

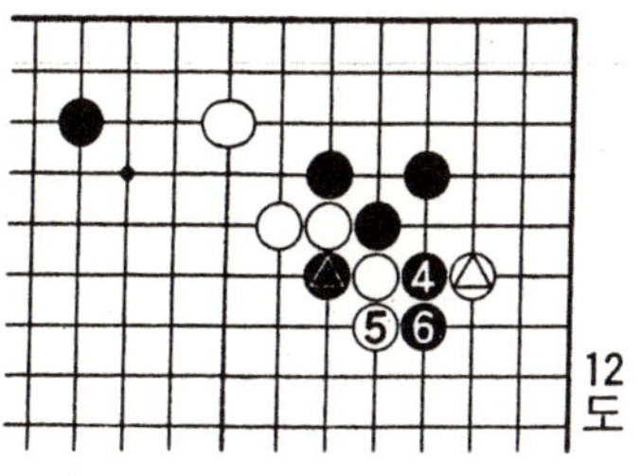

12도

뛰는 수가 △의 약점을 노린 진출의 맥입니다.

10도

백1·3으로 쳐가도 흑2·4로 1보 앞서 내어감으로 충분한 형. 5도와 비교하면 그 우열을 분명히 알 수 있을 것입니다.

11도

두려운 것은 백1·3으로 끊어 오는 수인데, 물론 대항책은 있습니다.

12도

이어서 흑4로 단수하고 6으로 찔러내어 갑니다. 중앙의 ●은 잡혀도 변의 △을 잡으면 공제하고도 이익을 보고 있는 것. 따라서 백도 일부러 손해를 보는 전도의 1·3은 치

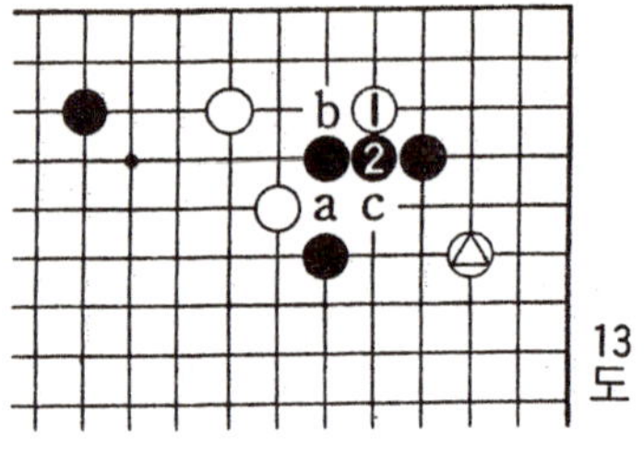

13 도

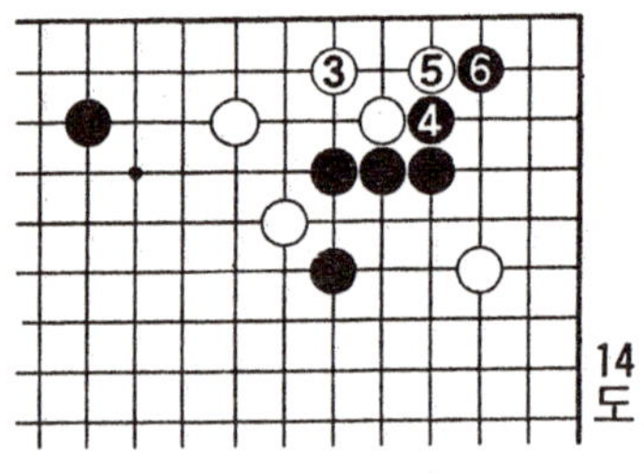

14 도

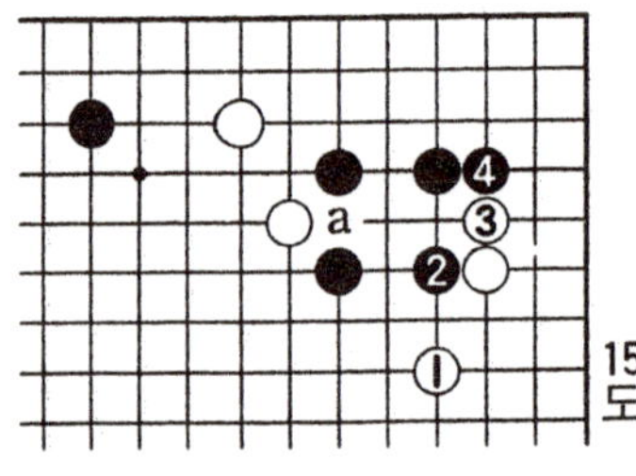

15 도

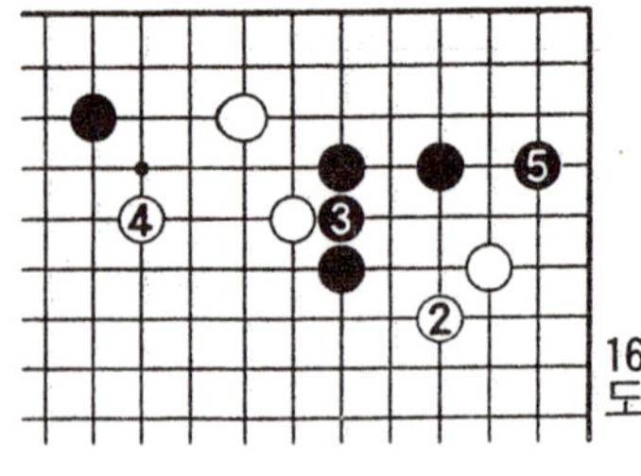

16 도

지 않읍니다.

13 도

a에 약점이 있어도, 백부터 약점을 칠 수 단은 짐작이 가지 않읍니다. 백1 이라면 흑 2로 지키고, 이것이강 해지면 그만큼 △ 한 점이 약해집니다. 흑2 에서 자칫하여 b는 백 c로 쳐져 곤란합니다.

14 도

전도에 이어서 백3 으로 연락되어도 흑4 ·6으로 쳐 염려되는 돌. 중앙에 머리를 내 고 있읍니다.

15 도

백1 이라면 흑2로 붙여 a의 약점을 보강 하고, 이어서 귀에 근 거를 굳힙니다.

16 도

백은 9도에 이어서

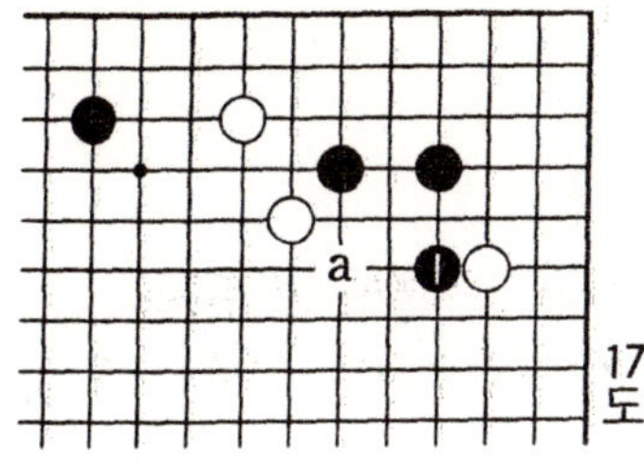

17 도

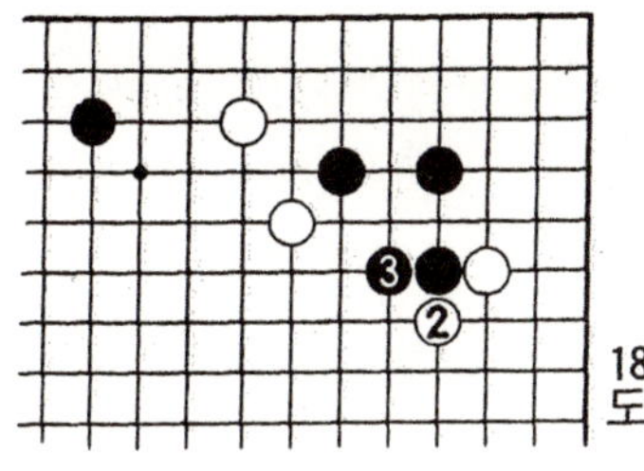

18 도

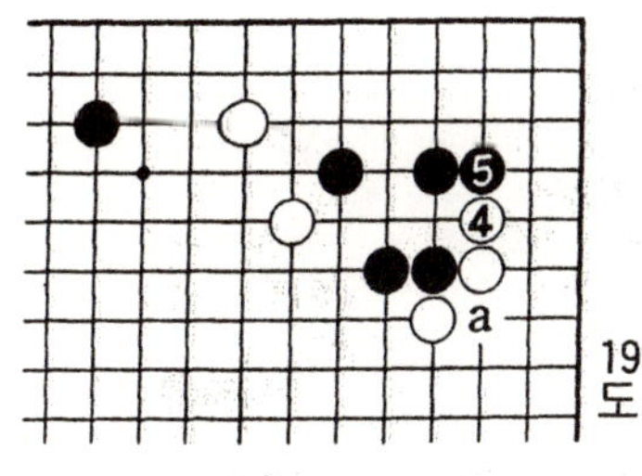

19 도

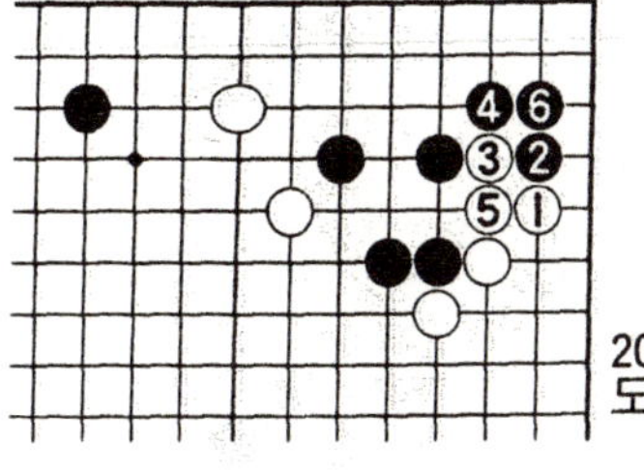

20 도

2 로 쳐 흑 3 으로 붙이는 정도의 것. 흑 5 로 안심인 형입니다.

17 도

흑은 또, 1 로 붙여 진출하는 맥도 있읍니다.

18 도

백 2 라면 흑 3 으로 뻗고, 이미 봉쇄의 우려는 없읍니다.

19 도

백은 4 로 치고, 흑 5 로 교환하는 것으로 a의 단점을 간접적으로 지켰읍니다. 그러나 흑 5 로 누르고 귀에 큰 거도 있읍니다.

20 도

전도 백 4 에서는 1 로 치는 형도 있고, 이하 흑 6 까지도 '정석' 이라고 할 수 있읍니다.

지식과 기술의 강좌

전국의 싸움

싸움은 부분적인 것과 동시에 전국에도 관련된다.

싸움의 맥은 말하자면 전술이며, 어떤 목적으로 행사할 것인가를 명확히 해 두지 않으면 수술 성공 환자 사망의 우려가 있읍니다.

전국을 항상 보고 싸울 것. 흑1은 '이적'이라고 불리우는 묘수로, 쳐진 상대의 귀가 빨개진다고 전해지고 있읍니다. 팔방을 겨냥한, 이런 전국적인 밸런스가 소위 전략에 상당하며, 그 위에 부분적 맥을 치게 되면 그제야 참된 바둑이 되는 것입니다.

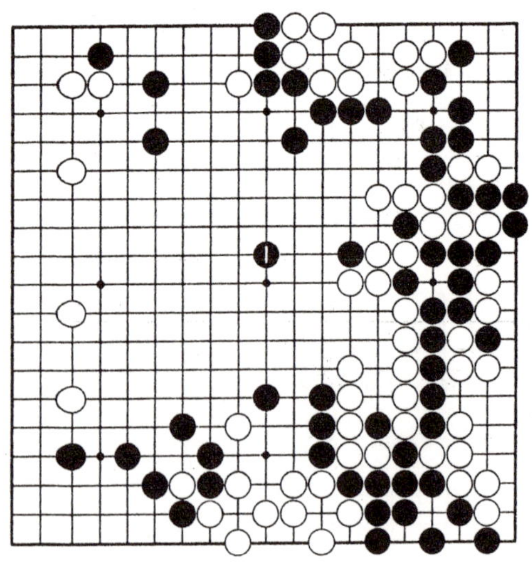

제 3 장

사활의 맥

싸움이 진행될 때의 하나가 돌의 사활입니다. 돌이 죽으면 상대의 집이 되고, 살면 자신의 집. 돌의 사활은 승부를 정하는 집의 대소에 있어서도 절대적인 영향을 주는 것입니다. 사활을 읽는 힘은 바둑의 힘이라고 해도 좋을 정도인 것입니다.

1. 눈모양 공방

두 개로 막는다

품을 두 개로 막아 살리는 것은 대부분은 급소의 문제.

1도

백부터 쳐, 어떻게 되는가?

2도

백1로 끊는 한 수일 것입니다. 단, 이것으로 흑 죽음이라고 생각하는 것은 성급한계산입니다.

3도

흑2로 달라 붙어 패가 됩니다. 귀의 사활은 '2·1'의 점에 탄력이 있으므로 방심할수 없습니다.

4도

백부터 쳐, 어떻게 되는가?

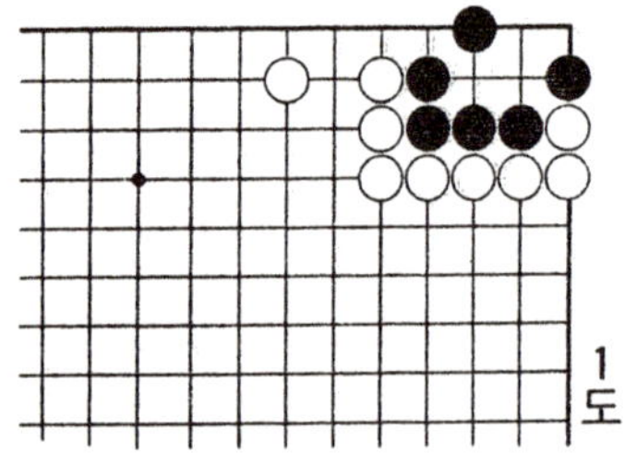

1도

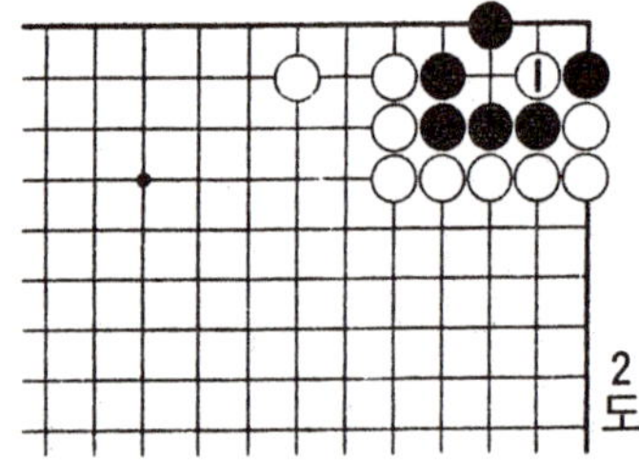

2도

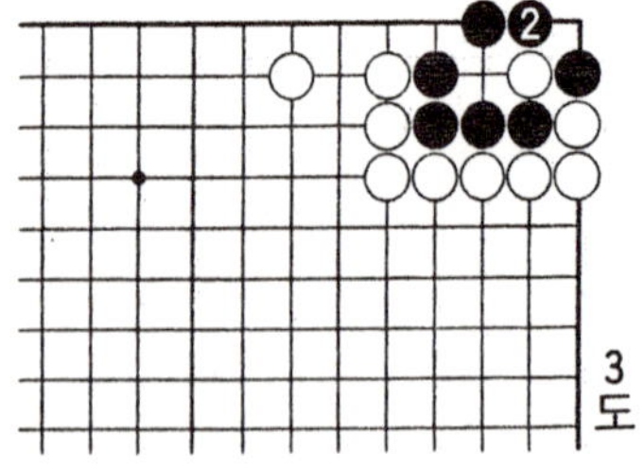

3도

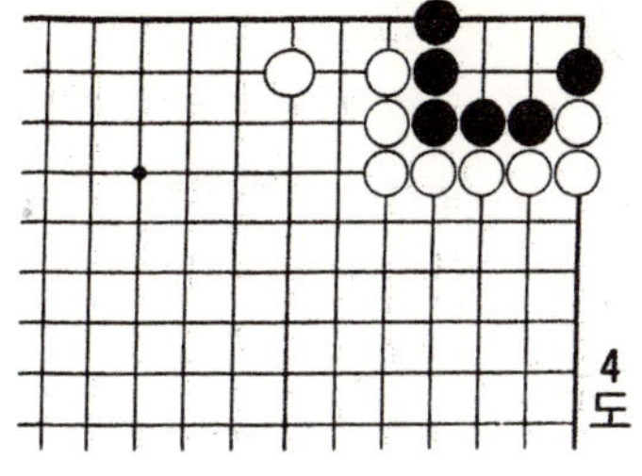

4도

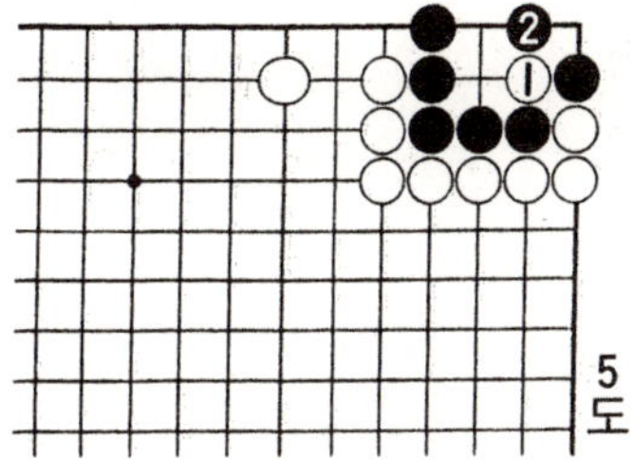

5도

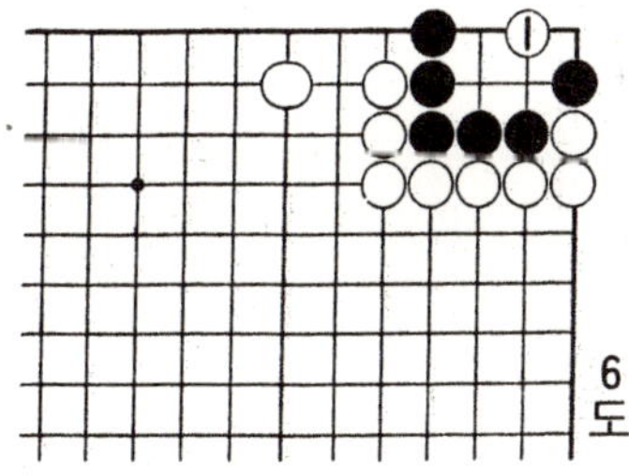

6도

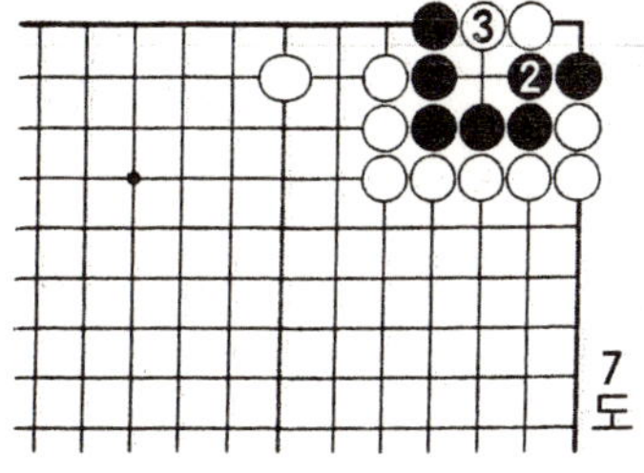

7도

5도

백1로 끊고, 흑2의 대기를 발견한 것으로 패라고 속단해서는 안 됩니다. 패의 수단이 보여도, 더욱 좋은 수로 무조건 죽일 수는 없을까를 생각하는 것입니다.

6도

백1의 놓기가 ‘2·1’의 급소에도 해당하고, 또 전도 흑2의 급소에도 해당합니다. ‘상대의 급소는 자신의 급소’라는 바둑 격언을 알아 둡니다.

7도

이어서 흑2라면 백3으로 칩니다. 흑2에서 3이라면 물론 백2. 놓기 일발로 흑은 무조건 죽게 되었읍니다.

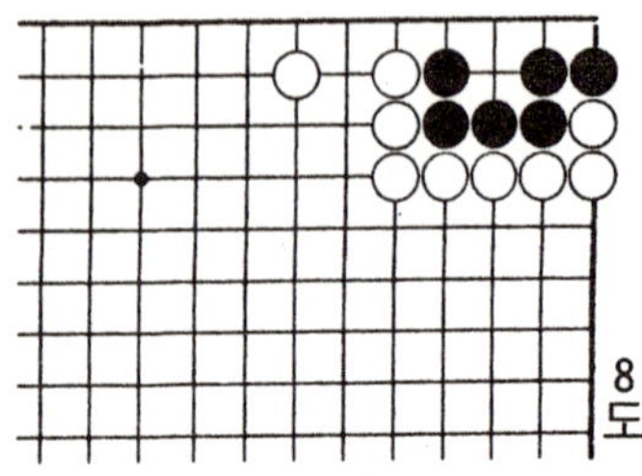

8도

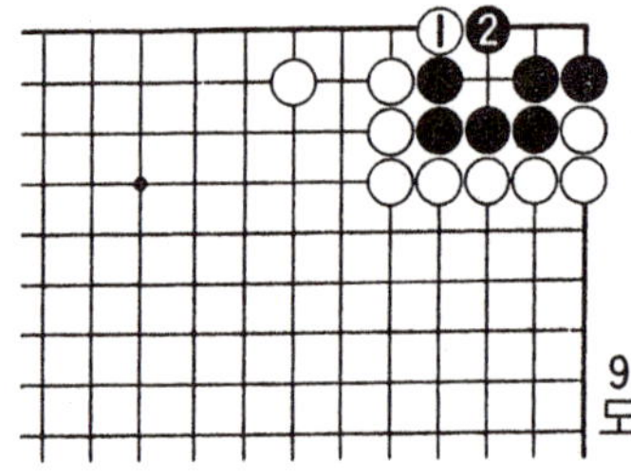

9도

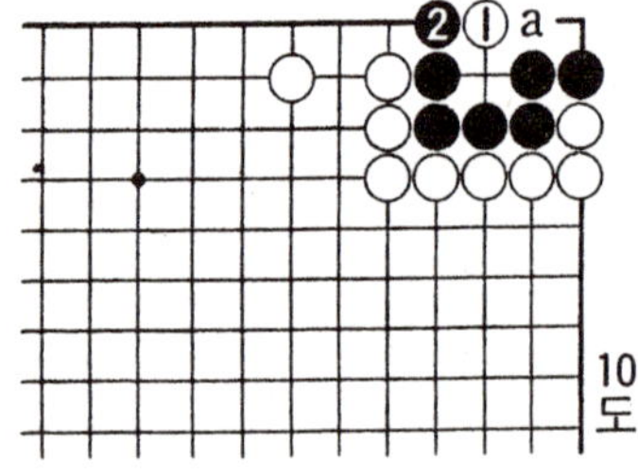

10도

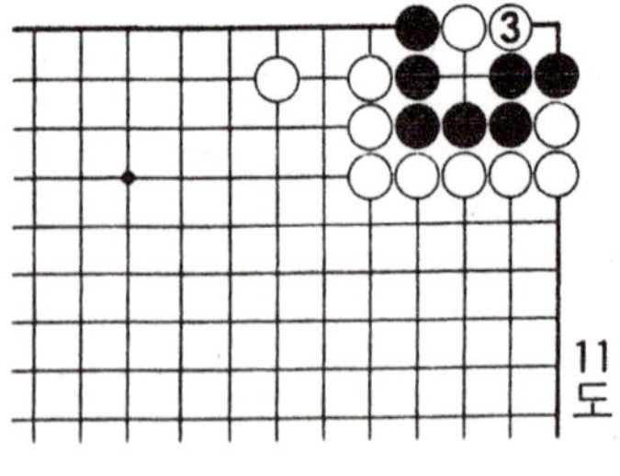

11도

8도

또 형이 조금 변했읍니다. 백부터 치면 어떻게 되는가?

9도

백1로 치면 흑2로 딱 두 눈의 살기가 됩니다. 이 부근이 '상대의 급소는 자신의 급소'라는 것.

10도

백1로 놓으면 흑2로 차단하는 수밖에 없을 것입니다. 흑2에서 a로 쳐도 백2로 대어져 귀에 한 눈밖에 남지 않읍니다.

11도

이어서 백3으로 치면 죽음입니다.

이 정도 사고 트레이닝을 해 두면 다음 문제는 간단한 것입니다.

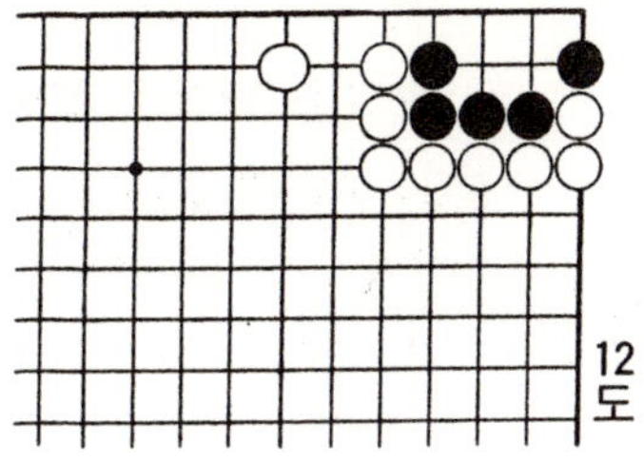

12도

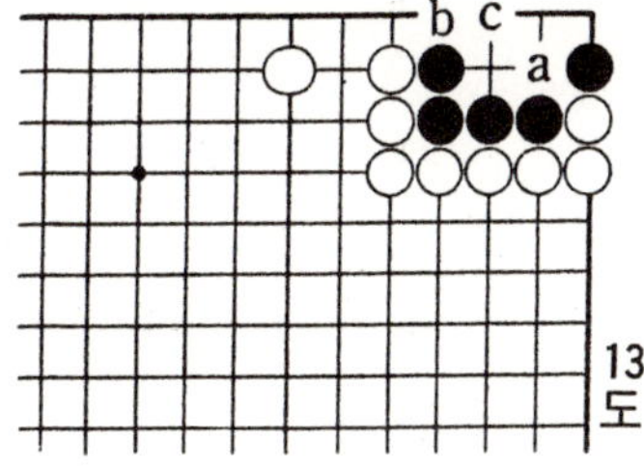

13도

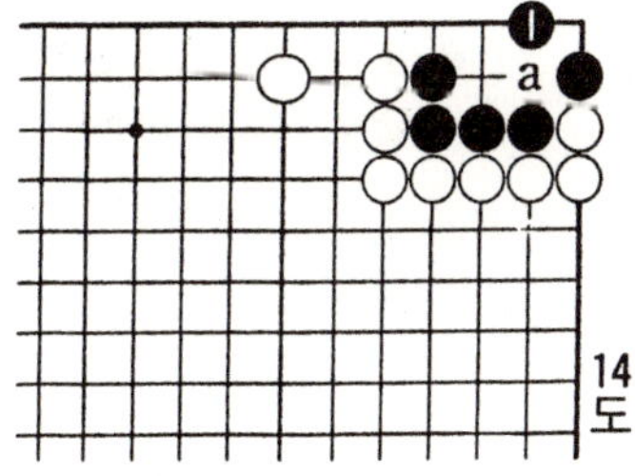

14도

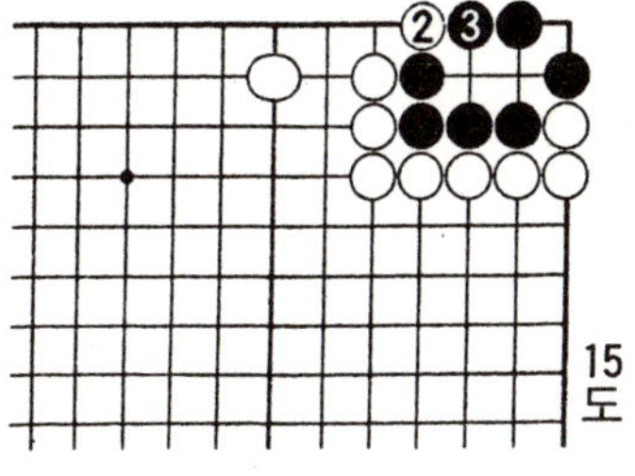

15도

12 도

흑부터 치면 어떻게 되는가? 가능하다면, 무조건 살립니다.

13 도

이미 연습은 끝입니다. 흑a와 b는 무조건 죽고, 흑c는 패가 되었읍니다.

14 도

흑1로 치면 좋은 것입니다. 큰 품은 둘로 나누어 눈모양을 확보할 것을 생각하지 않으면 안됩니다. 또, 흑1은 a의 단점을 지키는 '걸쳐 잇기'의 형이 되어 있읍니다.

15 도

이어서 백2로 쳐도 흑3으로 눌러 훌륭한 두 눈입니다.

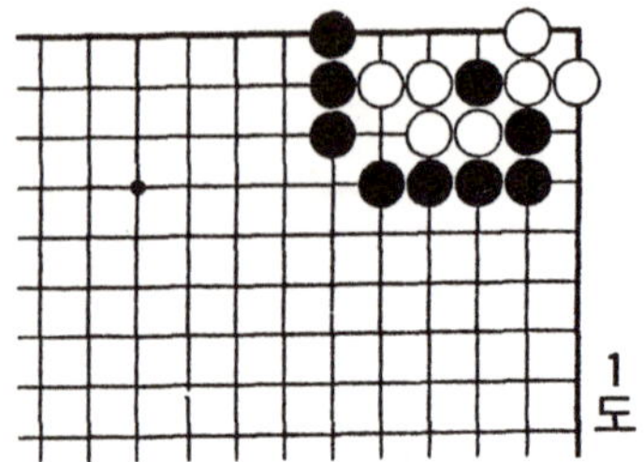

1도

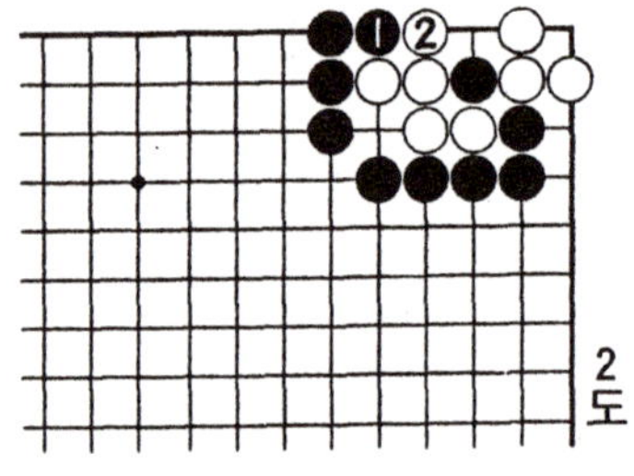

2도

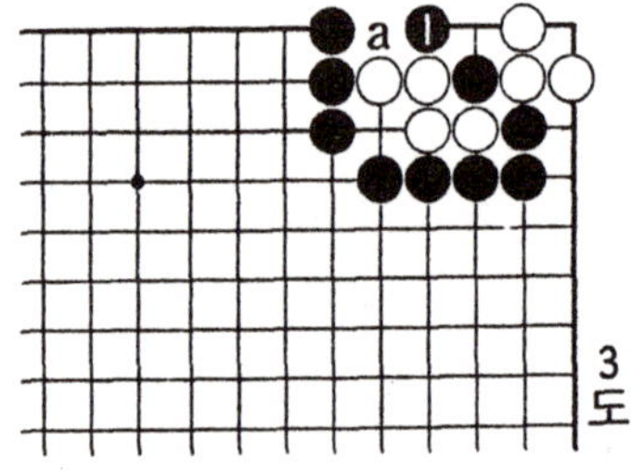

3도

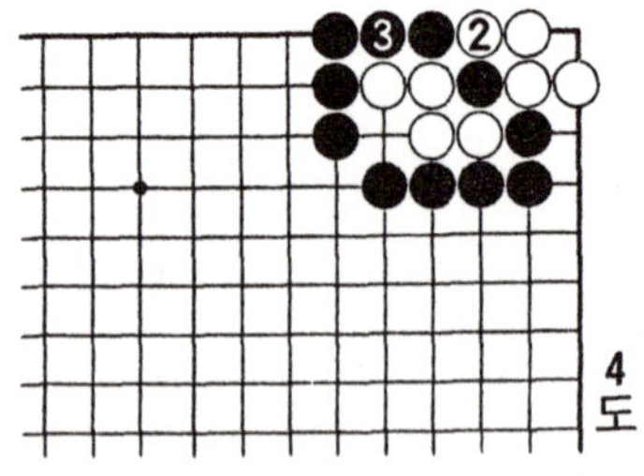

4도

한 눈의 공방

한 눈의 공방은 대부분이 수순의 문제.

1도

흑부터 쳐 귀의 백은 어떻게 될까?

2도

흑1로 내는 것으로는 백2로 멈추어져 살기. 귀에 한 눈, 변에도 한 눈이 만들어졌읍니다.

3도

흑1이 좋은 수입니다. 백은 공배 막힘이므로 a점으로 칠 수 없읍니다.

4도

백2의 빼기에 흑3으로 이어 한 점 잡히면 눈이 되지 않읍니다. 그것은 백 죽음.

5도

이 형에서 흑부터 치

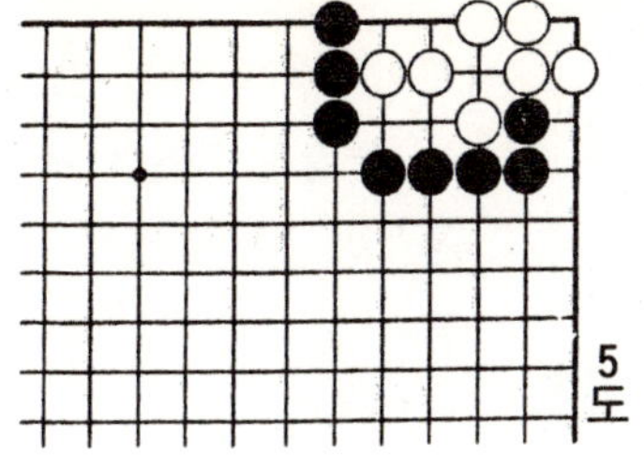

5 도

면 백의 생사는 어떻게 되는가?

6 도

흑 1 로 단수를 걸어도 백의 잇기는 기대할 수 없습니다.

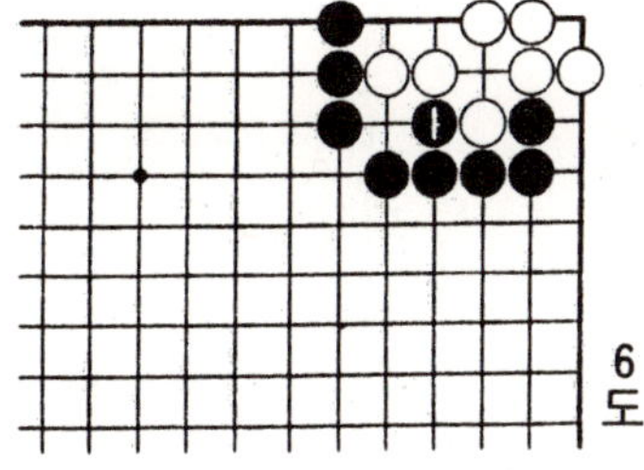

6 도

7 도

이어서 백 2 로 내디디면 a 의 패가 사활에 관계되는 쟁점이 됩니다. 달리 무조건 죽이는 수가 없으면 이것이 정해가 되지만…

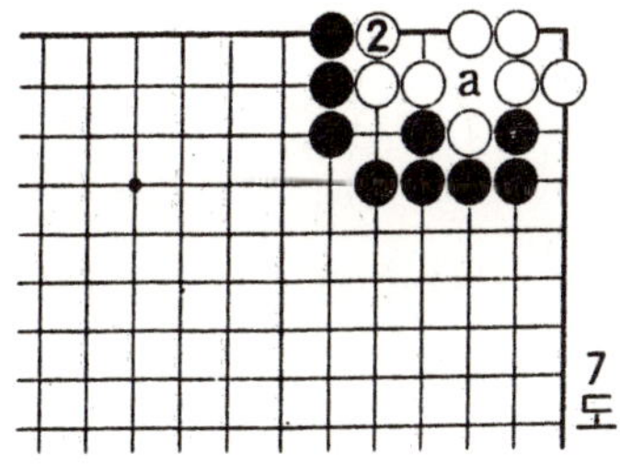

7 도

8 도

5 도에서 흑 1 로 치면 좋은 것입니다. 백의 눈모양에는 두 개의 약점이 있어, 한쪽을 치면 한쪽이 쳐지는 '균형' 이라는 것은 분명할 것입니다. 백의 죽음이 확실합니다.

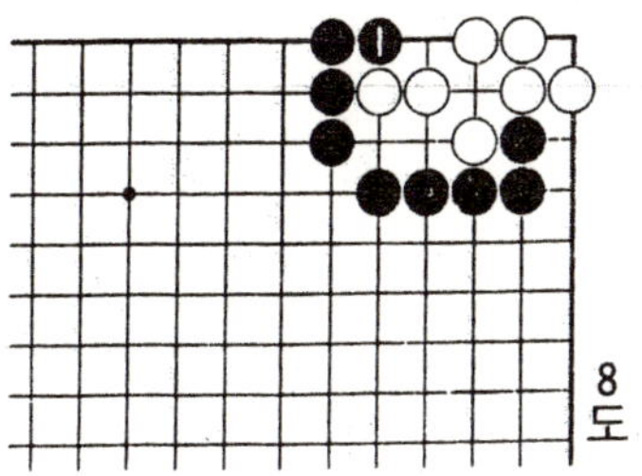

8 도

9 도

이제까지의 사고 트

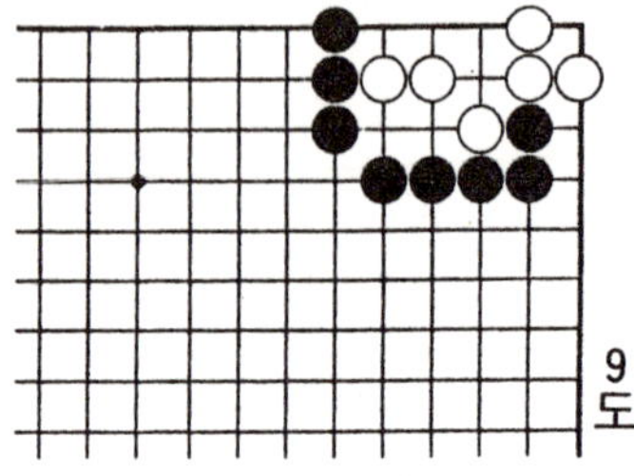

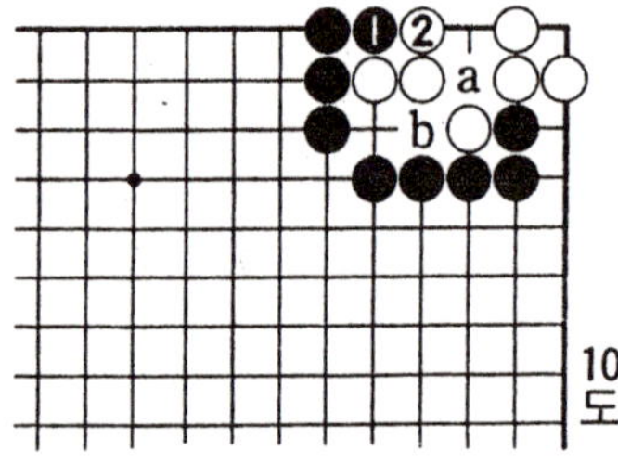

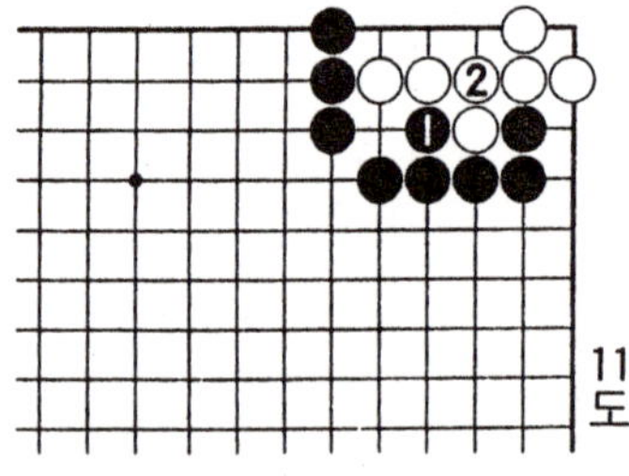

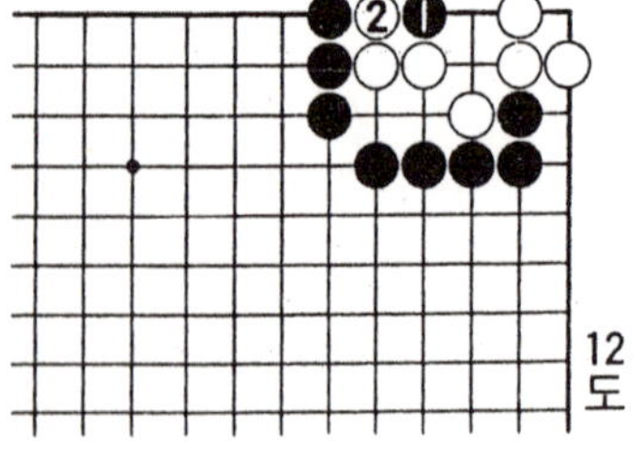

레이닝으로 다음 한 수는 분명할 것입니다. 흑부터 쳐 어떻게 되는가?

10도

흑1로 내는 것으로는 백2로 눌려 숨이 끊깁니다. 이 뒤, 흑a는 백b로 살기.

11도

흑1의 단수도 백2. 이것은 가장 단순한 실패일 것입니다.

바깥쪽에서의 공격은 백에게 보통으로 받아져 간단히 살 수 있읍니다. 그렇다면 안쪽에서 공격하는 맥의 차례입니다.

12도

그렇다고 해도 흑1의 직접적인 깊이 넣기는 백2로 차단되어 거기까지.

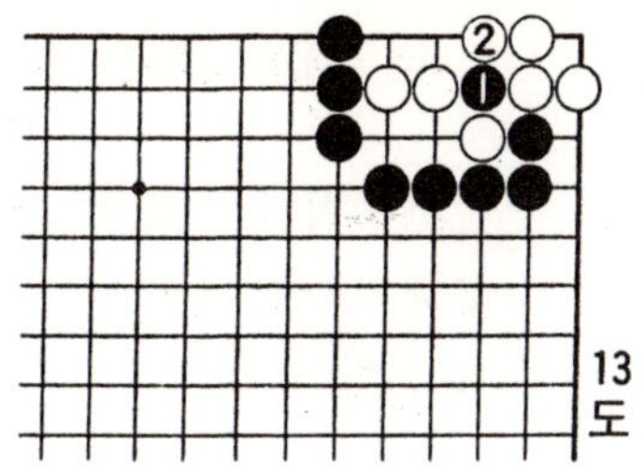

13도

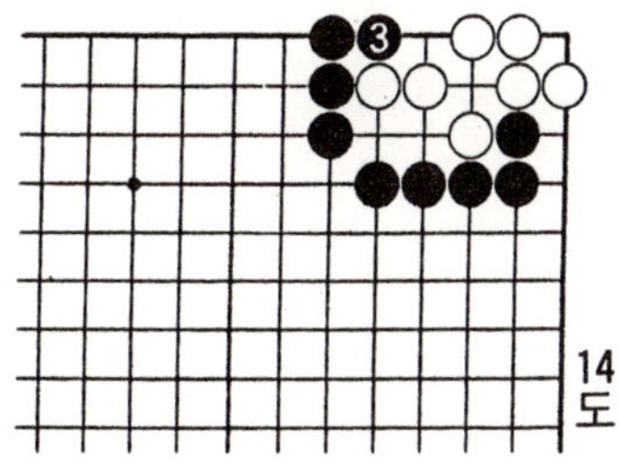

14도

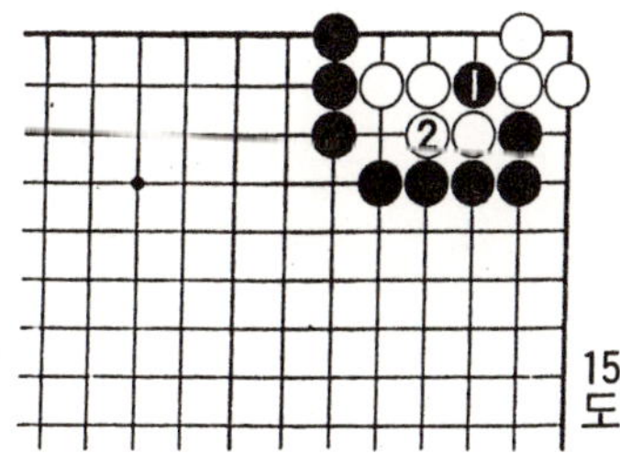

15도

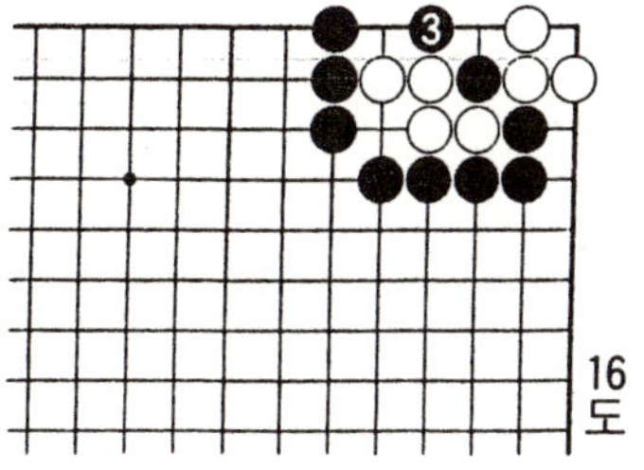

16도

13도

흑1의 모자 넣기가 호수맥. 우선 백2로 잡아 봅시다.

14도

이어 흑3으로 내면 8도와 마찬가지로 백은 무조건 죽음입니다.

15도

이번에는 백2로 쳐 봅시다. 이것은 1도와 같은 형입니다.

16도

흑3으로 치면 3도와 같이 백 죽음이 됩니다.

즉, 13도 내지 15도 흑1로 모자 넣는 맥에는 백에 어느쪽 길을 선택할지 물어 형을 정하는 작용이 있는 것입니다. 그리고 어느쪽을 선택해도 두개의 화살이 필요합니다.

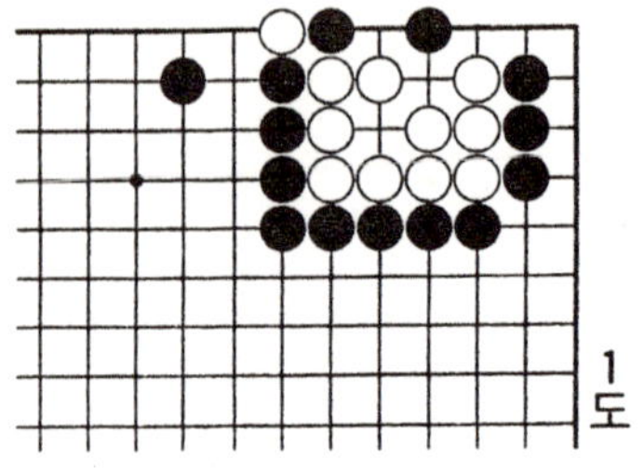

1도

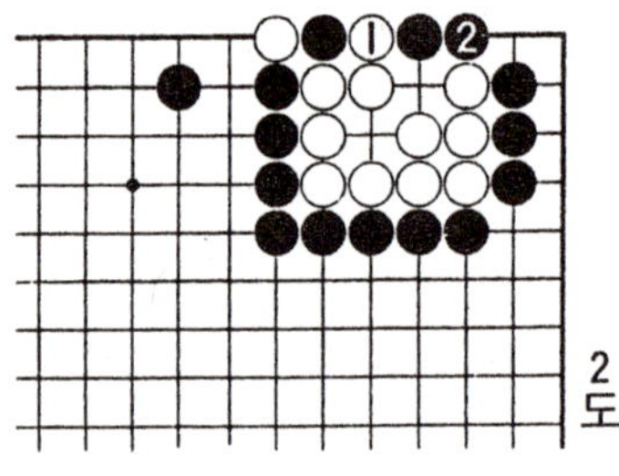

2도

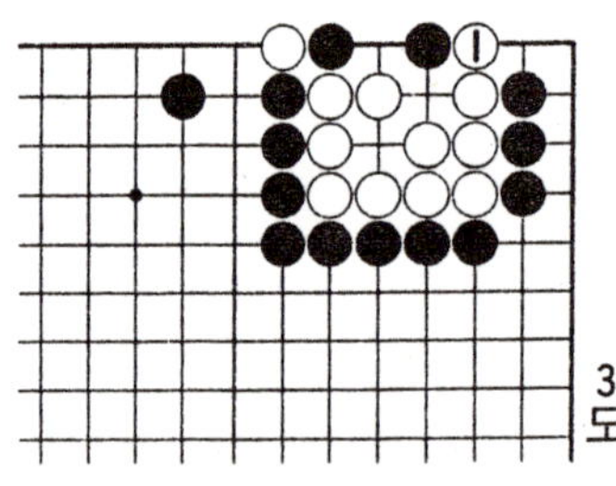

3도

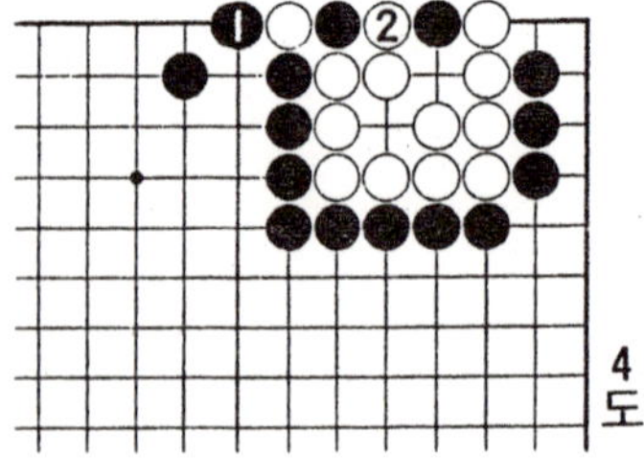

4도

세 점을 잡는다

세 점을 잡으면 한 눈. 돌을 따내어 사는 경우의 기본이 된다.

1도

백부터 쳐 살 수가 있을까.

2도

단수가 되어 있다고 해서 백1로 잡으면 흑 2로 대어져 즉사입니다.

3도

백1로 대기를 멈추고, 이로써 살고 있읍니다.

4도

흑1의 따내기라면 백2로 쳐 한 점을 거두어 들이고, 중앙의 한 눈과 합하여 살렸읍니다.

5도

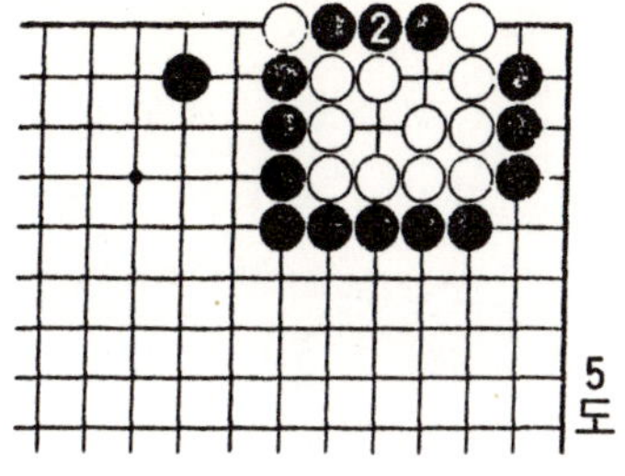

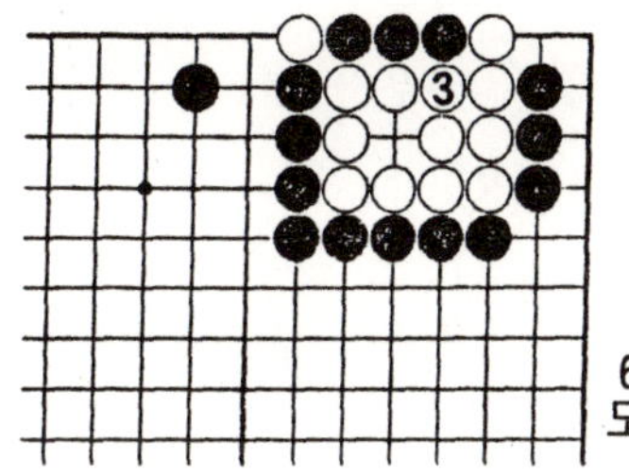

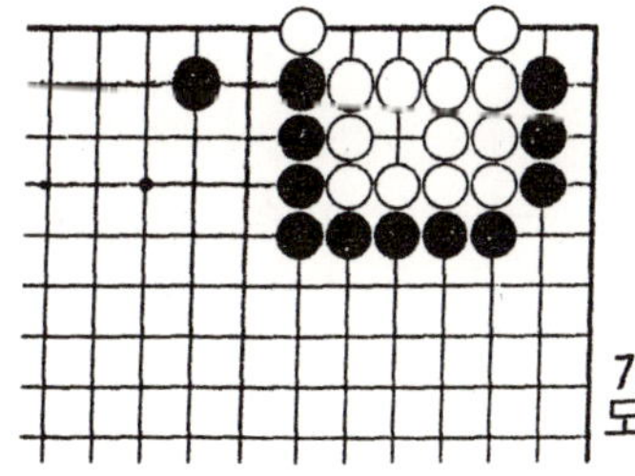

성공할 것인가 실패할 것인가를 생각하지 말고, 손해인가 이익인가도 생각하지 말고 백을 죽이러 간다면 3도 뒤 흑2의 잇기를 생각할 수 있을 것입니다.

6도

그러나 백3으로 세 점이 따내지면 대개의 경우 한 눈이 됩니다. 상대의 돌을 따내어 눈모양을 만들 때에는 '세 점'이 하나의 표준이 되어 있는 것입니다.

7도

따내어 살린 형. 따라서 5도 흑2는 손해의 수였읍니다. 쳐도 손해를 본다는 것을 알면, 실전에서는 물론 치지 않게 됩니다.

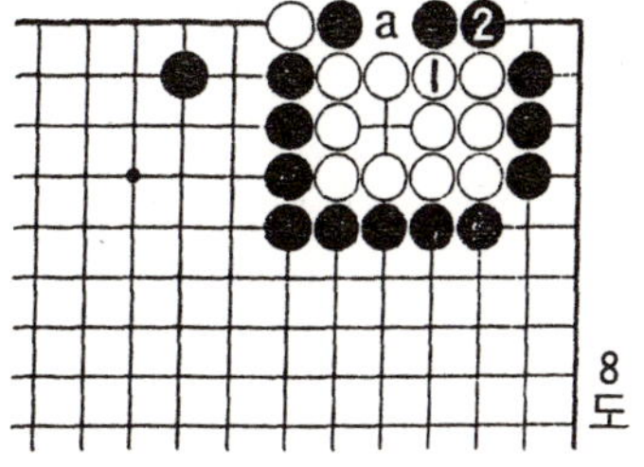

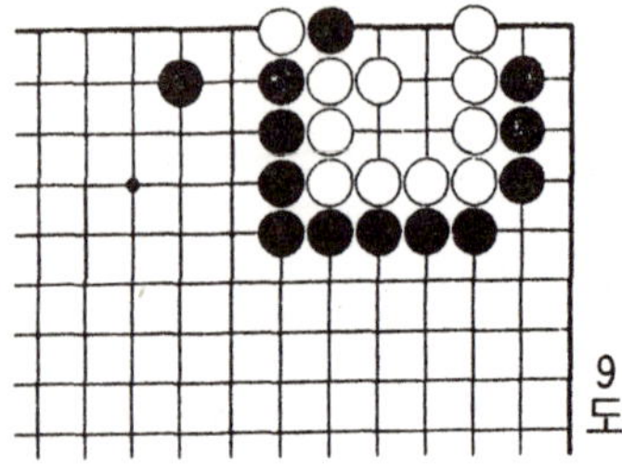

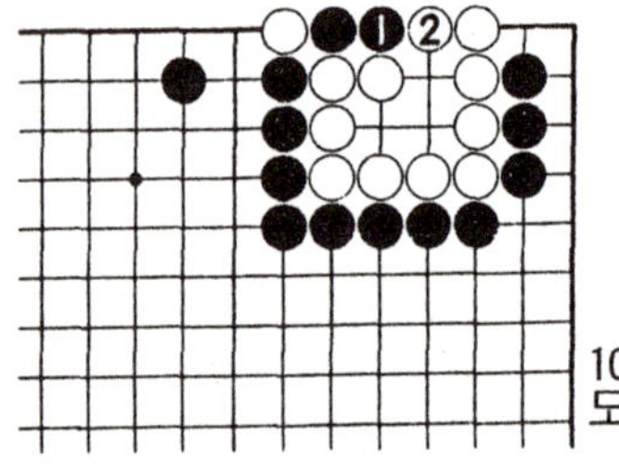

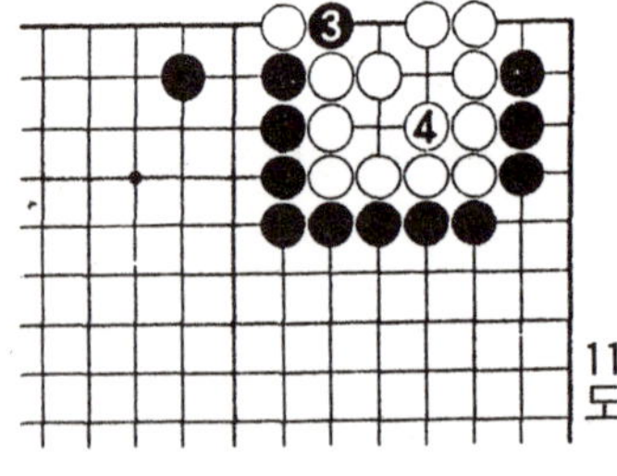

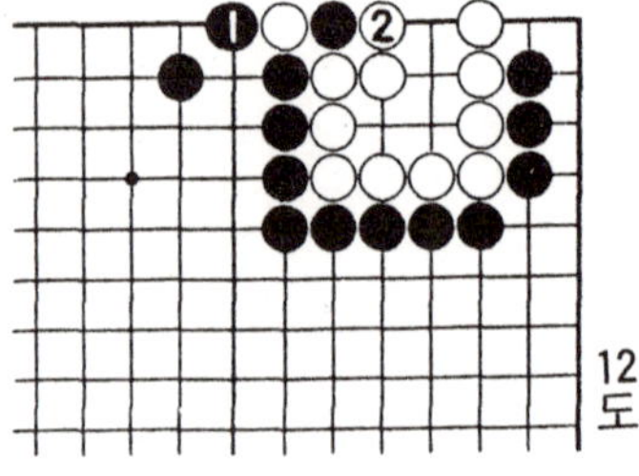

8도

처음으로 거슬러 올라가면 백 1은 악수. 흑은 a로 쳐주지 않읍니다. 흑 2로 죽음입니다.

9도

흑부터 쳐, 이 백을 죽일 수 있을까?

10도

흑 1은 유력한 맥입니다. 그러나 맥도 시기나 형으로 작용하기도 하고 작용하지 않기도 하고. 이 경우는 백 2로 잡혀서 안됩니다.

11도

흑 3으로 쳐 여기는 덜된 눈이 만들어지지만, 백 4로 딱 두 눈을 만들어지게 해 버렸읍니다. 그렇다고 흑 3에서 4로 이동을 해

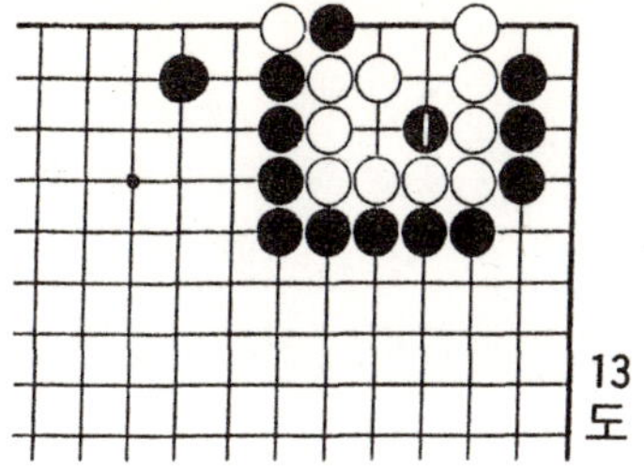

13 도

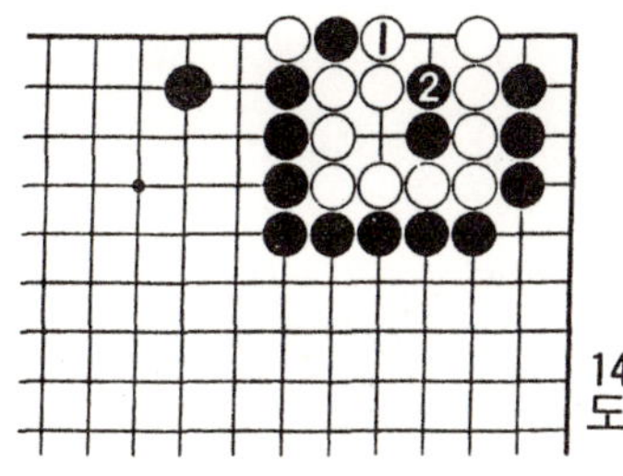

14 도

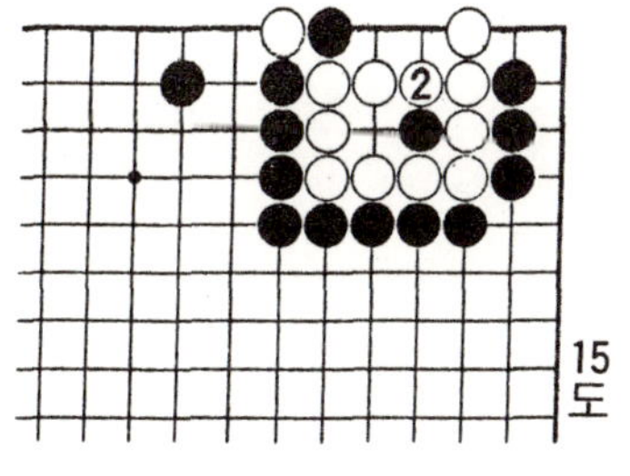

15 도

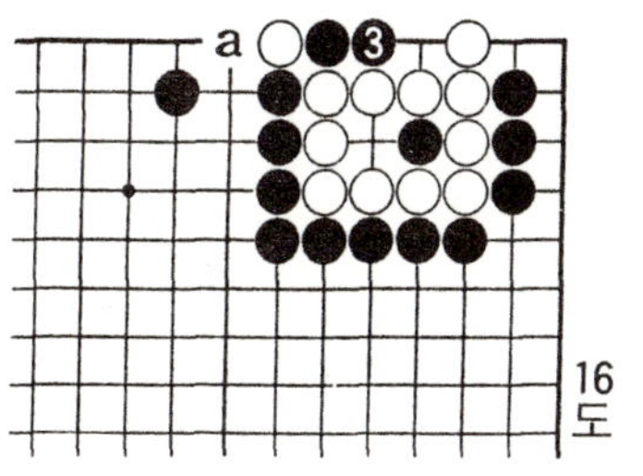

16 도

도, 백 3 으로 변에 또 한 눈을 만들게 합니다. 10 도 흑 1 에서는 백을 죽일 수 없습니다.

12 도

흑 1 의 한 점 따내기는 백 2 로 쳐져 '구부린 4 집' 의 살기형입니다.

13 도

모두 단수가 되어 있는 변에 눈길을 주면 흑 1 로 중앙의 급소로 향하고 있읍니다. 이곳이 '눈모양을 가르는 급소' 에 해당합니다.

14 도

백 1 이라면 흑 2 로 간단히 죽음.

15 도

따라서 백은 13도에 이어 2 로 쳐 저항할 것입니다.

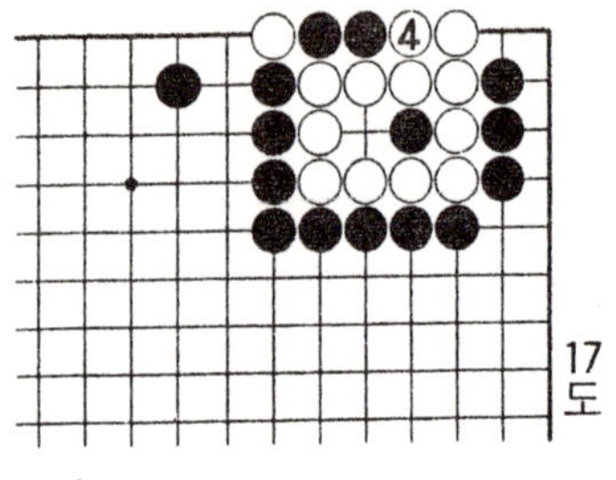

17 도

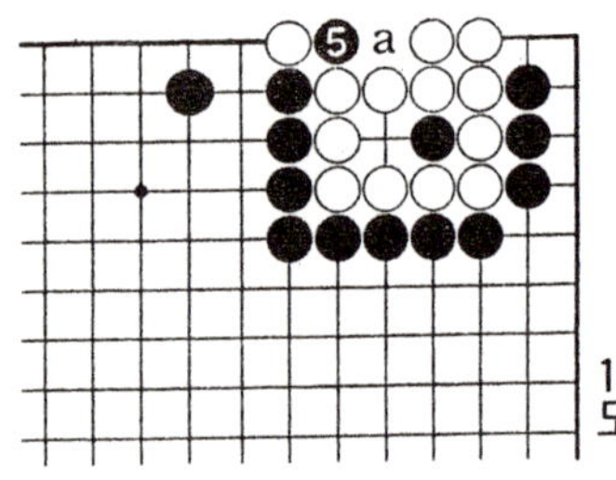

18 도

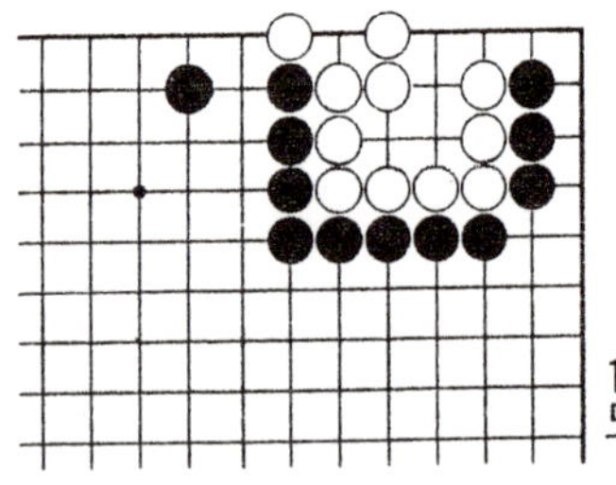

19 도

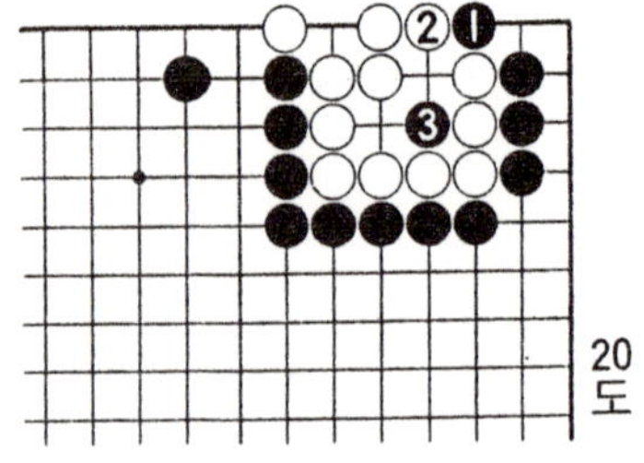

20 도

16 도

여기에서 드디어 흑 3 으로 '두 점으로 하여 버리는 맥'의 차례입니다.

17 도

전도에 이어서 백은 4 로 두 점을 따내는 한 수입니다.

18 도

흑 5 로 쳐, 확실하게 백의 죽음이 확정되었읍니다. 백 a 로 따내는 수가 무의미하다는 것은 말할 필요도 없읍니다.

19 도

이 형에서 흑부터 치면 간단하게 백을 죽일 수 있을 것입니다.

20 도

흑 1 로 젖혀 품을 좁히고, 백 2 때 흑 3 으로 급소에 두도록 하여 백

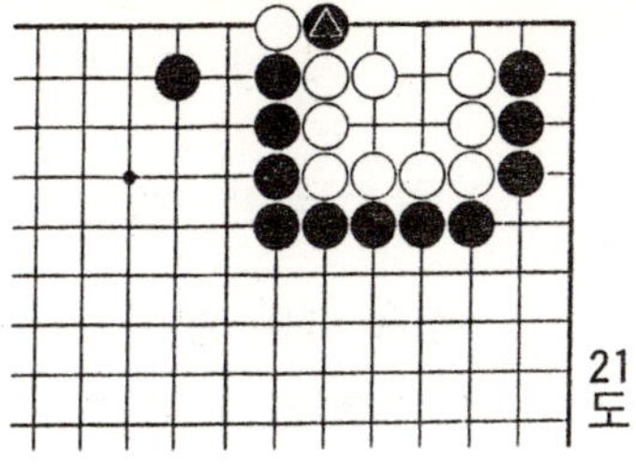

21 도

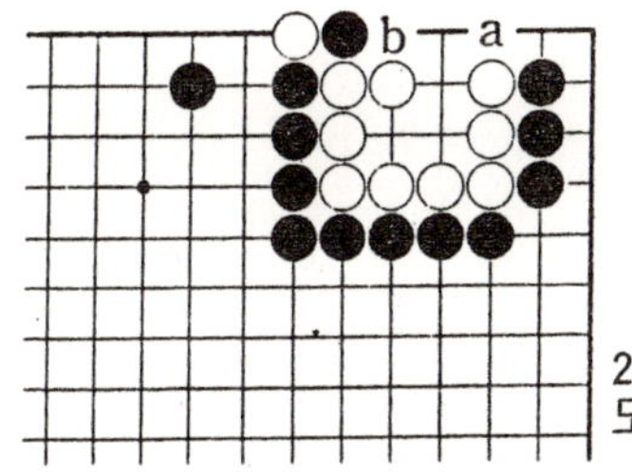

22 도

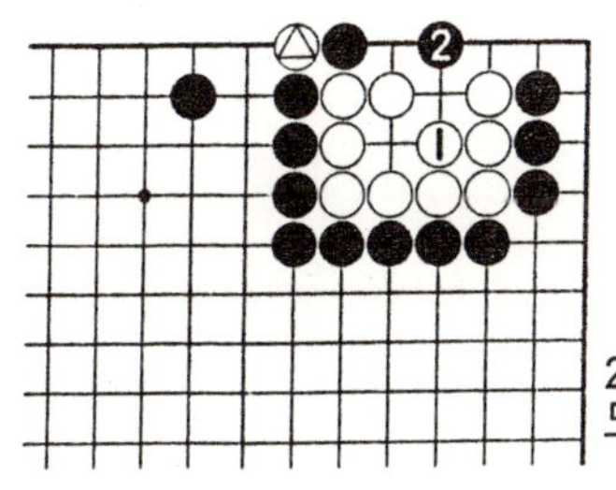

23 도

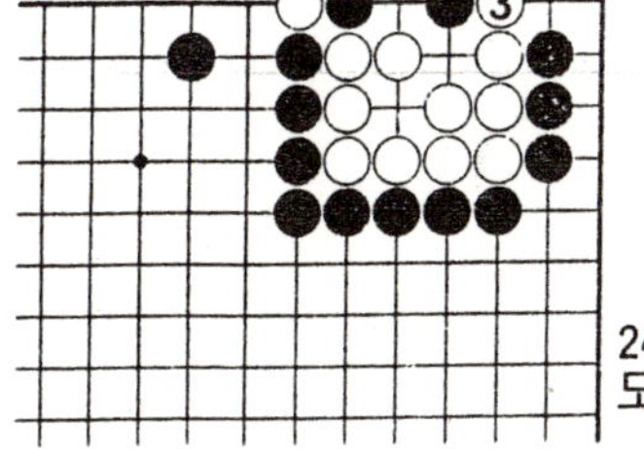

24 도

죽음입니다.

21 도

지금까지의 트레이닝으로 이 백을 살리는 것은 이미 간단한 것입니다. 지금, 흑부터 ▲에 친 때입니다.

22 도

백a로 치는 것은 13도 이하로 죽음. 백b로 치는 것으로는 19도 이하에서 죽는다는 것은 이미 확인했읍니다.

23 도

백1로 치면 흑의공격은 2의 두기로 한정됩니다. 이런 흑돌을 불러들여 세 점으로 하여 따내는 것이 맥.

24 도

전도에 이어 백3으로 치면 흑돌을 잡아 살기가 됩니다.

2. 품의 공방

안수로의 순서

품이 넓은 형은 급소를 노출하는 순서가 중요.

1도

백부터 쳐 흑을 죽일 수 있을까?

2도

단수이니까, 라고 해서 백1의 잇기는 흑2, 또는 a로 쳐 살 수 있읍니다.

3도

백1로 급소에 치면 간단히 죽읍니다. 흑a로 한 점을 잡아도 물론 모자란 눈. 확인할 필요도 없을 것입니다.

4도

백1로 단수를 걸어, 흑2라면 백3으로 쳐도 이 흑은 죽어 있읍

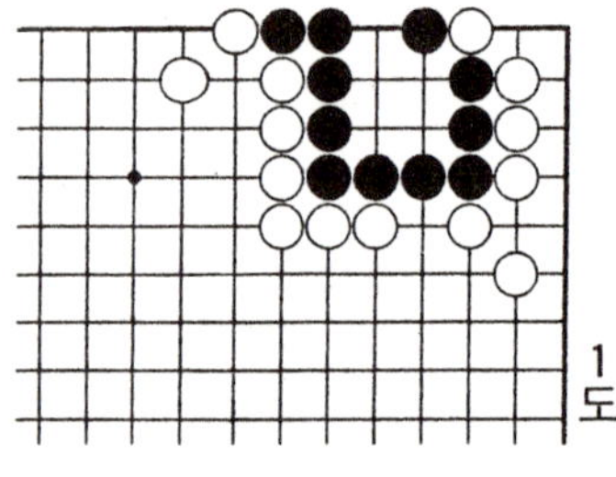

1도

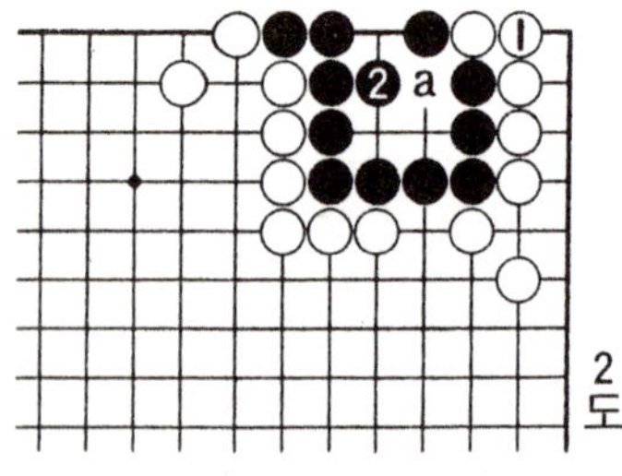

2도

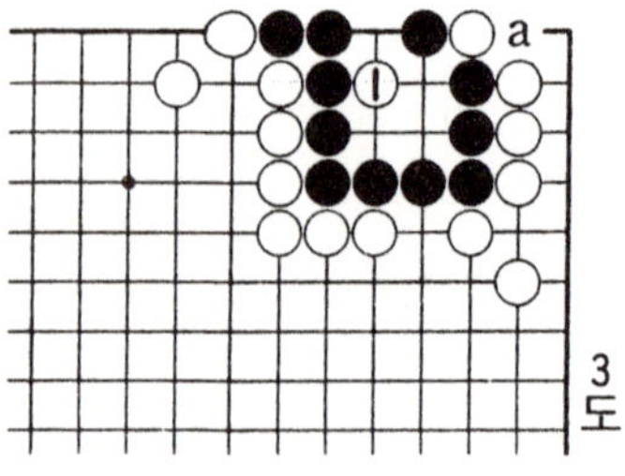

3도

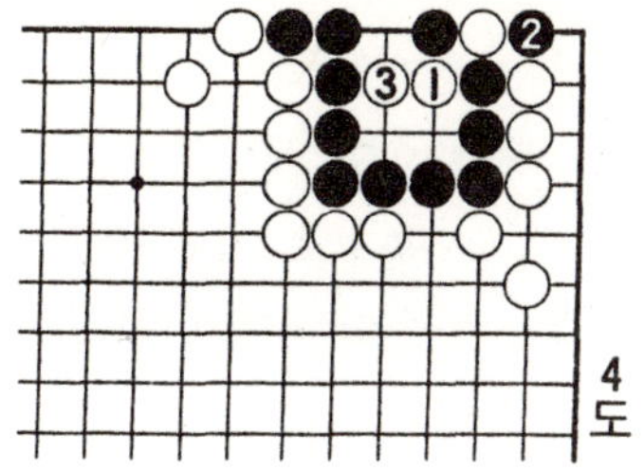

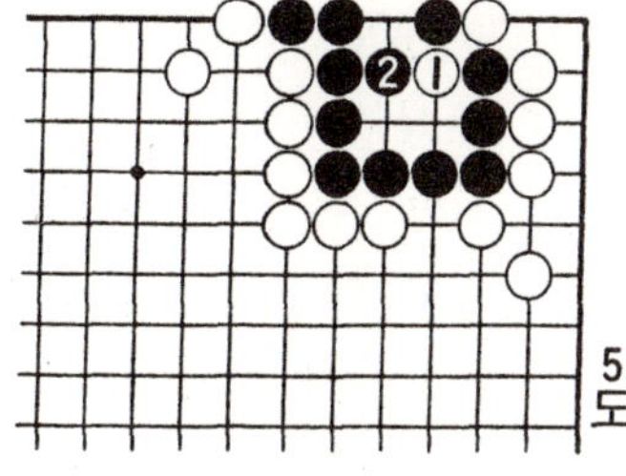

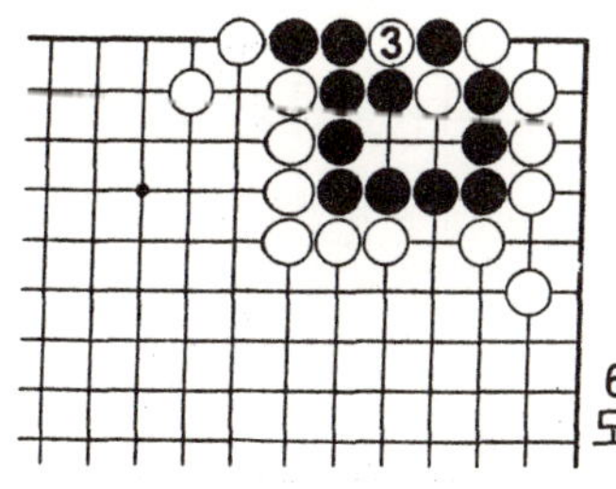

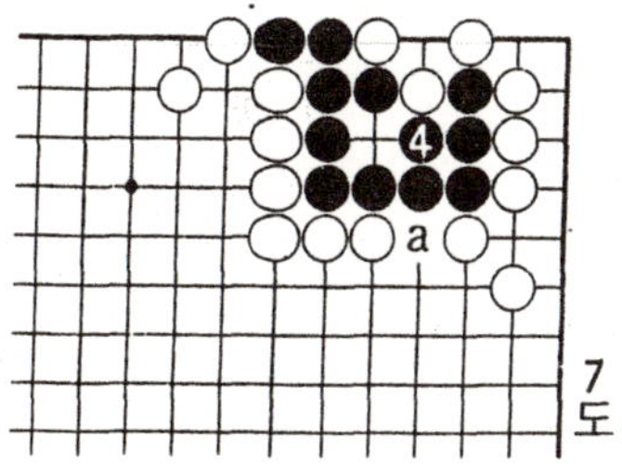

니다. 그러나, 흑은 2
로 쳐 주지 않읍니다.

5 도

백1 때 흑2로 다
시 단수하는 좋은 수
가 있는 것입니다.

6 도

백3으로 따내는 수
밖에 없읍니다. 이로써
패라고 생각하는 것은
큰 잘못입니다.

7 도

흑4로 밖에서부터
단수를 걸어 빼앗기입
니다. 수순을 너무 꼬
았기 때문에 흑을 살
게 해 버렸읍니다.

이 형은 a의 공배가
명망(命網). 이 공배
가 막혀 있어서는 흑
4로 칠 수 없어 패가
됩니다.

8 도

백이 △에 붙인 때.

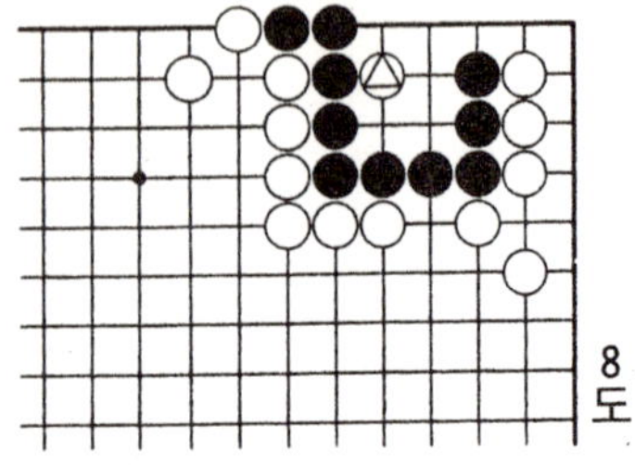

8도

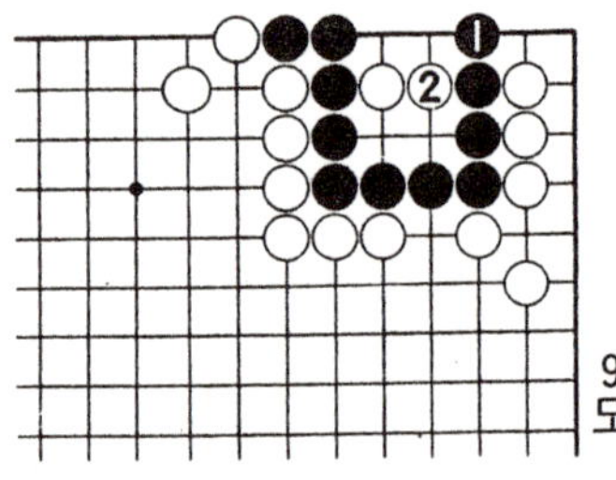

9도

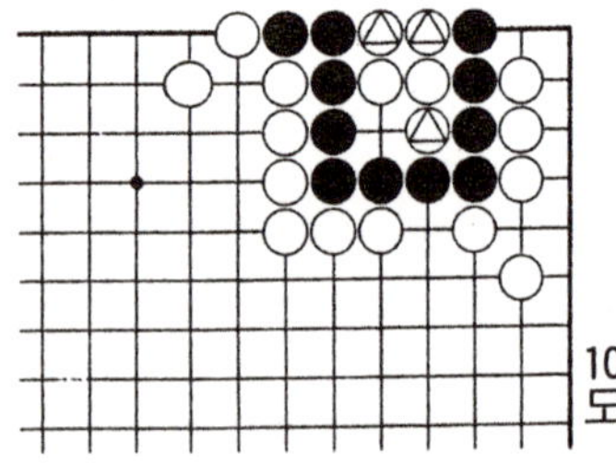

10도

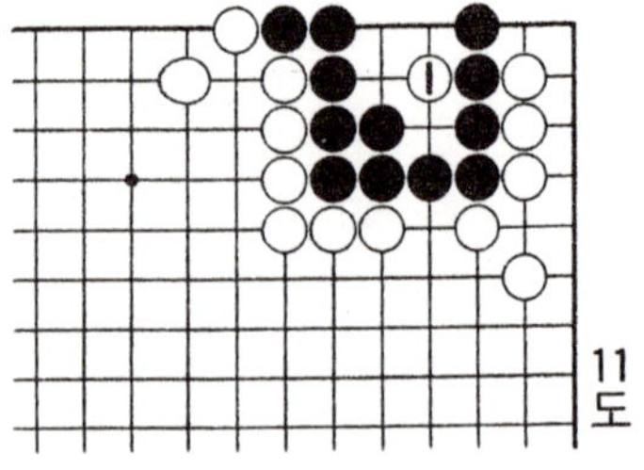

11도

혹부터 쳐 살 수는 없을까?

9도

혹1로 치면 백2로 안수의 죽음. 너무 넓어 알기 어려울 지도 모르지만……

10도

백부터 ◎ 세 점을 치면 다섯 집 안수가 된다는 것은 분명할 것입니다. 그렇다고 해서 혹부터 치면 품이 좁아지고, 빅이 되지 않는다는 것을 확인해 두고 싶습니다.

안수의 죽음과 빅은 종이 한 장 차이이므로 연습이 제일입니다.

11도

전도의 백 다섯 점을 잡으면 또 다시 혹1로 안수를 합니다.

12도

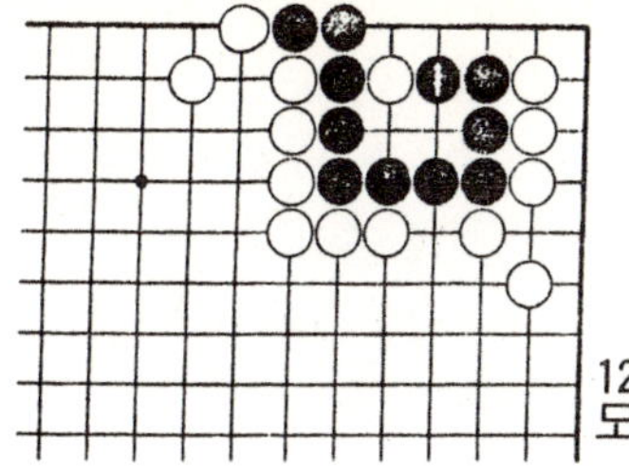

12 도

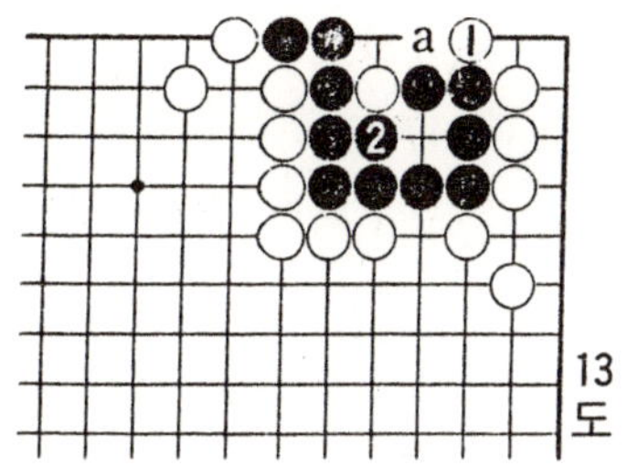

13 도

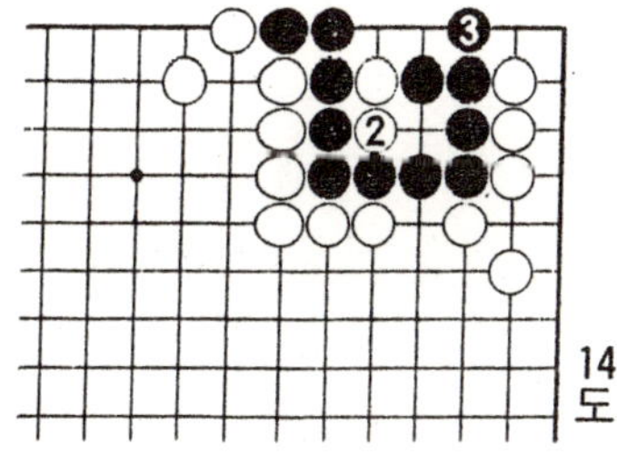

14 도

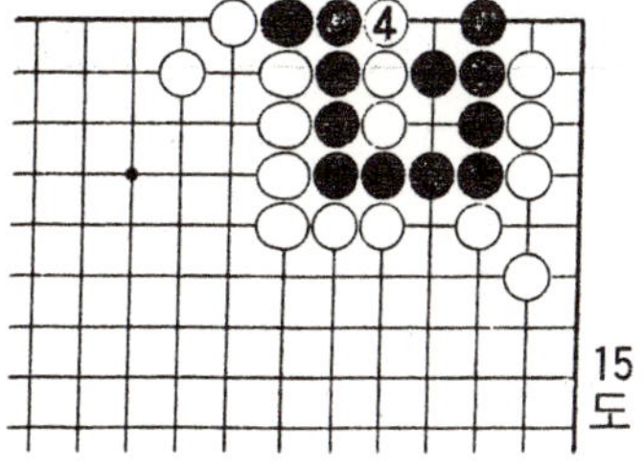

15 도

흑1로 치는 것이 호수. 9도 백2로 동점의 급소입니다.

13 도

이어서 백1이라면 흑2로 눈모양을 나누어 두 눈의 살기. 흑2에서 깜박하여 놓은 a는 백2로 쳐져 죽어 버립니다.

14 도

12도에서 백2가 눈모양의 급소에 먼저 가 있을 때는 흑3으로 품을 넓히는 수가 좋읍니다. 이것을 칠 수 있게 되면 실전에 나타나는 사활은 대개 해결할 수 있읍니다.

15 도

백4로 쳐져도 빅. 빅은 돌이 잡히지 않으므로 살기와 같다고 할 수 있을 것입니다.

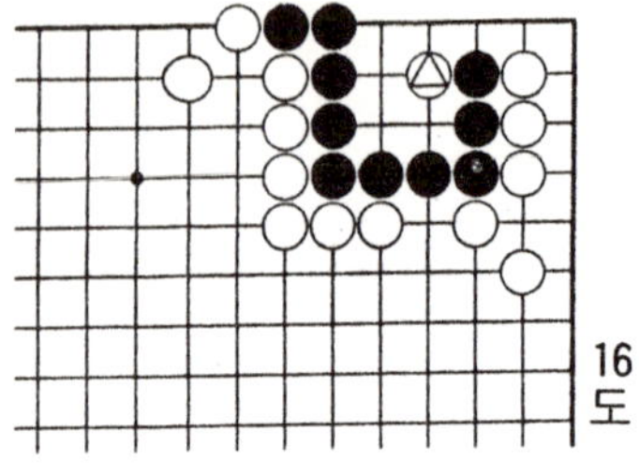

16
도

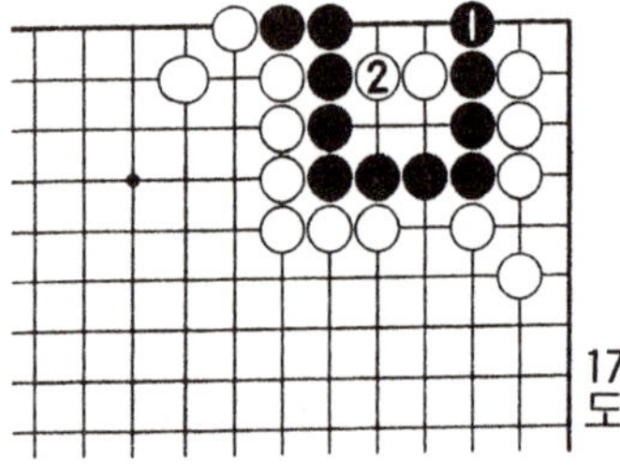

17
도

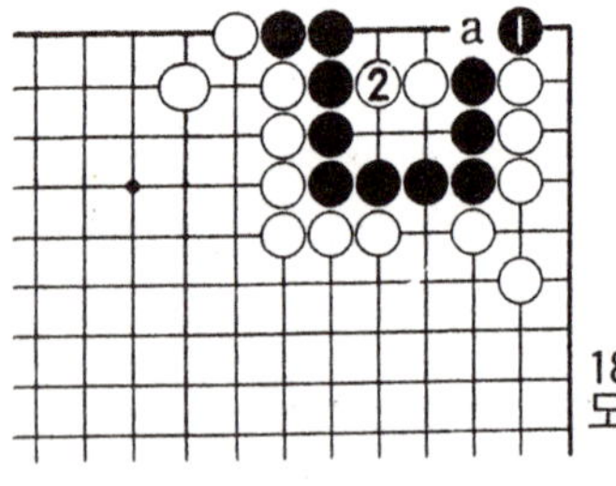

18
도

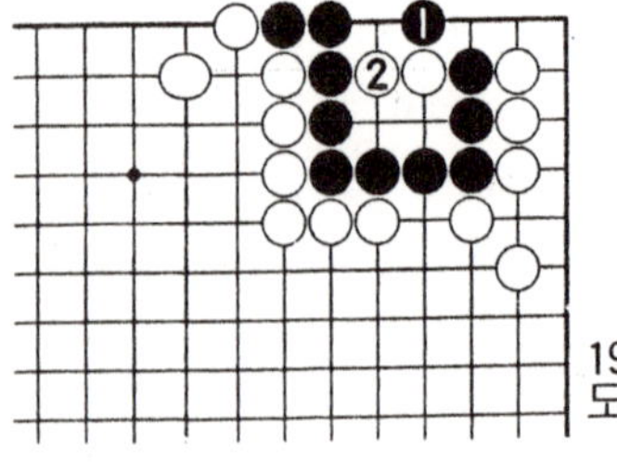

19
도

백이 아무 것도 치지 않으면 흑 4로 칩니다.

16 도

이번에는 백이 △쪽에 붙여 갔읍니다. 흑은 어떻게 치면 살 수 있을까요?

17 도

흑 1로 단수를 막아도, 백 2로 안수의 죽음입니다. 9도와 동형.

18 도

흑 1의 젖히기는 a 보다도 품이 좁은 것입니다. 백 a로 쳐진 형을 상정해 봅시다. 단, 지금은 백 2로 쳐 죽여 두는데……

19 도

흑 1로 안쪽에 젖히는 것도 품이 좁은 수입니다. 이들 변화로써 '상대의 급소는 나의 급소'임이 분명해

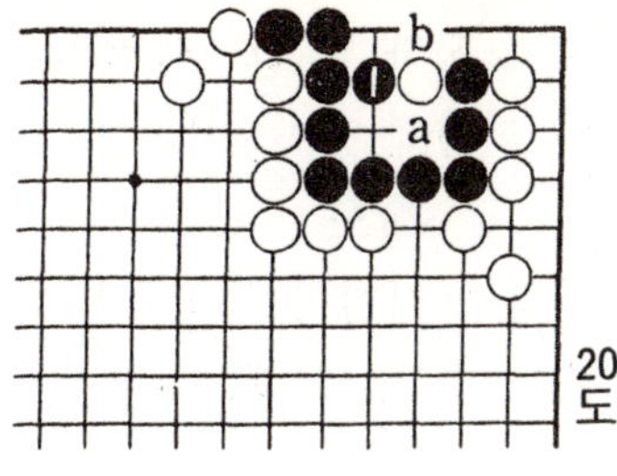

20도

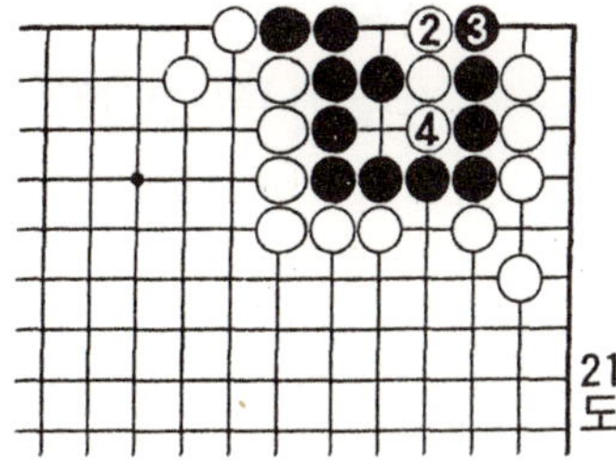

21도

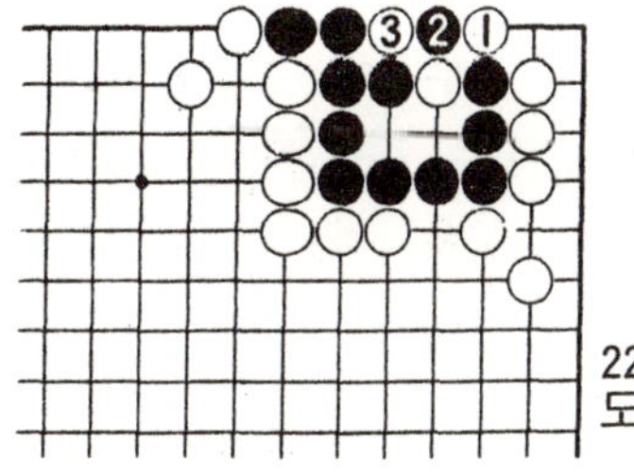

22도

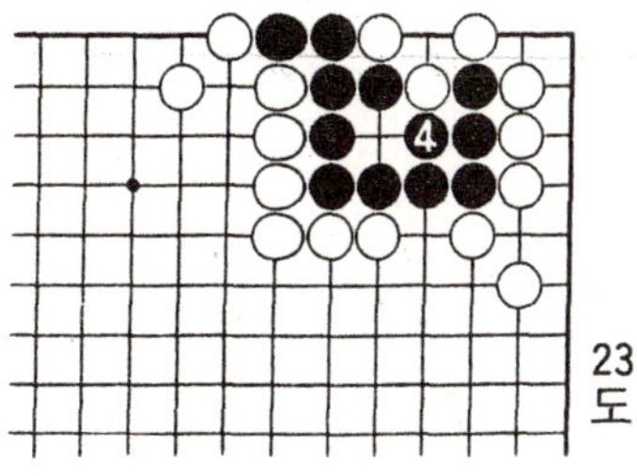

23도

졌읍니다. 잘 보기 바랍니다.

20도

흑1이 급소입니다. 백a라면 흑b로 여섯 집의 땅을 가지고 삽니다.

21도

백2로 쳐 단수를 겨냥, 흑3으로 멈추면 백4로 눈모양의 급소로 향해 있읍니다. 그러나, 이것은 15도와 같은 빅이었읍니다.

흑을 죽일 수는 없지만, 빅으로 하면 상대의 집을 제로로 할 수 있읍니다. 실전에서는 이와 같이 하여 이익을 기할 방법도 있읍니다.

22도

20도에 이어서 백1의 건너기라면, 흑2의

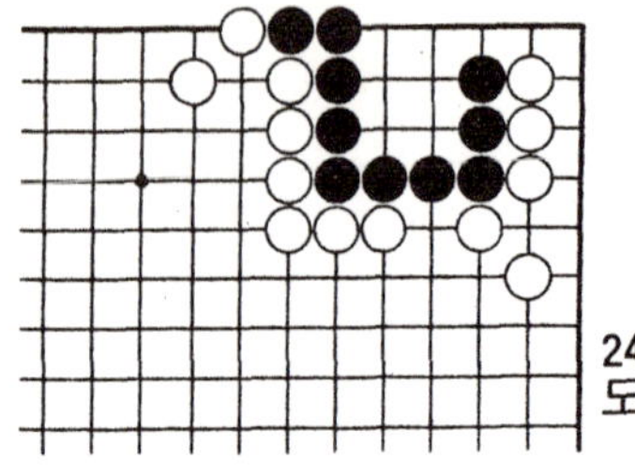

모자 넣기로 백3으로
잡게 합니다.

23 도

이어서 흑4로 단수
를 걸어 빼앗기입니다.
이것은 4집의 살기.

24 도

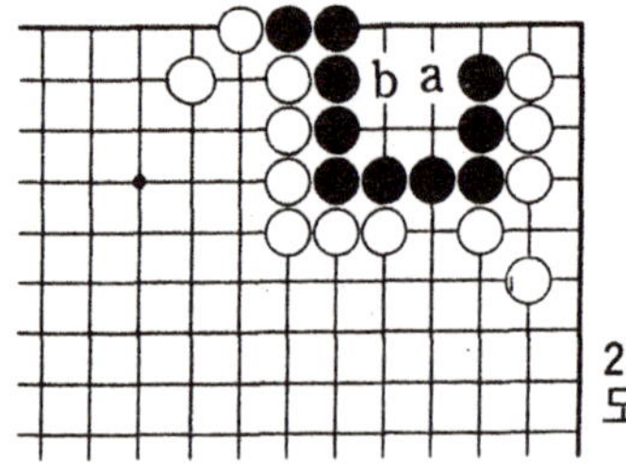

지금까지의 트레이
닝으로 이미 어떻게 되
면 흑을 살릴 수 있을
지 알 수 있을 것입니
다.

25 도

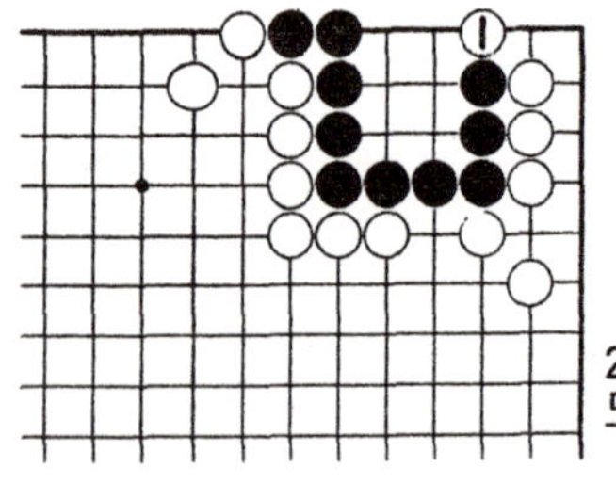

백a로 치면 흑b, 백
b로 치면 흑a로 살 수
있읍니다.

26 도

백1로 젖히고, 흑의
품을 좁히는 것이 호
수인 것입니다.

27 도

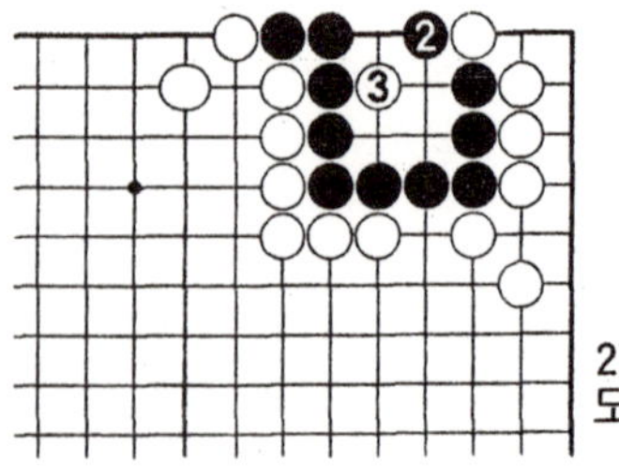

흑2로 누르고, 급소
가 분명한 곳에서 백
3으로 놓아 죽입니다.

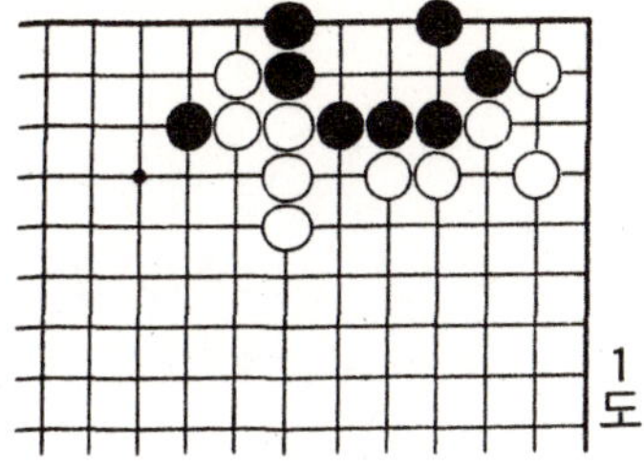

1도

빗형

품의 넓이를 최대한으로 이용하는 능률 좋은 살기형.

1도

백부터 쳐 흑을 죽이기 위해서는…… 품이 넓은 형으로의 공격은 눈모양을 나누는 급소를 찾읍니다.

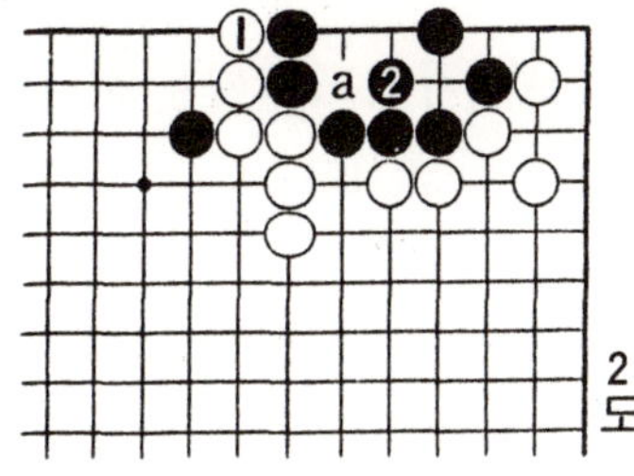

2도

2도

백1로 쳐 a의 끊기를 겨냥해도 한 발 늦읍니다. 흑2로 급소에 쳐져 삶.

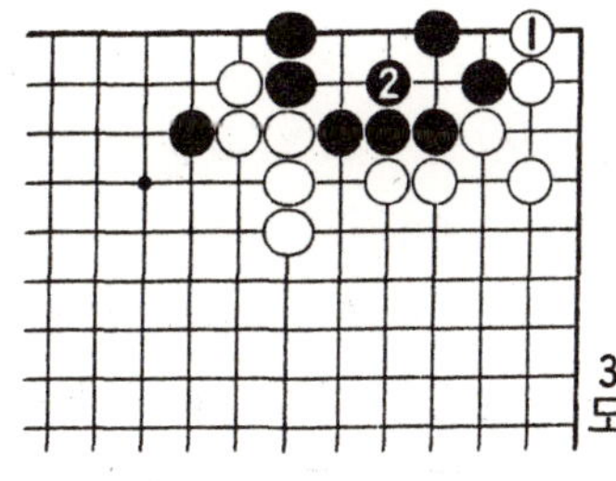

3도

3도

백1로 귀에서부터 치는 것은 어떨까? 흑2로 지켜져도 아직 공격이 계속입니다.

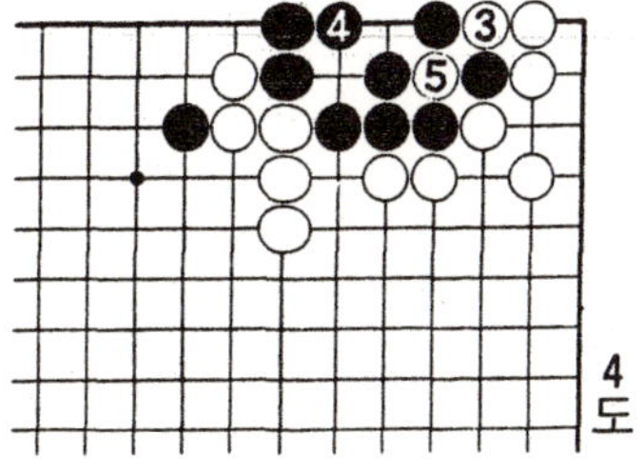

4도

4도

이어서 백3으로 단수하면 흑4로, 이것은 5의 점을 싸우는 패

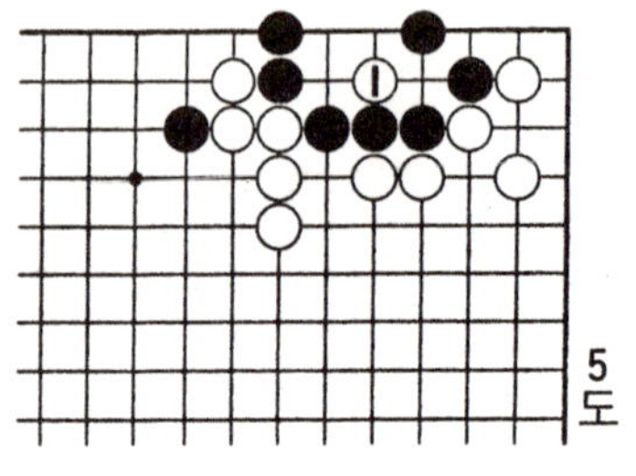

5도

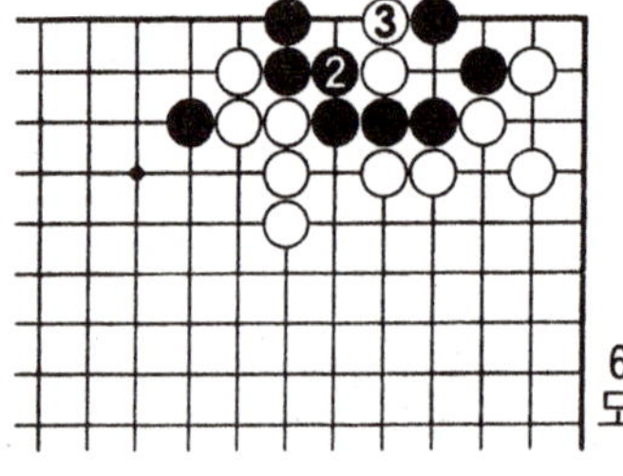

6도

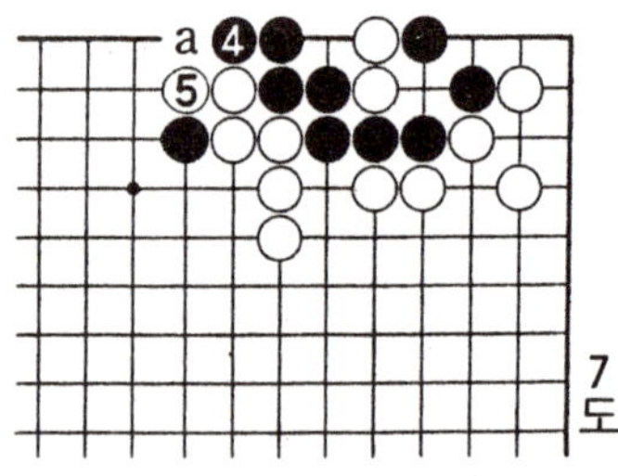

7도

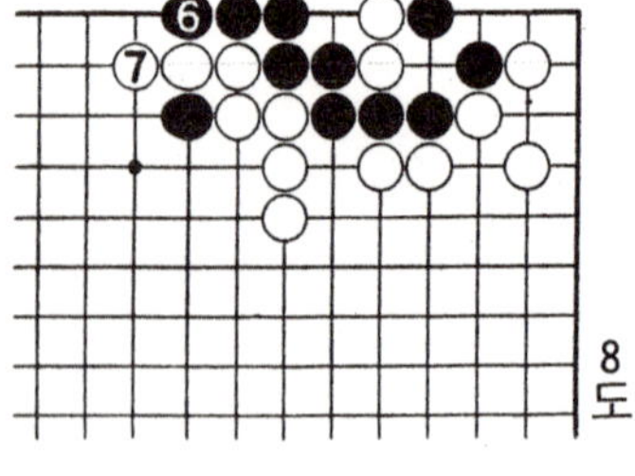

8도

가 되었읍니다.

5 도

이 경우는 처음부터 백 1 로 급소에 직행하는 한 수. 이것으로 이미 죽은 형이 되지만, 흑의 발버둥에 어떻게 대처할 것인지를 확인해 둡시다.

6 도

흑 2 라면 백 3 으로, 분명 안수의 죽음입니다. 흑 2 에서 3 이라면 백 2 로 치는 것은 말할 필요도 없읍니다.

7 도

이어서 흑 4 로 외부 탈출을 기할 때에는 백 5 로 늦추는 것이 호수. 여기에서 a의 누르기는 흑 5 로 끊겨도 망칩니다.

8 도

더욱 흑 6 으로 가도

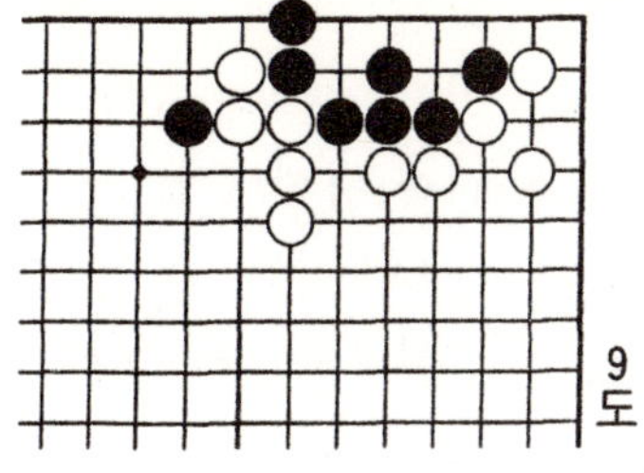

9도

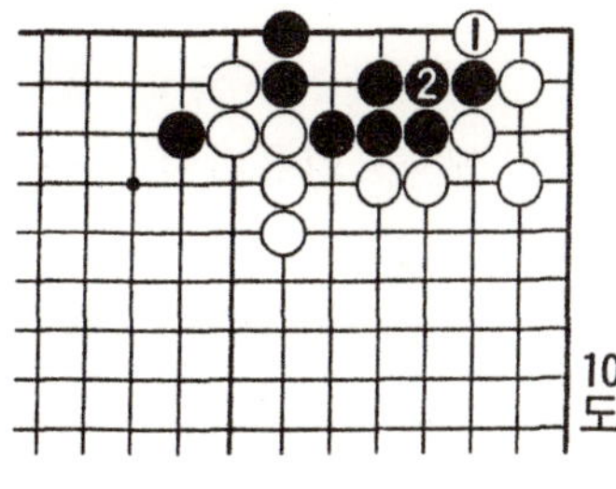

10도

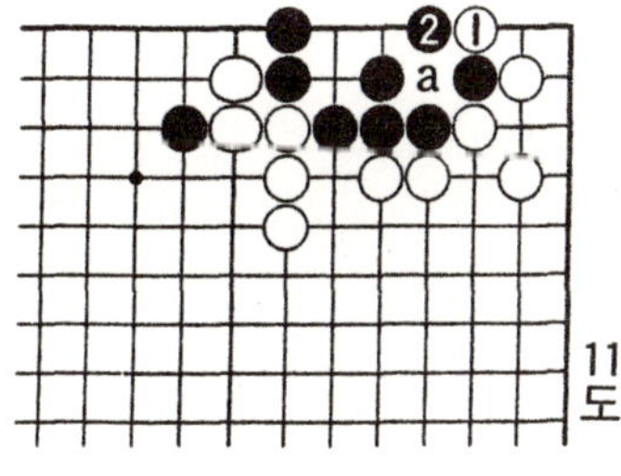

11도

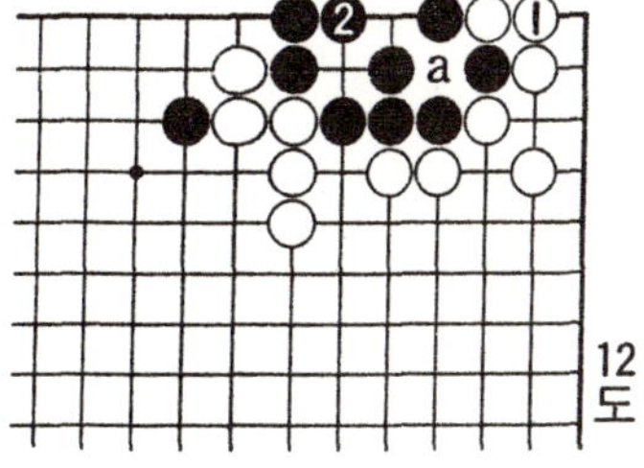

12도

백7로 좋고, 일보씩 앞서 뻗어 흑은 탈출할 수 없는 것입니다.

9도

형이 변했읍니다. 백부터 쳐 흑을 무조건 죽일 수가 있을까요?

10도

백1로 단수를 걸어 흑2로 붙여주면 이대로 흑은 죽어 있읍니다. 그러나 이렇게는 되지 않을 것입니다.

11도

흑은 2로 눌러 패로 버팁니다. 백은 일단 a로 패를 따낼 것인데, 패 세우기를 쳐 패를 다시 따내고……

12도

백1로 이으면 흑2로 눈모양의 급소를 쳐 패형이 확정되었읍니다. 백a로 패를 따내

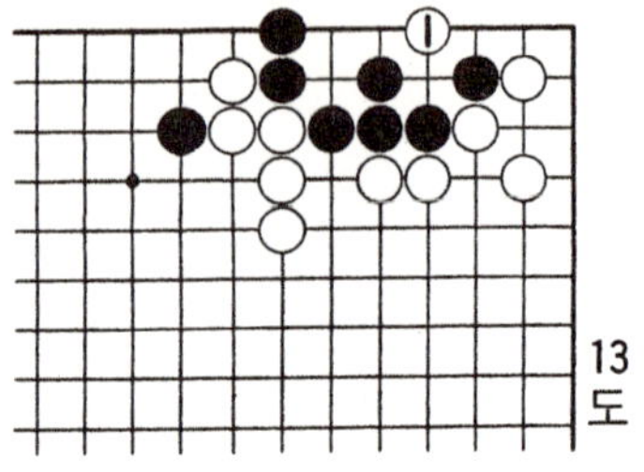

13
도

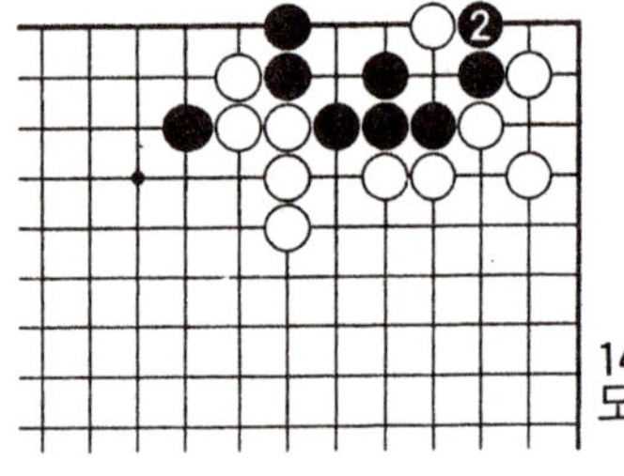

14
도

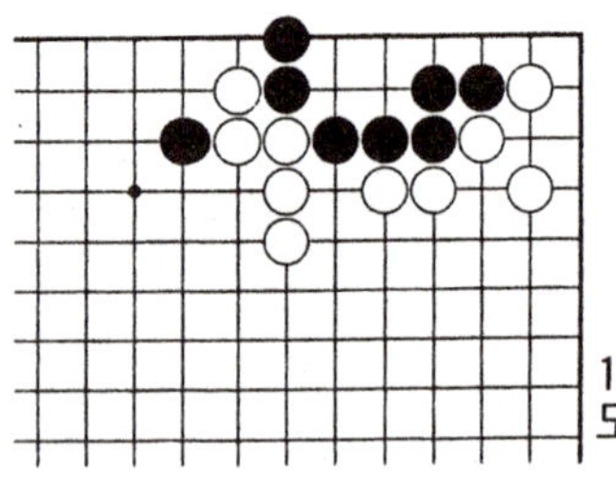

15
도

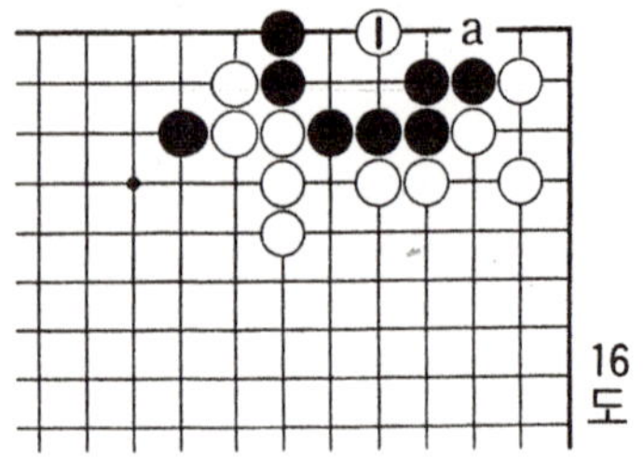

16
도

고, 이 패에 어느쪽이
이기는가로 흑의 생
사가 나뉩니다.

13 도

패의 끈기를 없애려
면 흑의 끈기의 급소
인 1의 점에 백부터
선행하는 수순을 생각
할 수 있읍니다.

14 도

그러나 흑2로 쳐져
이미 이 일단은 확실
히 삽니다. 9도의 형
은 무조건 죽일 수 없
고, 패로 공격하는 것
이 고작입니다.

15 도

이 형은 백부터 쳐
어떻게 될까요?

16 도

백1로 급소에 두고
간단하게 살아 있읍니
다. 흑부터 쳐 사는 급
소도 이곳. 급소는 공

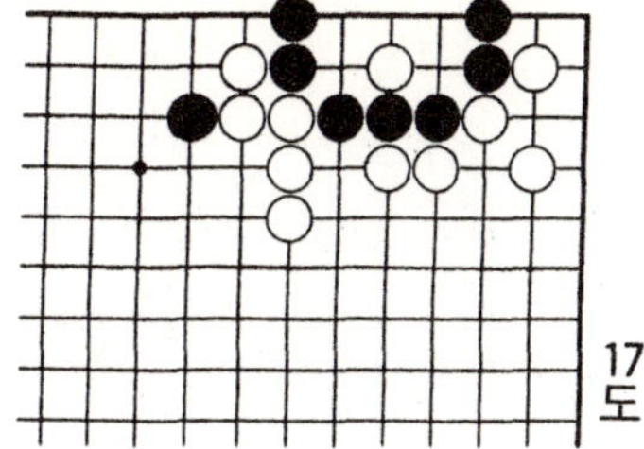

17
도

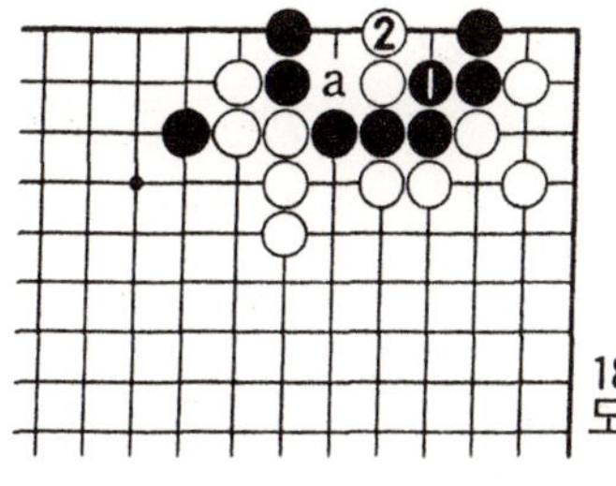

18
도

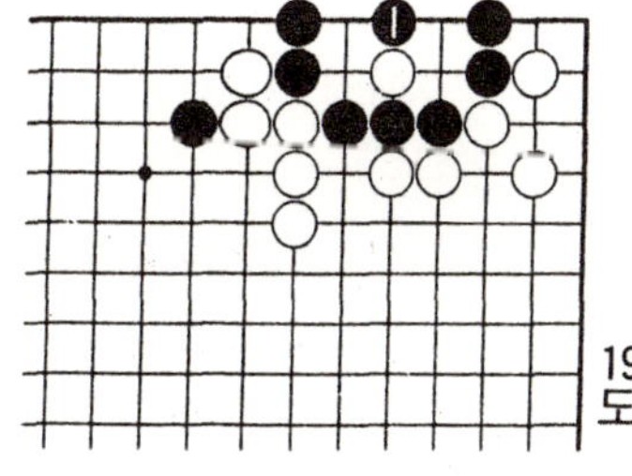

19
도

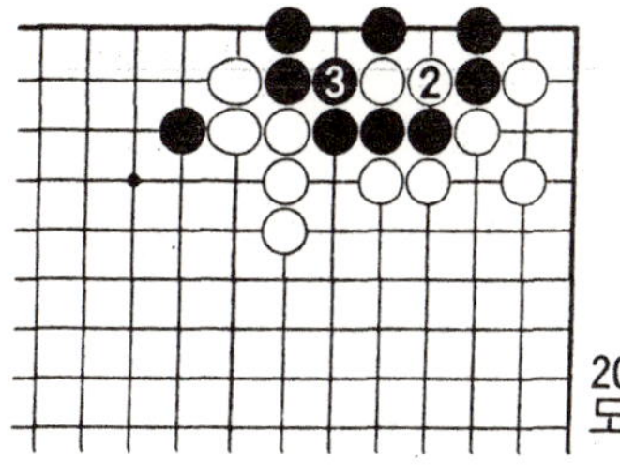

20
도

통되고 있는 것입니다. 단, 백 1 에서는 a 로 젖혀도 죽어 있읍니다.

17 도

흑부터 쳐, 이 일단을 살릴 수가 있을까?

18 도

끊겨서는 곤란하다라는 생각으로 쩔쩔매고, 흑 1 의 잇기는 백 2 로 쳐집니다. 흑 1 에서 a 는 백 2 로, 이 결과는 같읍니다. 2 의 점이 눈모양의 급소가 되어 있읍니다.

19 도

따라서, 흑 1 의 점이 급소.

20 도

이어서 백 2 라면 흑 3, 백 2 에서 3 이라면 흑 2 입니다. 2 와 3 의 점이 '균형' 이었읍니다.

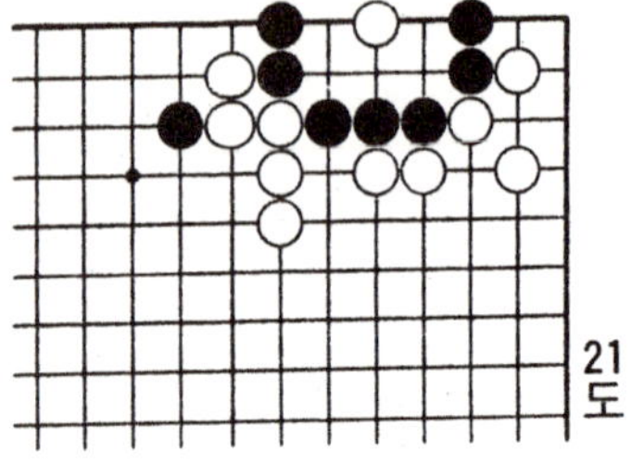

21도

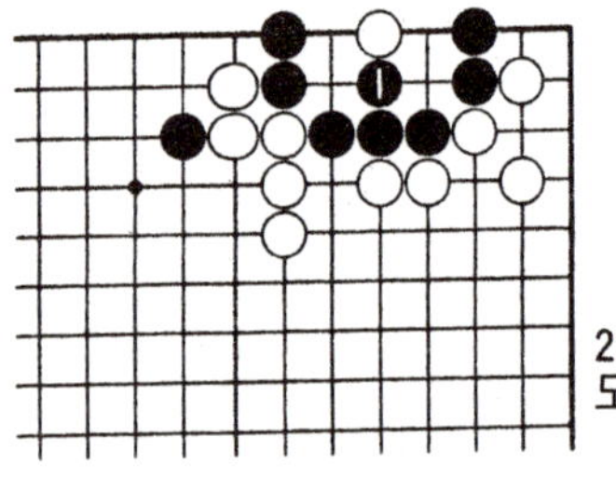

22도

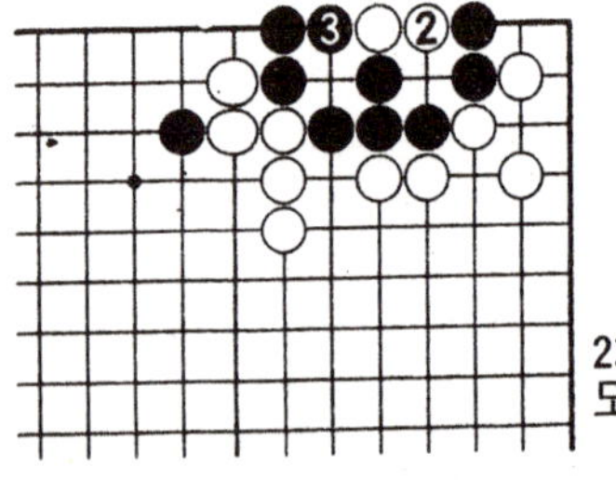

23도

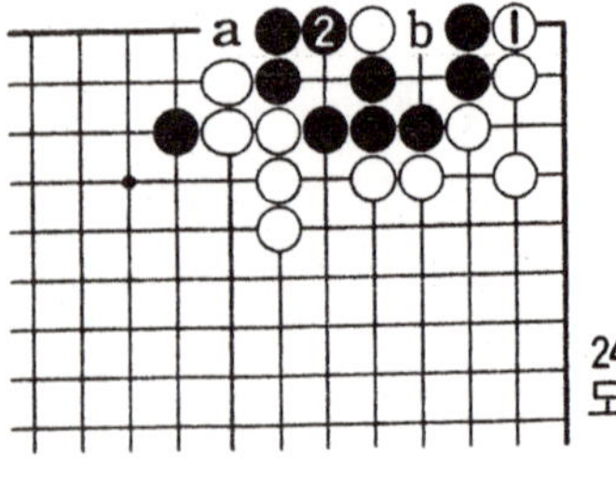

24도

21 도

17 도와는 배 가운데에 있는 백돌의 위치가 다릅니다. 흑부터 쳐, 이 일단을 살릴 수 있을까요?

22 도

'좌우 동형, 중앙에 수 있다'를 떠올리면 흑1이 최초로 생각할 수 있는 수라는 것을 알아 차릴 수 있을 것입니다. 그리고 이것이 정해인 것입니다.

23 도

이어서 백2라면 흑3으로 눈모양을 둘로 나누어 무조건 살기. 백2에서 3이라면 흑2입니다. 중앙에 쳐, 좌우가 균형이라는 것이 이 맥의 구조인 것입니다.

24 도

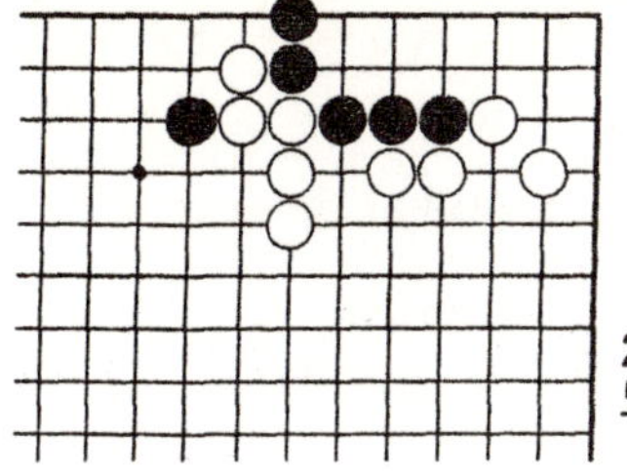

25
도

전도 백2에서 1이
라면 흑2로 반대쪽을
지켜 살기. 백1에서
a라면 흑b입니다.

25 도

지금까지의 트레이
닝으로 이 흑을 살리
는 것은 그렇게 어렵
지 않을 것입니다.

26 도

26
도

흑1로 젖히고, 백2
때 3으로 치는 것이
호수. 흑3에서 a나 b
는 무조건 죽음, 흑3에
서 c는 패가 되는 것을
이미 확인했읍니다.

27 도

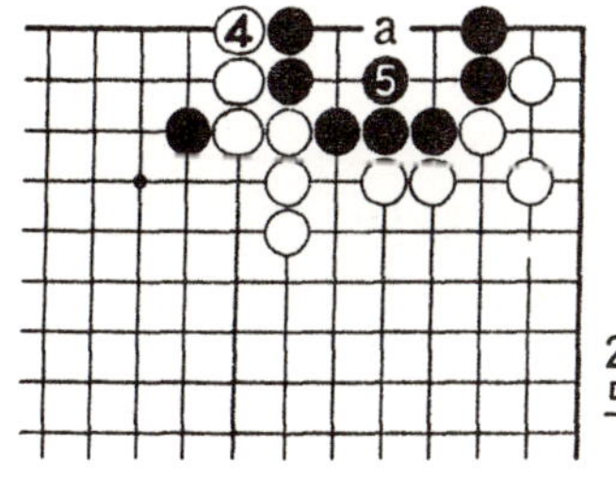

27
도

이어서 백4라면 흑
5로 지킵니다. 백4
에서 5라면 흑a, 백
4에서 a라면 흑5로
살아 있다는 것도 이
미 확인했읍니다.

28 도

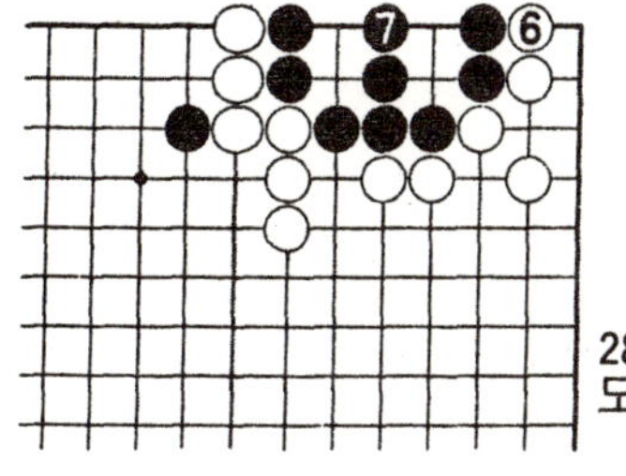

28
도

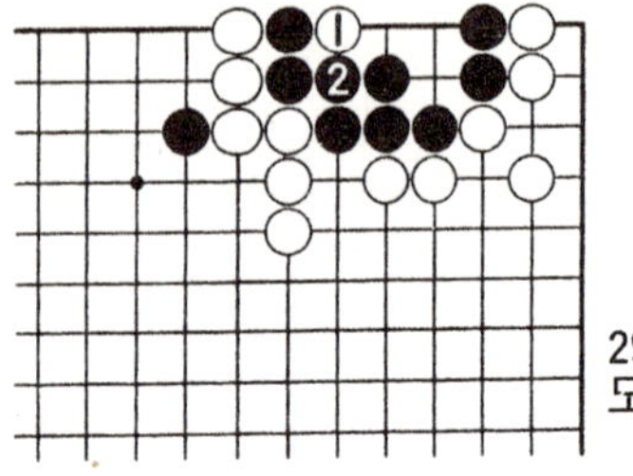

백 6 에는 흑 7 로 쳐, 빗형의 살기가 완성되었읍니다.

29 도

전도 흑 7 을 손 빼기 한 것은 위험합니다. 단, 백 1 로 잘못된 공격을 해 주면 흑 2 로 이어 살기.

30 도

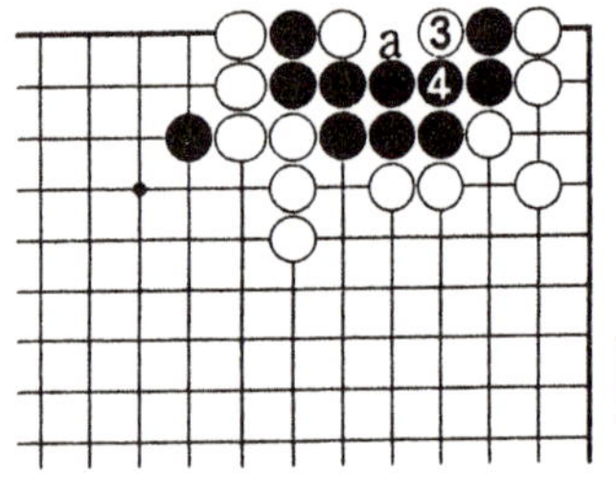

더욱 백 3 으로 단수를 걸어도 흑 4 로 잇고 있읍니다. 백부터 a 의 점은 칠 수 없는장소입니다.

31 도

죽이기에는 백 1 의 붙임. 양쪽 되치기를 노리는 급소인 것입니다.

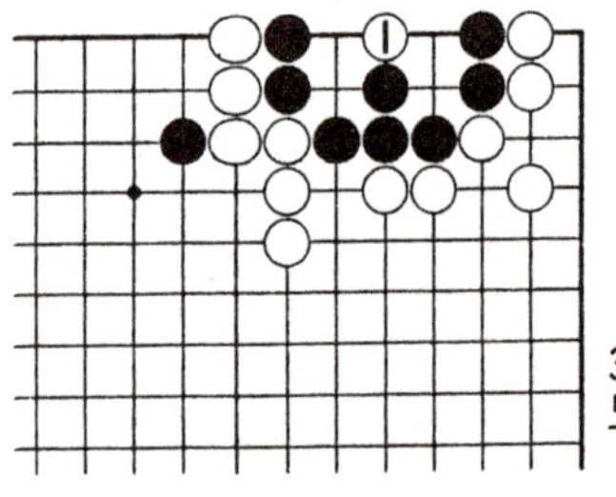

32 도

흑 1 · 3 으로 수순을 바꾸어도 같은 빗형의 살기입니다.

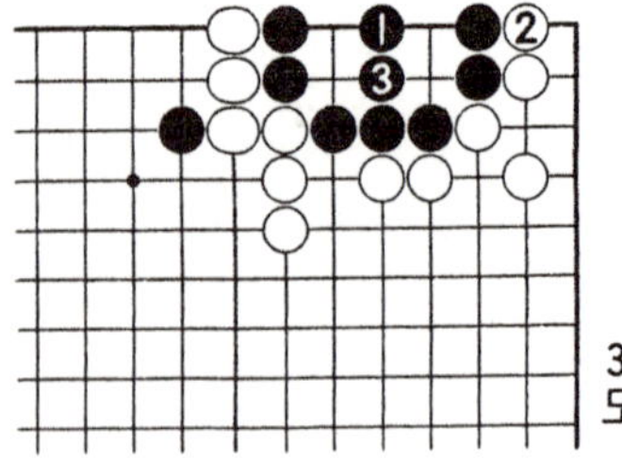

3. 공배 막힘의 공방

죽이기의 이용

공격하려고 하는 돌의 공배 막힘을 어떻게 확대해 갈 것인가.

1 도

흑부터 쳐, 이 백을 죽일 수 있을까?

2 도

흑 1 에서 눈모양을 부수는 것은 백 2 로 딱 두 눈을 만들어 버립니다.

3 도

흑 1 쪽부터 치면 간단하게 죽이는 것입니다. 2 점과 3 점이, 아까지 몇 번이나 나온 '균형'이 되어 있읍니다.

4 도

이 형에서 백을 죽

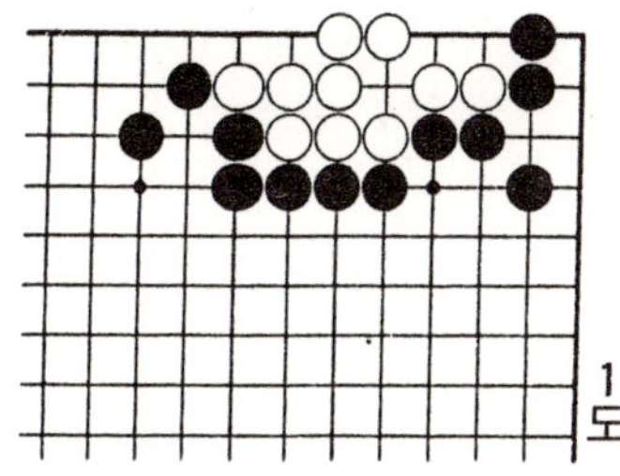

1 도

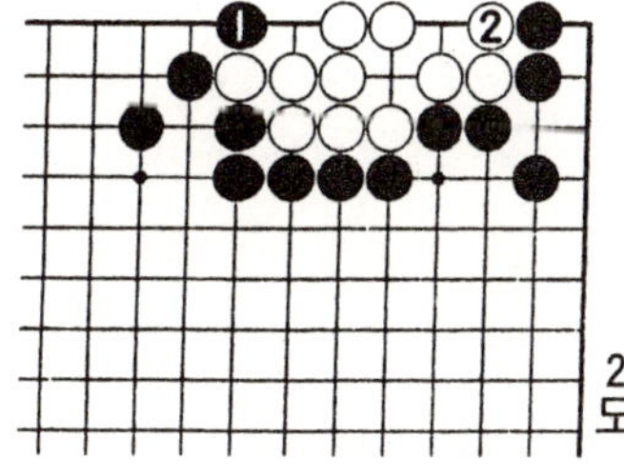

2 도

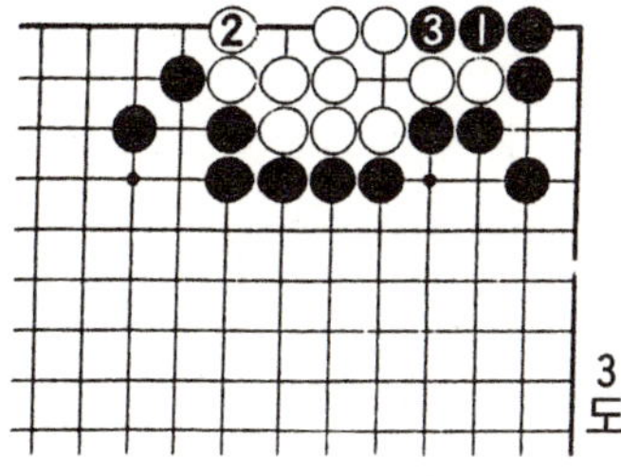

3 도

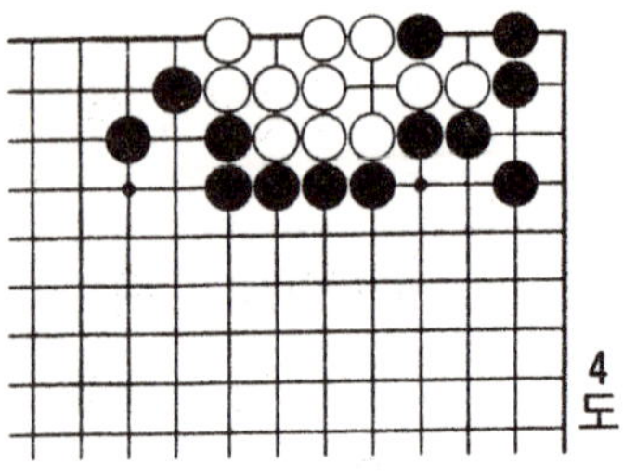

4도

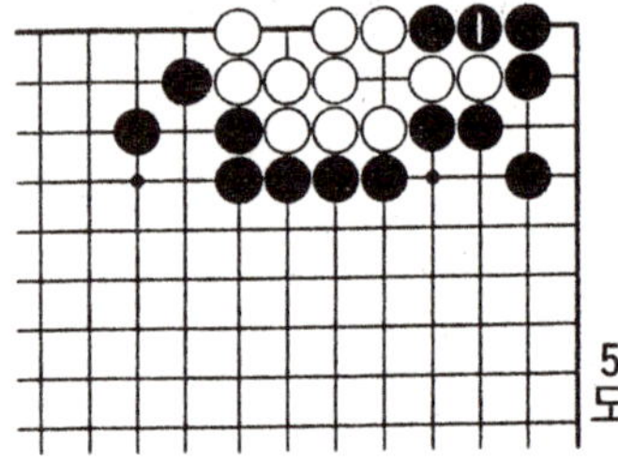

5도

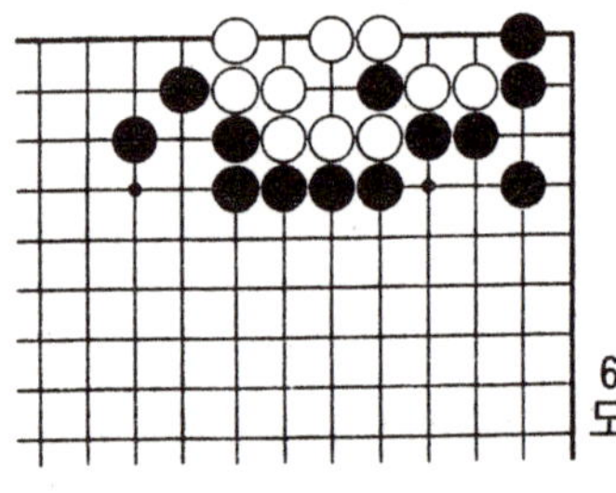

6도

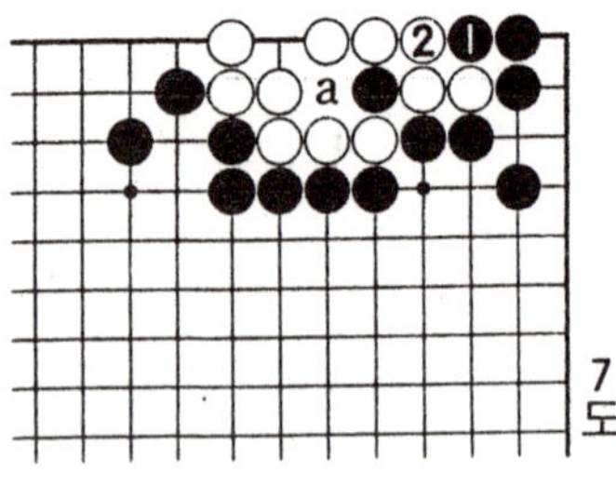

7도

이려고 하면 실마리는 한 곳입니다.

5도

흑1로 치고, 백은 한 눈뿐. 여기까지 오면 극히 간단한 사활의 읽기도, 몇 수인가 앞서 이 형을 상정하기 위해서는 어느 정도 이상의 기력을 필요로 합니다.

6도

조금 어려워졌읍니다. 흑부터 쳐 백을 죽이기 위해서는 어떤 맥을 생각할 수 있을까요?

7도

흑1로 단수를 걸어도 백2로 삽니다. 백2에서 a라면 흑2로 쳐 죽일 수 있지만…

8도

흑1까지 전진하는

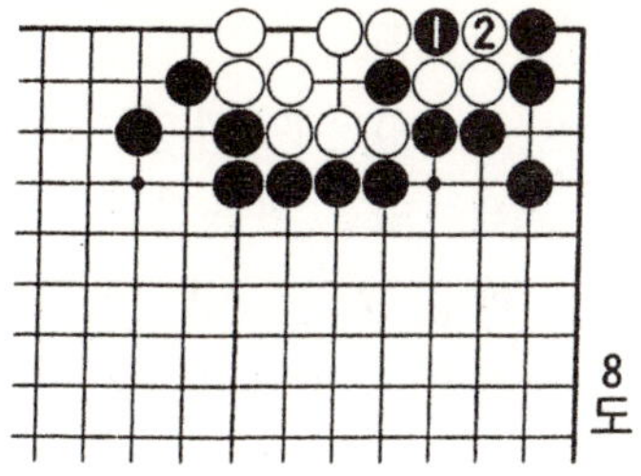

8도

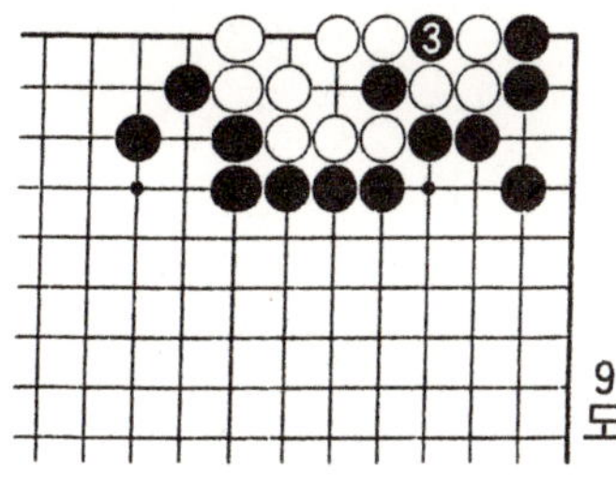

9도

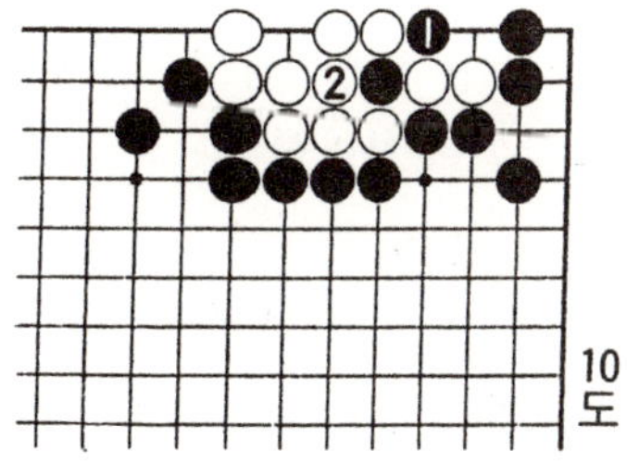

10도

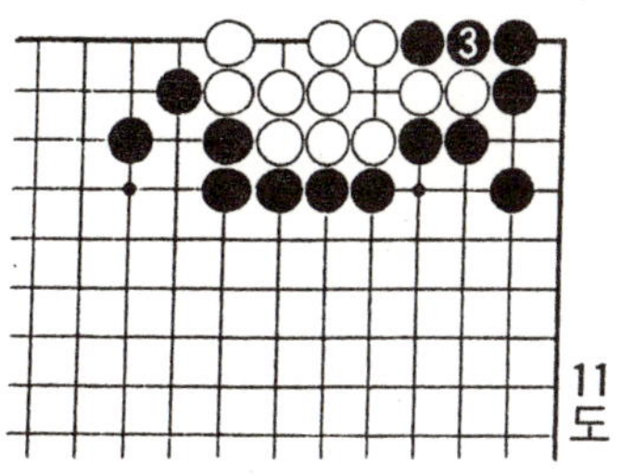

11도

수를 알아차리느냐 어 떠냐입니다. 백2로 잡 혀서는 안된다라는 속 단은 하지 않도록.

9도

백이 잡은 다음, 흑 3으로 다시 놓아 백 을 죽일 수 있읍니다. 전도 흑1은 변의 되 치기를 포함한 맥인 것 입니다.

10도

흑1 때 백2로 한 점을 잡아 주면 어떻 게 될까요?

11도

이쪽은 간단. 흑3으 로 한 점을 도우면 그 것이 그대로 중앙의 눈 모양을 결함있는 눈모 양으로 만들고 있는 것입니다.

1보 전진하는 것이 맥입니다.

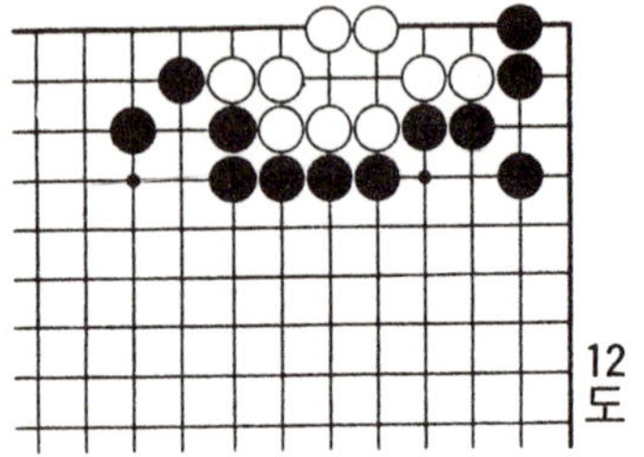

12
도

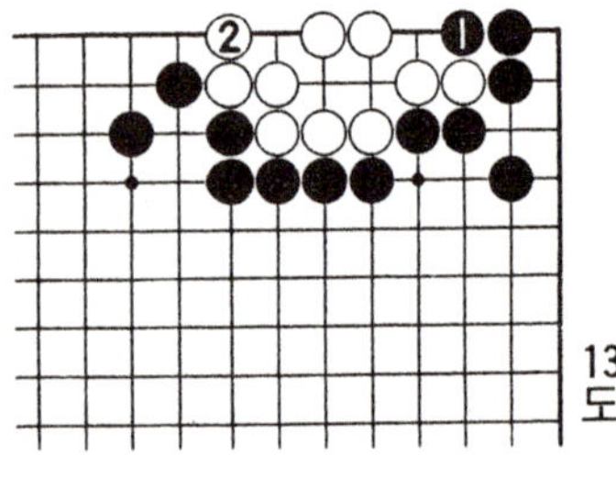

13
도

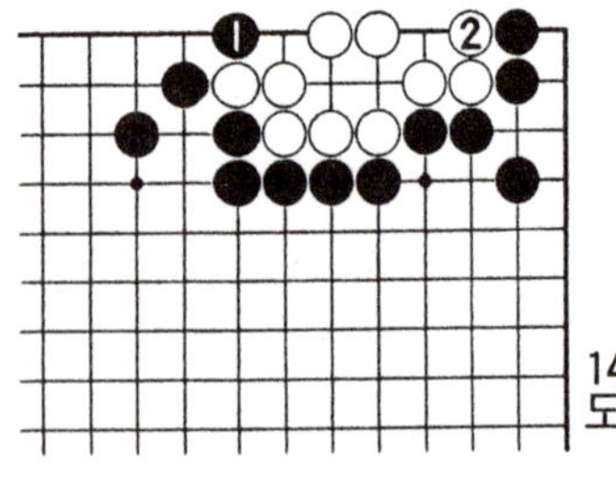

14
도

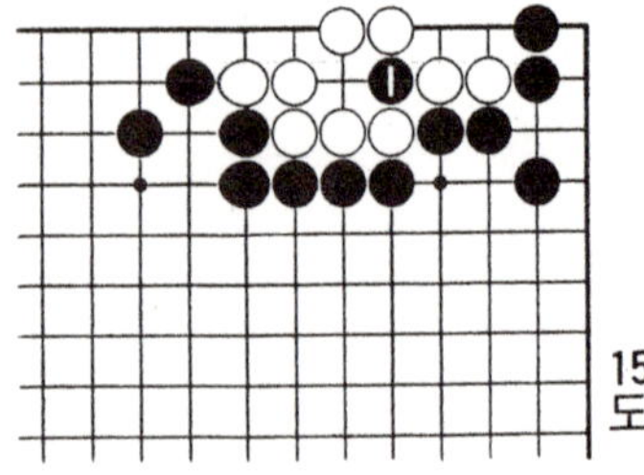

15
도

12 도

그럼, 이제까지의 트레이닝을 활용하여 이 백을 죽일 수는 없을까요? 얼핏 보기에는 중앙에 한 눈. 좌우의 눈모양이 균형이 되어 살아 있는 것 같습니다.

13 도

흑1의 평범한 방법으로는 백2로 편하게 살 수 있습니다.

14도

흑1쪽부터 쳐도 백2로 간단한 삶.

15도

흑1을 발견하기 위해서는 발상의 비약을 필요로 할 지 모릅니다. '맥은 비약'이기도 한 것입니다.

16 도

백의 최강의 저항은 2의 눈 갖기일 것인

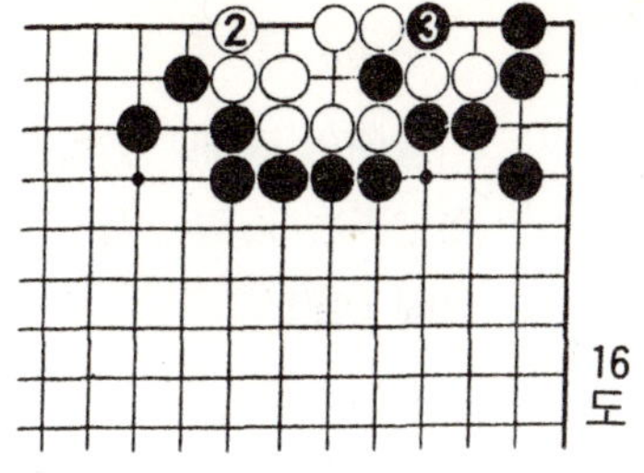

16 도

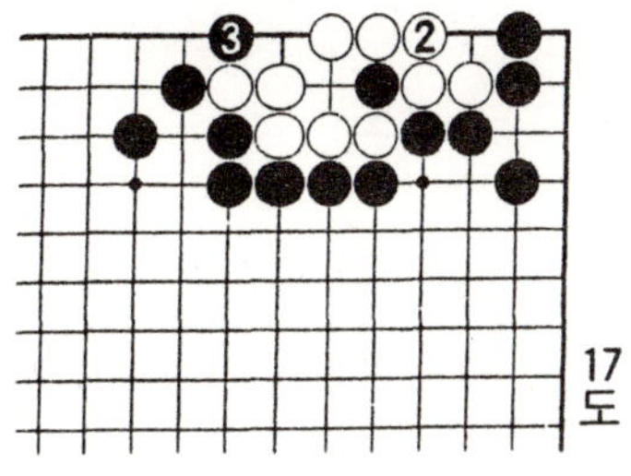

17 도

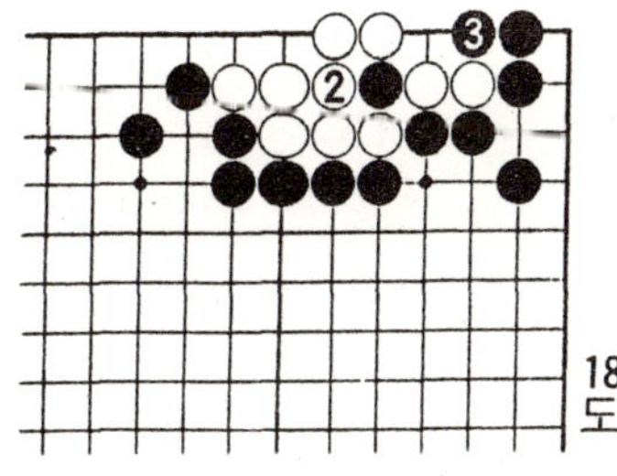

18 도

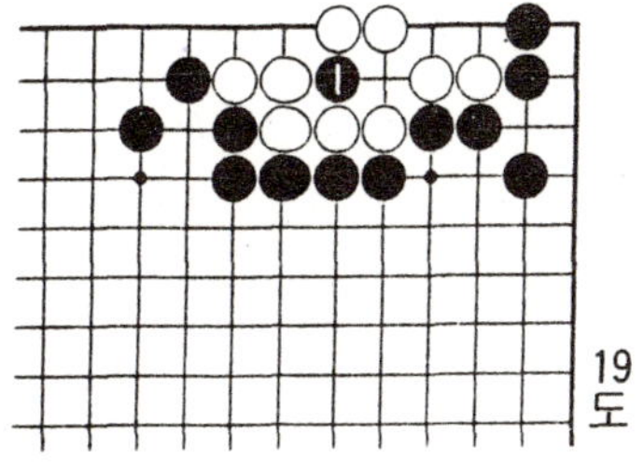

19 도

데, 여기에서 6 도를 생각해 내어 흑 3 의 모자 넣기에 연결합니다. 이 뒤, 8 도의 진행이나 10 도의 진행, 어느것이든지 백의 죽음은 결정되어 있읍니다.

17 도

흑의 모자 넣기를 꺼려 백 2 라면, 흑 3 으로 또 한쪽의 눈모양을 빼앗으면 간단.

18 도

또, 앞서 백 2 의 빼기라면 3 도와 마찬가지로 흑 3 의 내기로 간단합니다.

19 도

흑이 모자 넣을 장소를 실수하여 1 쪽에서는 이대로 살기. 죽어 있는 돌을 살렸읍니다.

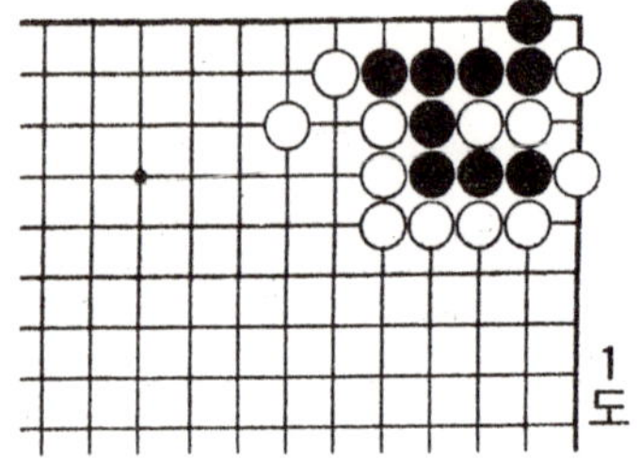

삶에 활용

　상대의 공배　막힘을 잡으려는 공격, 자신의 삶에 연결.

　1 도

　흑부터 쳐, 이 돌은 살 수 있을까요?

　2 도

　단수가 되어 있다고 해서 당황하여 흑1로 따내는 것은 악수입니다.

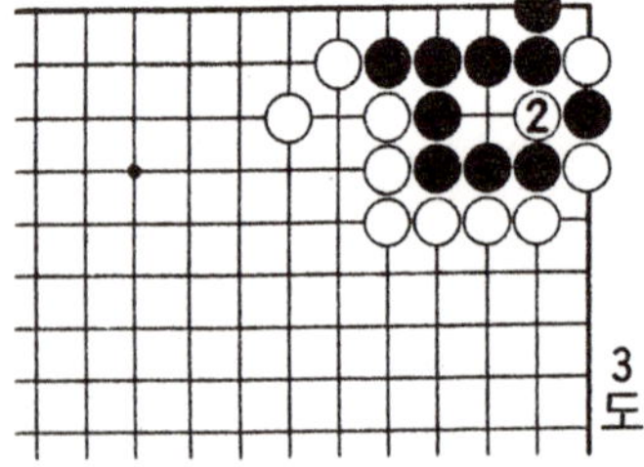

　3 도

　백2로 다시　따내 또 손을 낼 수 없는 형이 되었습니다.

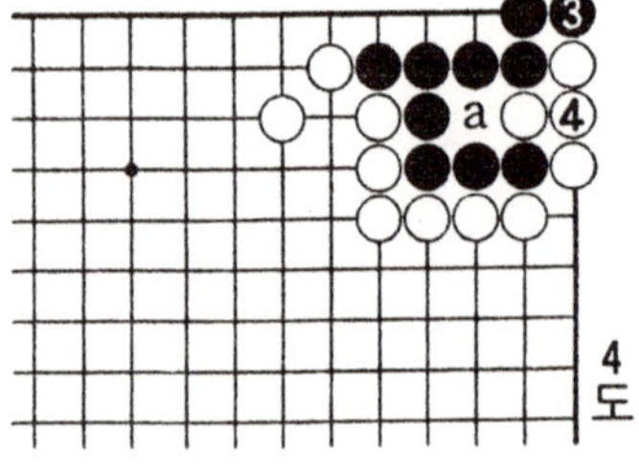

　4 도

　강한 집념으로 흑3으로 단수를 걸어도 백4로 이어져 아무것도 되지 않습니다. 흑3에

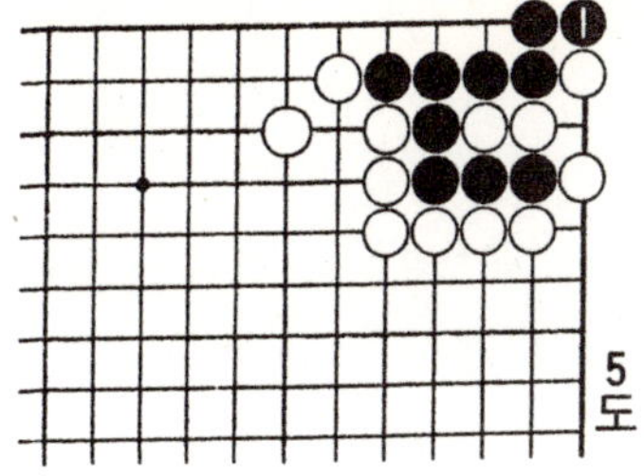

5도

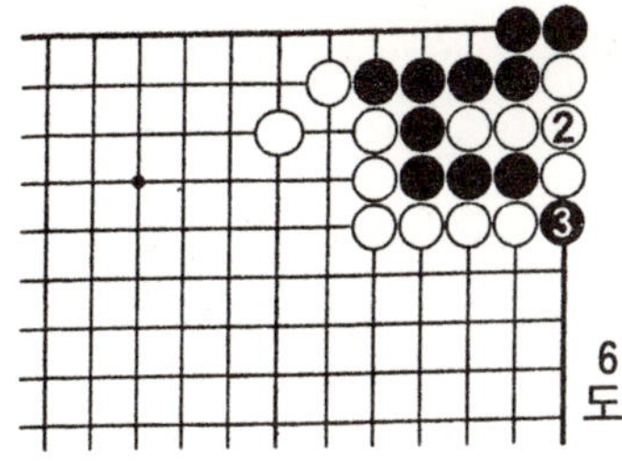

6도

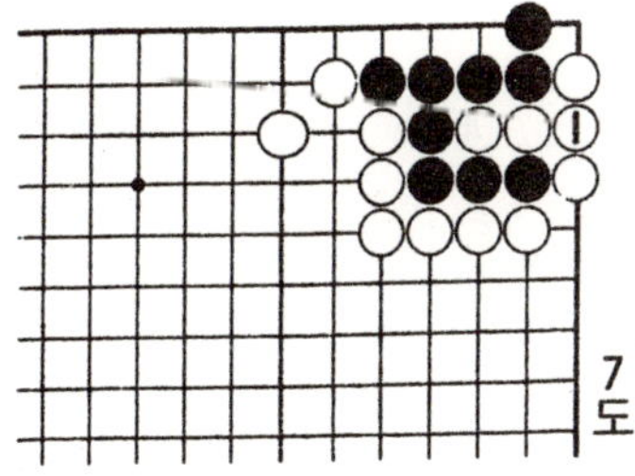

7도

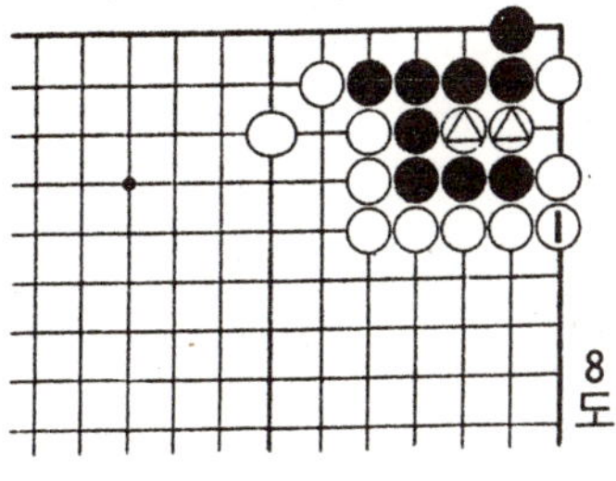

8도

서 a의 단수도 백4로 죽음입니다.

5도

백돌을 정돈하여 잡는 흑1이 바른 수입니다. 이것으로 백 세 점은 빼앗기가 되어 있는 것에 주목.

6도

백2의 잇기라면 흑3으로 크게 따내어 좋읍니다. 실전에서 백2와 같은 수를 치지 않도록……

7도

흑이 손을 빼면, 백1로 빼앗기가 막혀 죽음이 확정됩니다.

8도

빼앗기를 막는 방법에는 백1의 잇기도 있읍니다. 두 점은 잡혀도 만회할 수가 있으므로. 실전에서는 이 백

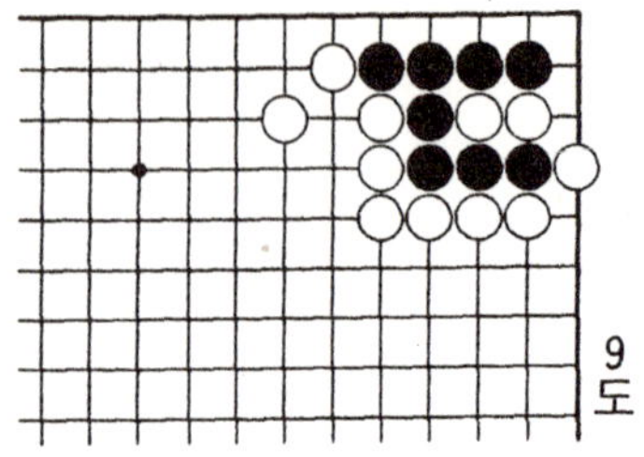

9도

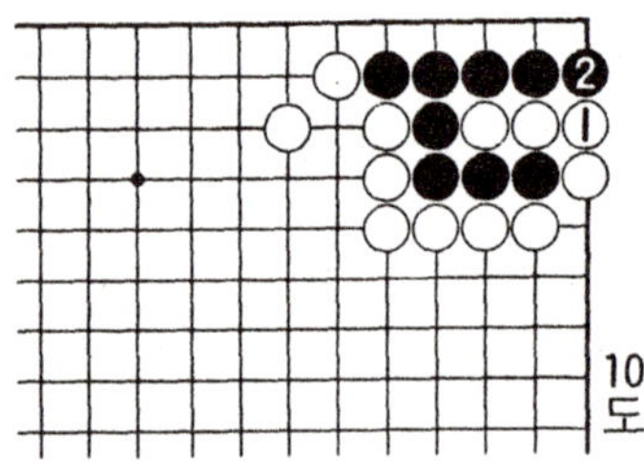

10도

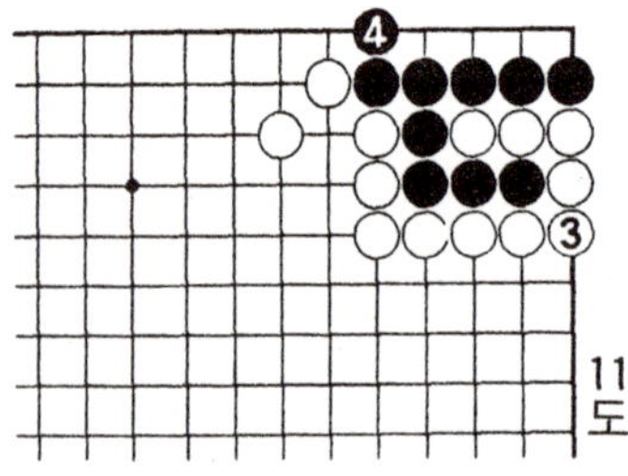

11도

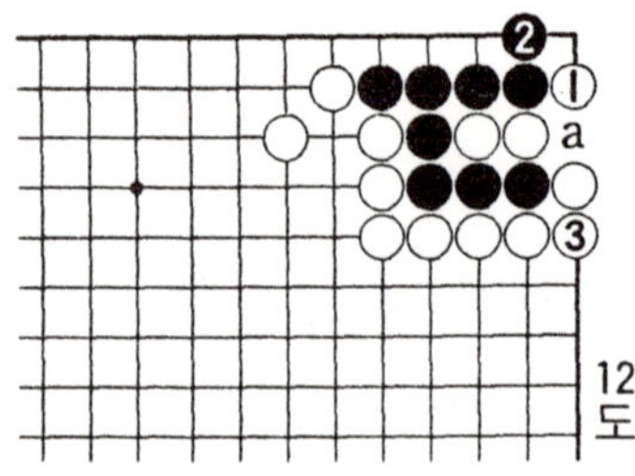

12도

1쪽이 '이익이 되는' 죽이기인 것입니다.

9도

백부터 쳐, 이 흑을 죽일 수 있을까요?

10도

단수가 되어 있는 두 점을, 백1로 이으면 또 흑2의 단수가 봅니다. 네 점이 되어 크게 잡히는 것은 견딜 수 없읍니다.

11도

백3으로 이은 때 흑4로 '직사'의 살기가 되었읍니다. 이것은 실패.

12도

백1의 젖히기가 묘수입니다. 흑2라면 백3으로 빼앗기를 막고, 이에 흑 전체가 숙는 모양이 되었읍니다. 흑은 a로 두 점을 잡을 수

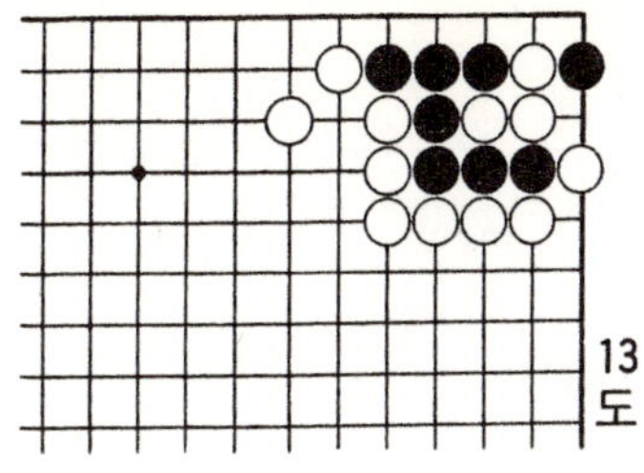

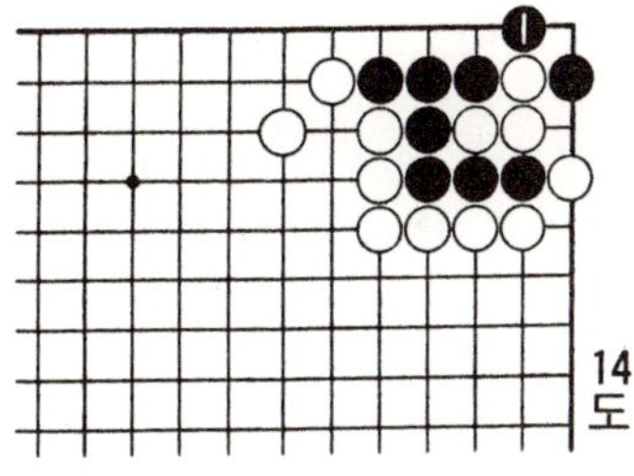

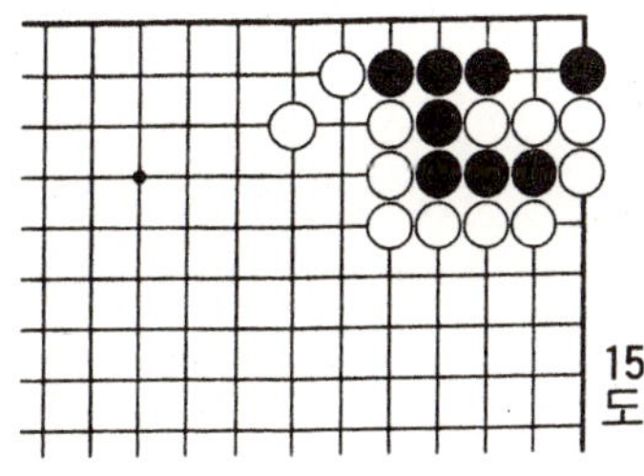

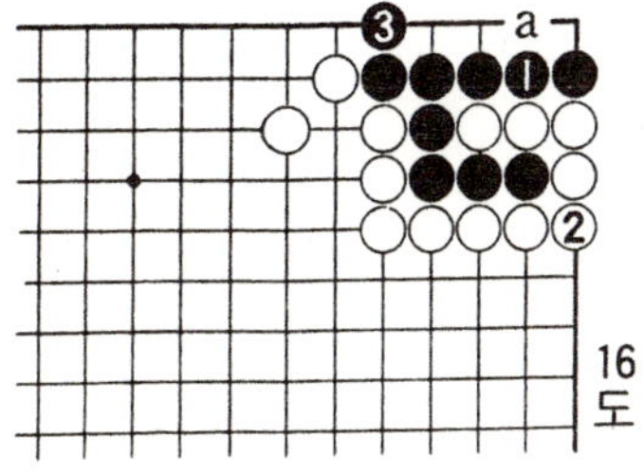

는 있지만, 백에게 다시 잡혀서는 아무것도 되지 않는다는 것은 이미 알았을 것입니다.

13 도

이 형에서 흑부터 쳐살리는 수가 있을까요.

14 도

흑1로 단수를 걸어 거기까지입니다.

빼앗기로 백 세 점을 멋지게 따내고 있는 아름다운 형을 잘 보아 두기 바랍니다. 물론 흑 삶.

15 도

이 형에서 흑부터 쳐살리는 수가 있을까요.

16 도

우선 흑1로 단수를 겁니다. 백2로 잇는 수밖에 없을 것입니다. 거기에서 흑3으로 치

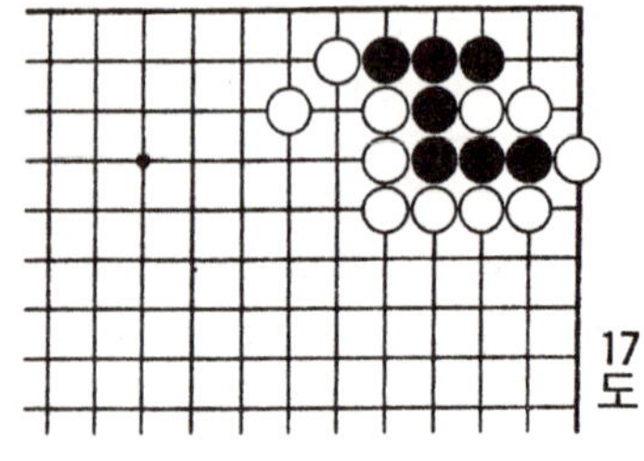

17도

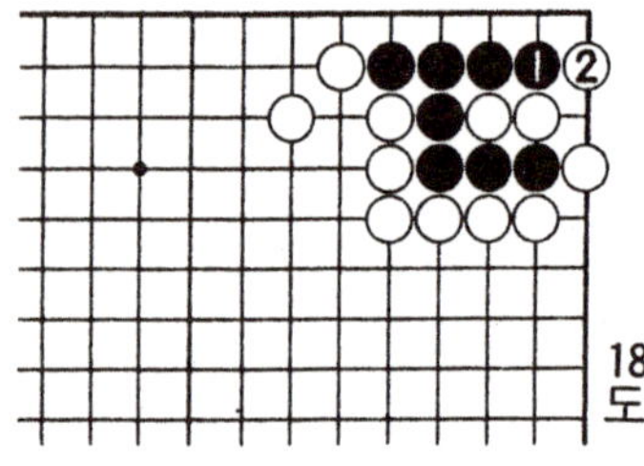

18도

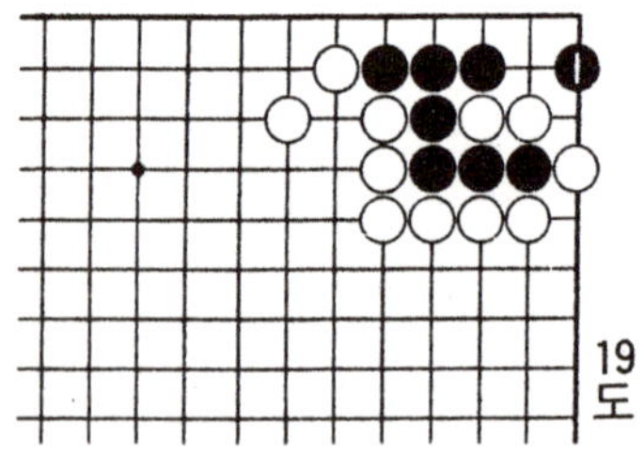

19도

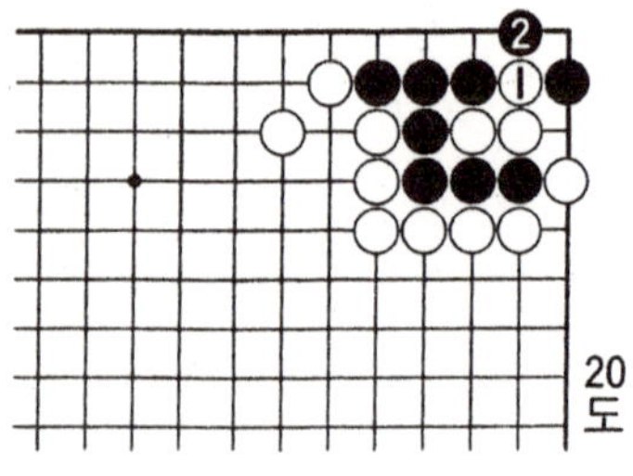

20도

고 삶. 흑3에서 a 로 쳐도 살지만, 흑3 쪽이 이익인 것입니다.

17도

지금까지의 트레이닝이 있으면 흑부터 쳐 살리는 것은 어렵지 않을 것입니다.

18도

흑1의 단수는 백2로 죽는 것이 분명합니다. 좀더 비약적인 맥이 요구되어지는 때.

19도

'상대의 급소' 이며, '2·1'의 맥이기도 한 흑1의 점에 치는 것이 호수입니다.

20도

백1로 찔러내어 가는 것은 스스로 공배 막힘에 목을 내놓는 큰 악수. 흑2로 받는 순간 자연스럽게 빼앗기

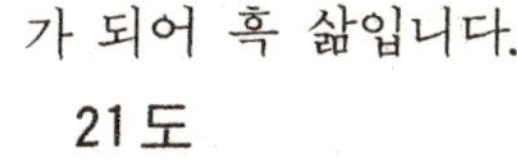

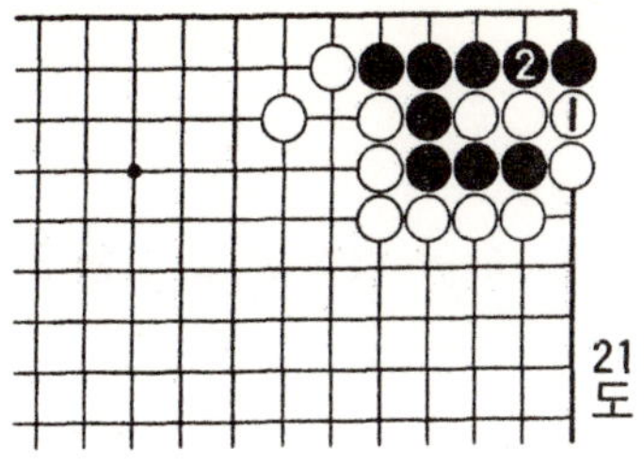

가 되어 흑 삶입니다.

21 도

19 도에 이어서 백 1의 잇기라면 흑 2로 단수를 걸어 추격합니다.

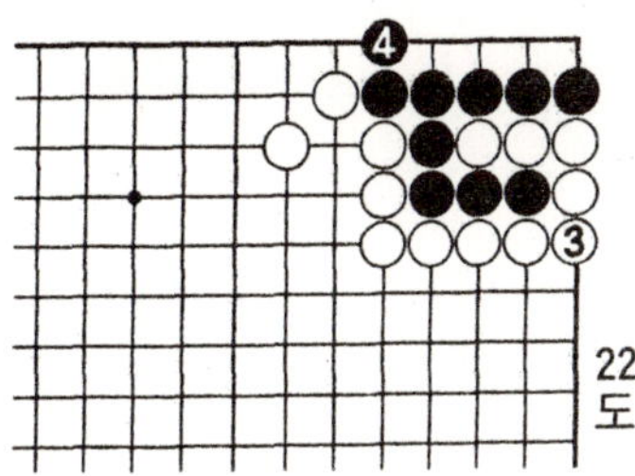

22 도

백 3으로 잇게 하고 흑 4로 품을 벌려 삶. 4집의 땅을 가지고 살기입니다.

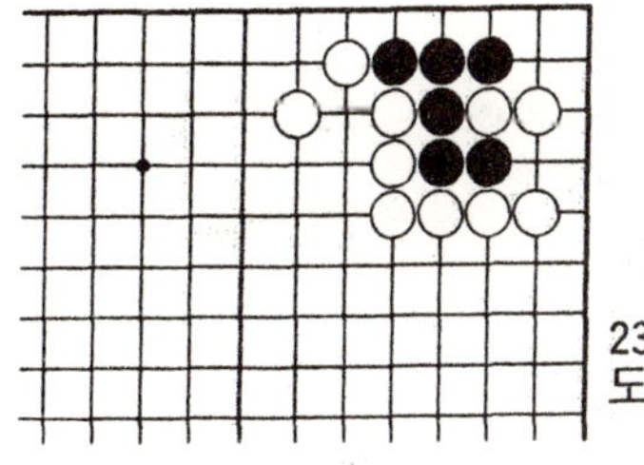

23 도

귀의 일단을 흑부터 쳐 살 수 있을까요?

24 도

사활 맥의 기본이 되어 있으면 흑 1로 찔러내어 백 2로 받게 하고, 17 도와 같은 형이 되도록 할 것입니다. 흑 3으로 쳐 삽니다.

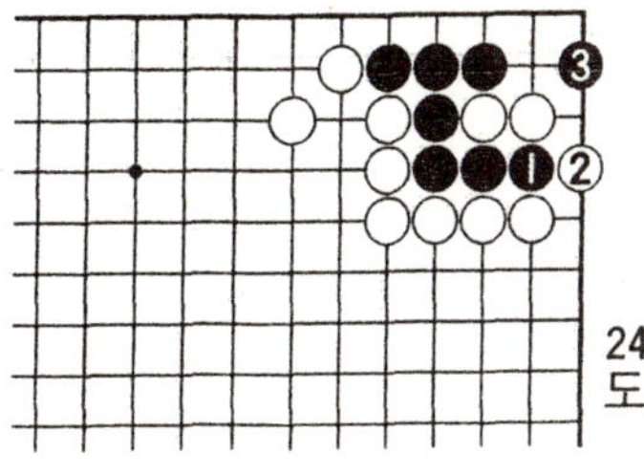

지식과 기술의 강좌

연구가 중요

사활은 프로도 자칫 실수하는 때가 있어 언제나 연구하는 것이 중요.

돌의 사활은 어렵습니다. 하나하나의 경우를 처음부터 읽고 있으면 많은 시간이 있어도 부족할 것입니다. 따라서 기본적인 형, 실전에서 나타나기 쉬운 형은 평소에 연구해 두어 형만으로 판단할 수 있도록 해 두는 것입니다.

흑1에 손을 뺀 것은 프로 기사의 실수로, 3·5로 죽읍니다.

백2에서는 a로 살고, 흑b, 백c, 흑d의 살기밖에 없었던 것입니다.

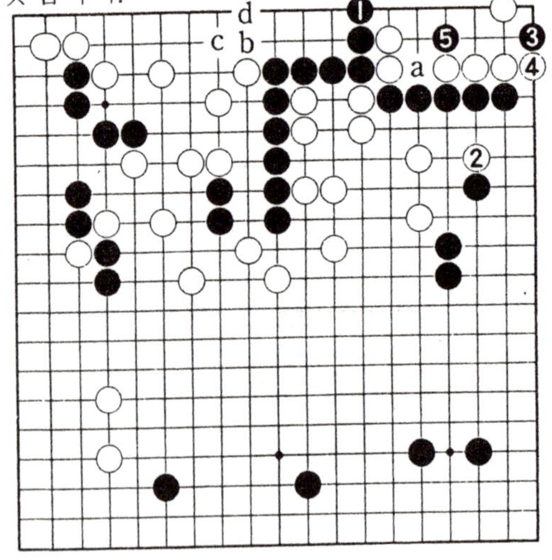

제 4 장

서로 공격의 맥

　싸움이 진행되어 갈 때, 또 하나 중요한 것은 서로 공격입니다. 서로 공격은 상대를 잡지 않으면 자신이 잡힌다는 필사(必死)의 싸움이지만, '빅'이라는 완충대가 있으므로 오히려 사활 보다 어려운 수읽기가 요구되는 것입니다.

1. 수수의 장단

본체를 공격한다

어느 돌과 어느 돌이 공격하고 있는가, 단단히 지켜본다.

1도

흑은 3수, 백은 몇 수일까요? 흑부터 쳐 공격에 이기기 위해서는……

2도

흑1로 치는 것으로는 백2로 한 수 지게 됩니다.

3도

흑3에는 백4로 단수. 흑이 이길 수 없는 공격일까요?

4도

흑과 서로 공격하고 있는 것은 ⓐ 네 점 쪽입니다.

흑은 그 본체를 1

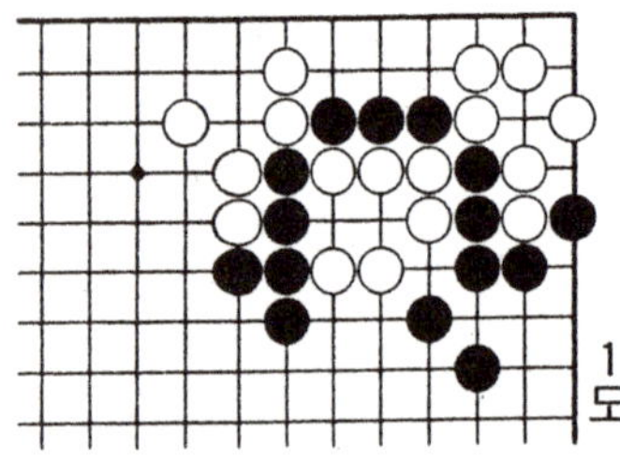

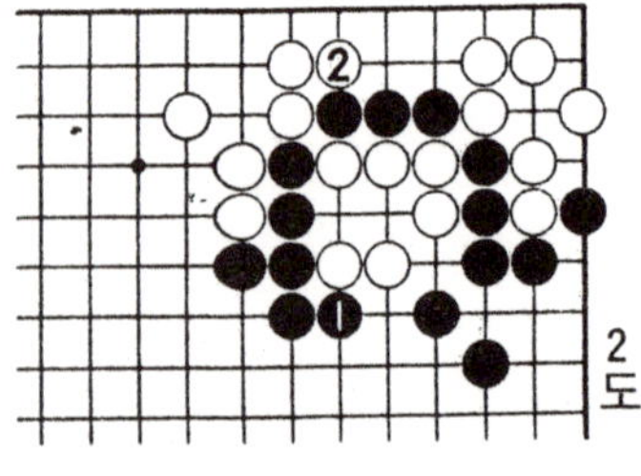

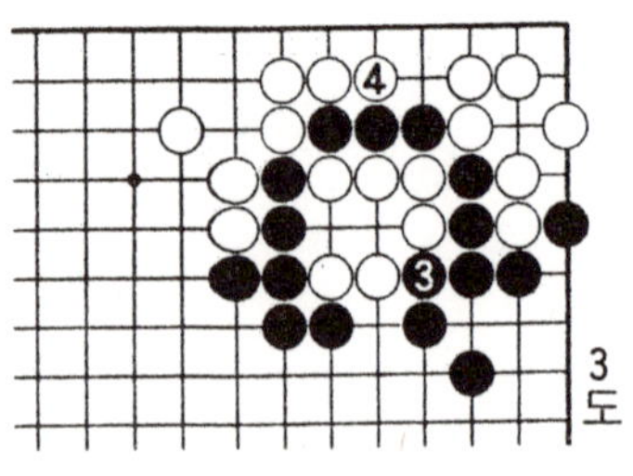

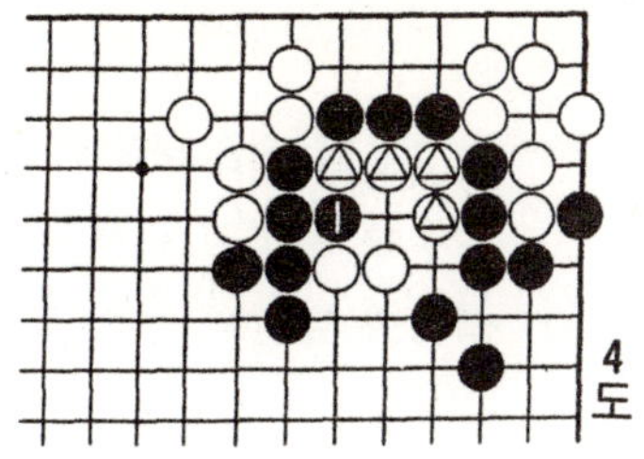

4도

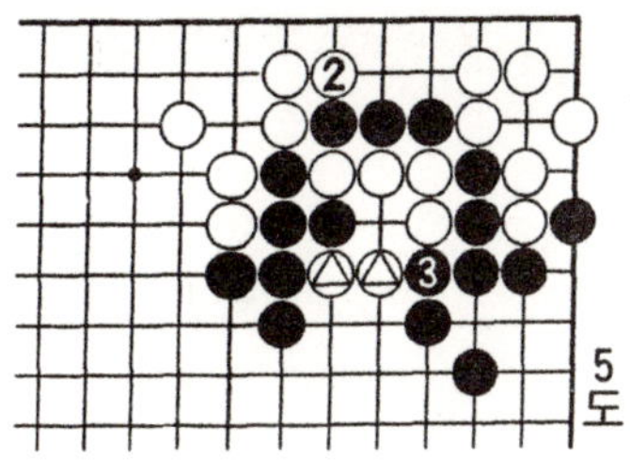

5도

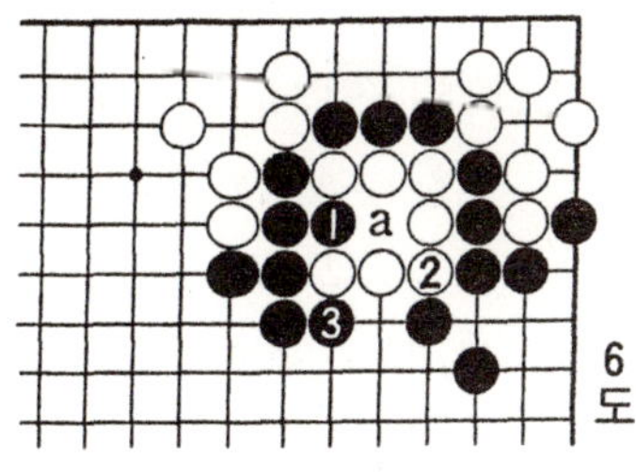

6도

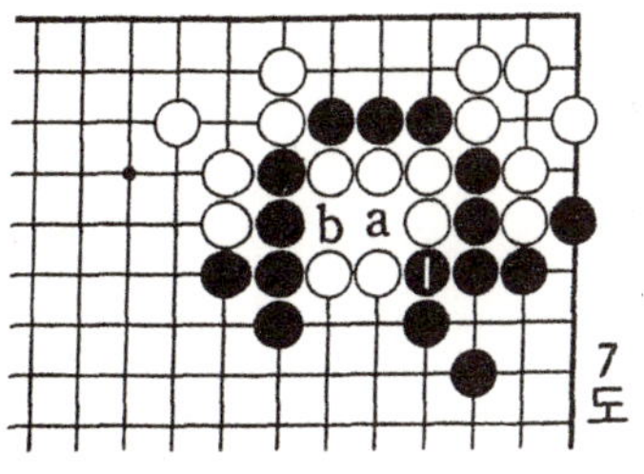

7도

로 공격하면 공격에서 이길 수 있는 것입니다.

5도

백2에는 혹3으로 단수를 걸어 승리.

△두 점과 같은 '가짓돌'을 공격해도 좋은 결과를 얻을 수 없습니다.

6도

혹1 때 백2라면 혹3으로 공배를 메꿔, 두 수 대 삼 수의 공격이므로 혹 승리. 백2에서 a라도 혹3으로 공배를 메꿔 같은 것이 됩니다.

7도

혹1로 쳐도 좋지만, 단, 혹1에서 a만은 백b로 잡혀서 안됩니다.

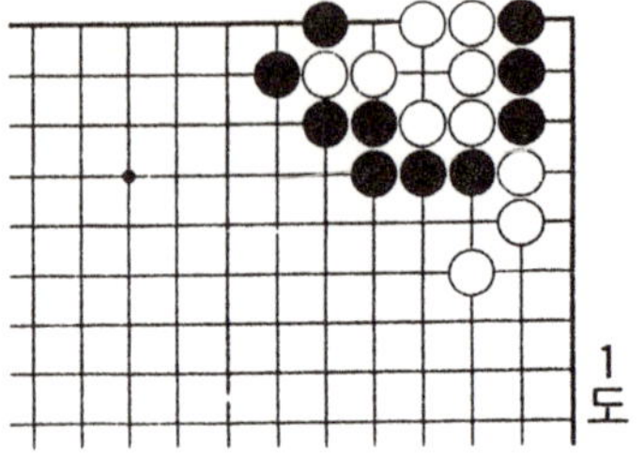

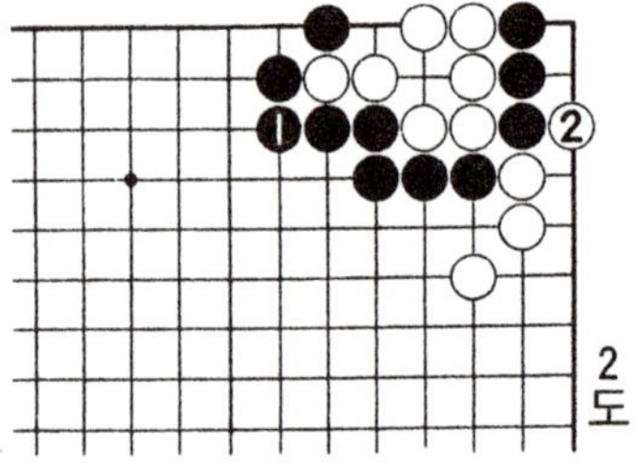

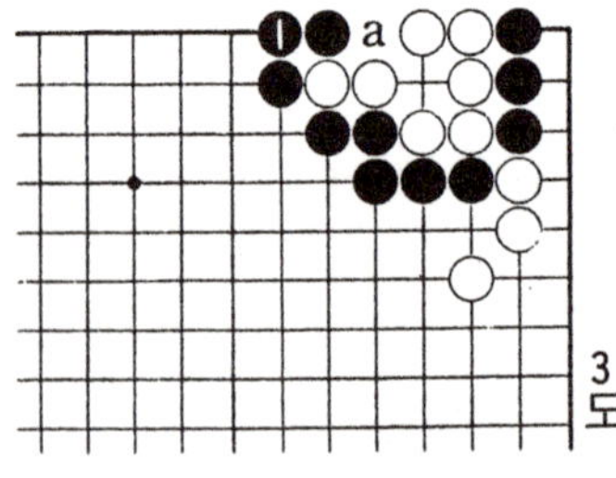

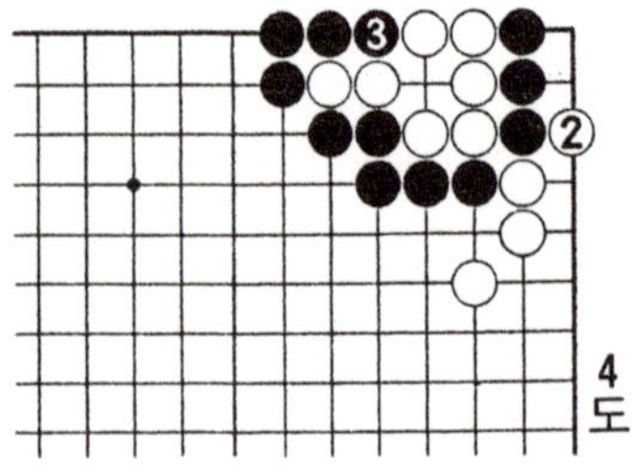

수수의 맥

수수를 발전시키는 맥, 수수를 줄이는 맥은 탄력점의 발견에 의한다.

1도

귀의 공격은, 흑부터 쳐 이길 수 있을까요?

2도

흑1로 단점을 지키는 수로는 백2로 쳐져 공격의 실패입니다.

3도

흑1로 이어 오로지 백의 수수를 줄이려고 덤빕니다. a로 직접 넣지 않으므로 이것이 가장 바싹 따르는 수.

4도

백2에 흑3으로 먼저 단수를 걸어 공격, 승리입니다.

5도

흑부터 쳐 귀의 공

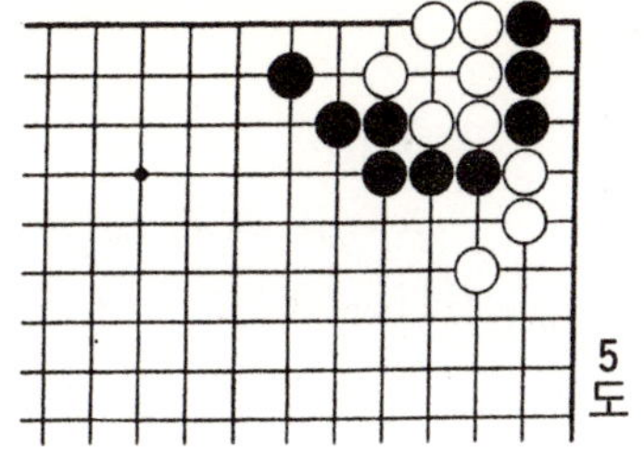

5도

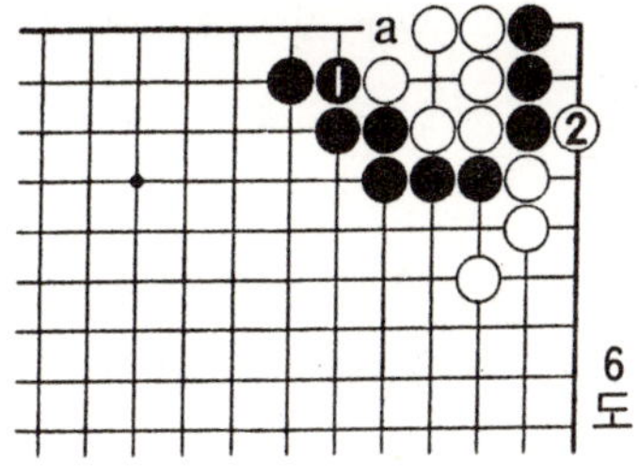

6도

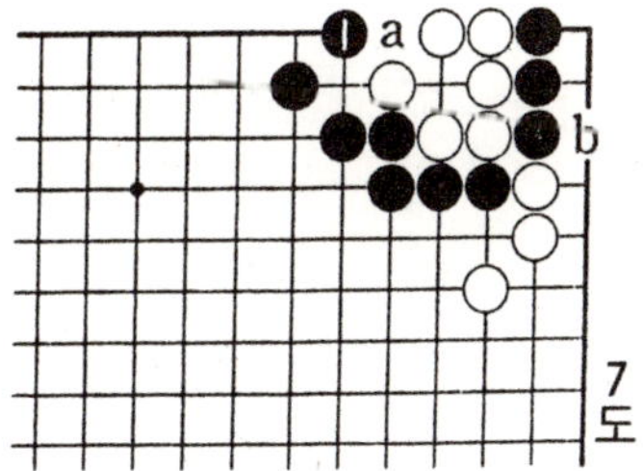

7도

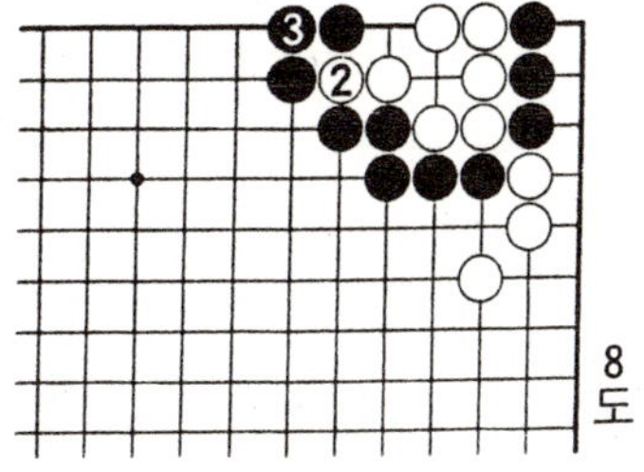

8도

격에서 이길 수 있을 까요?

6도

흑1의 공배 메꾸기 는 극히 일반적인 수 이지만, 백2로 쳐져한 수 지게 됩니다. 흑은 a의 점에 맨발로는 넣 지 않는 형입니다.

7도

흑1의 마늘모가 호 수맥입니다. 이 형이라 면 곧 흑a로 단수를 걸 수가 있고, 따라서 백 b라면 흑a로 한 수 승 리가 되는 것입니다.

8도

이어서 백2로 저항 해 간다면 흑3으로 근 본을 잇는 것이 3도 흑1로 같은 맥입니다.

상대의 약점을 철저 하게 추급하여 수수를 발전시킬 여유를 주지

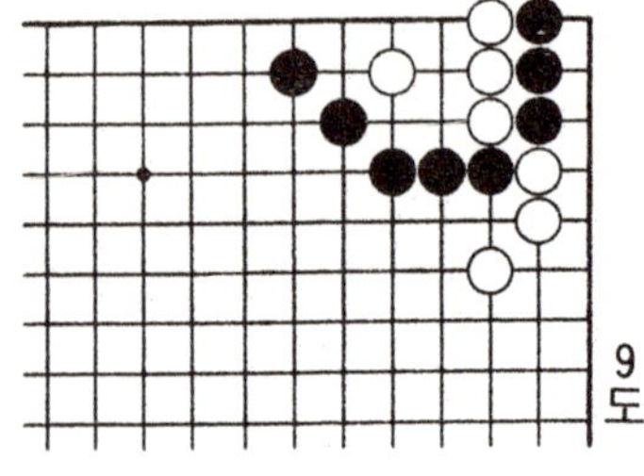

9도

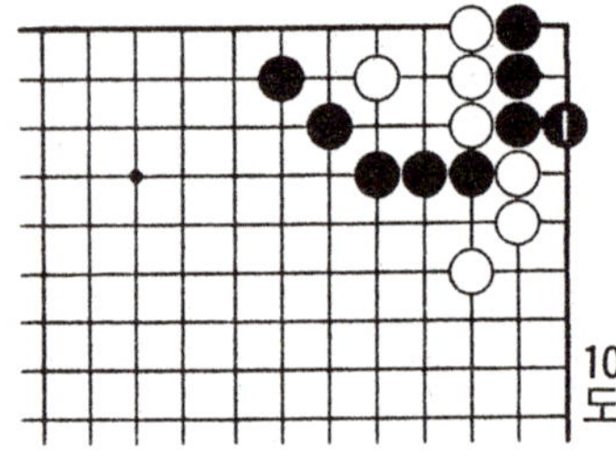

10도

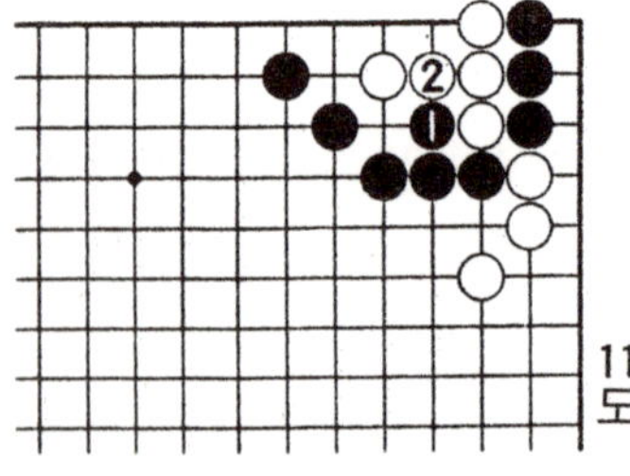

11도

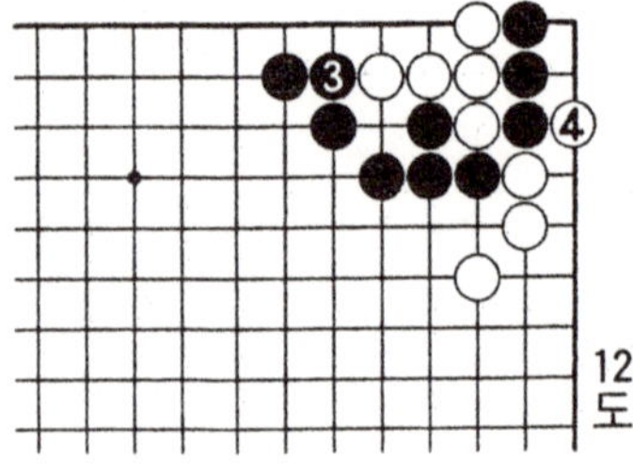

12도

않읍니다.

9 도

그러면, 이 형에서의 공격은 흑부터 쳐 이길 수 있을까요?

10 도

흑1 등으로 쳐 보아도 수수는 전혀 발전하지 않읍니다. 전도의 흑은 3수가 확정. 백을 2수로 만들 수 있을까 어떨까입니다.

11 도

흑1로 공배를 메꾸어 봅시다. 백은 2로 받을 수 있을까요? 여기에서 수수의 계산을 하면 흑은 3수, 백은 4수. 단순하게 생각해도, 이것으로는 흑이 공격에서 이길 수 없읍니다.

12 도

이 경우는 '안 공배'

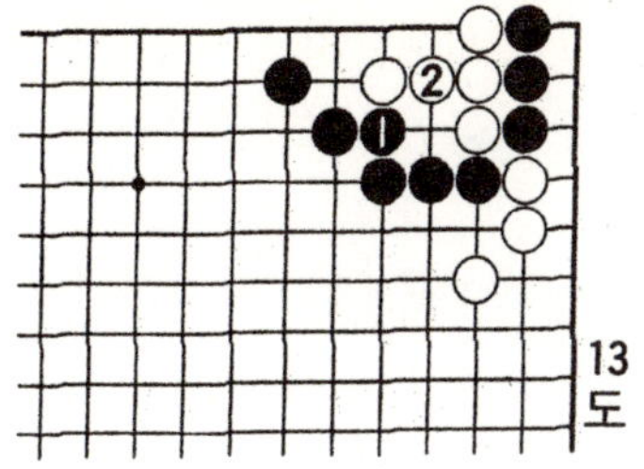

13 도

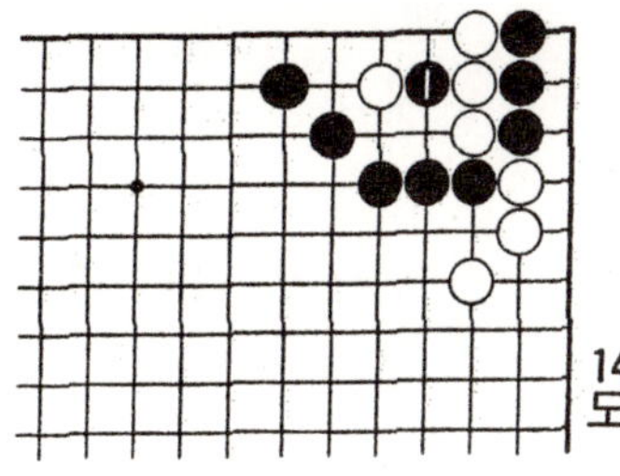

14 도

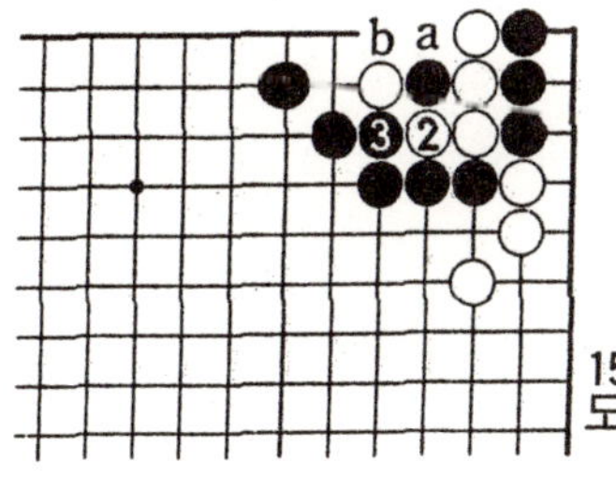

15 도

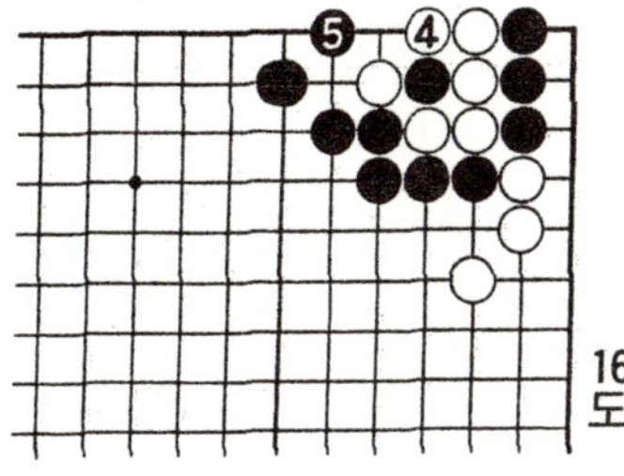

16 도

가 제로이므로 단순한 비교 계산으로 결과가 나옵니다. 흑3, 백4 로 서로 메꾸면 백의 승리가 분명해집니다.

13 도

흑1로 치는 것도 백2로 붙여져 4수의 수수.

14 도

흑1이 그 점. 일부러 잡히러 가는 수이므로 이후의 수 읽기가 중요합니다.

15 도

백2라면 흑3으로 단수. 백2에서 a라면 흑2로 이으면서 단수를 걸어, 백b, 흑3으로 한 수 승리입니다.

16 도

백4로 잡은 때 흑5로 쳐 7도와 같읍니다. 한 점을 잡히게 한

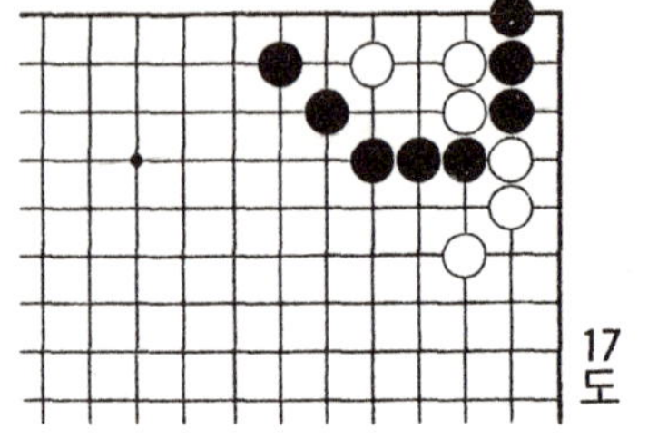

17도

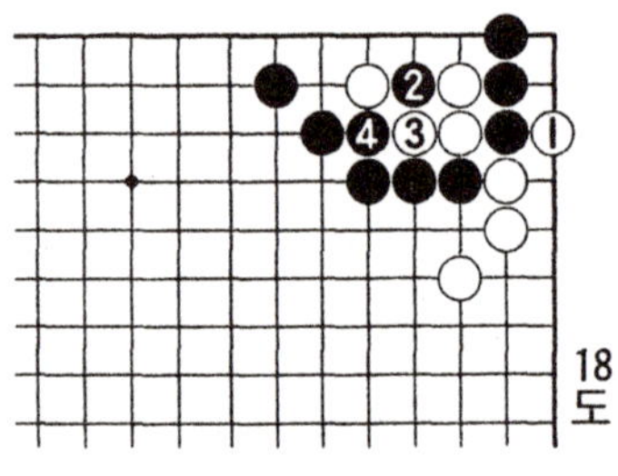

18도

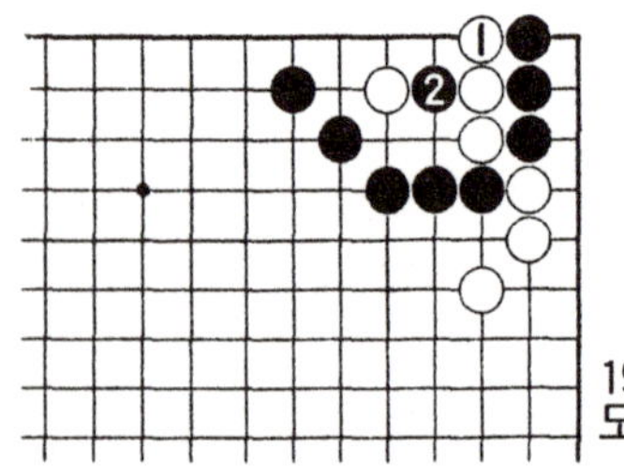

19도

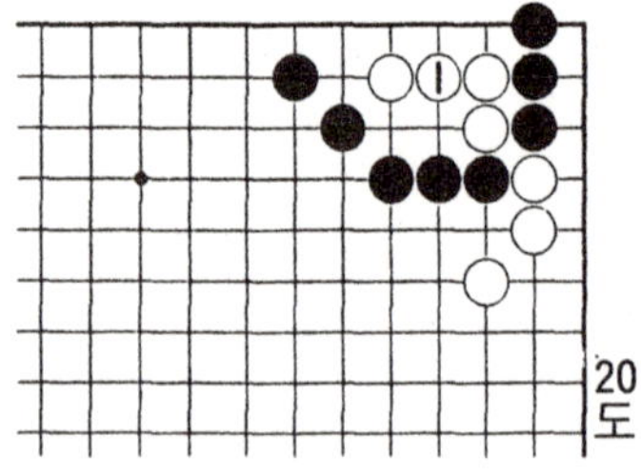

20도

희생타가 수수를 줄이는 급소였읍니다.

17도

백부터 쳐 공격에 이길 방법은 없을까요?

18도

백1로 상대의 공배를 메꿔 공격을 서두르는 것은 흑2의 갈라넣기에서 빼앗기의 맥이 기다리고 있읍니다.

19도

백1의 누르기도 자신의 수수를 늘리는 작용은 없읍니다. 흑2로 급소에 쳐져, 뒤는 14도의 경로를 더듬을 뿐입니다.

20도

'상대의 급소는 자신의 급소'로, 백1로 지키는 것이 침착한 호수. 이것으로 백의 수수는 6수가 되었읍니

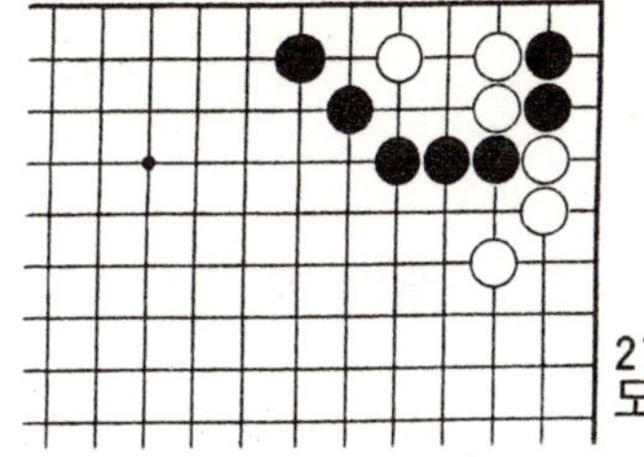

21도

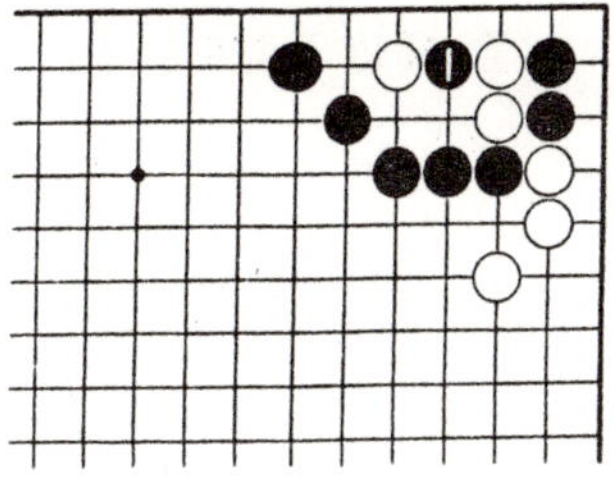

22도

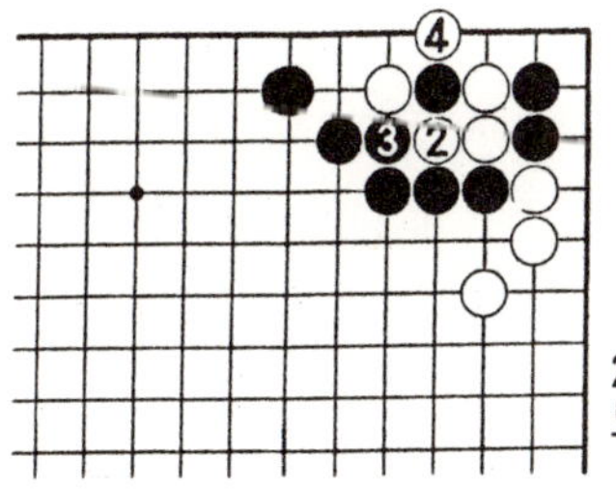

23도

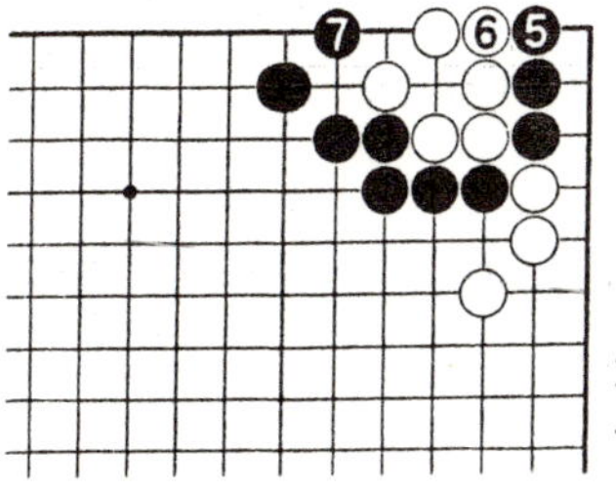

24도

다. 흑은 4 수. 공배를 서로 메꾸면 승리를 알 수 있읍니다.

21 도

지금까지의 트레이닝으로 공격의 요령은 알았을 것입니다. 흑부터 쳐 귀의 공격은 어떻게 되는가?

22 도

흑1의 갈라 넣기가 무엇 보다도 급소. 이곳을 지키게 하면 쑥백의 수수가 느는 것입니다.

23 도

백2 때 흑3 으로 단수하면 백4 의 빼기는 필연.

24 도

흑5를 쳐 백6을 강요하고, 흑7로 쳐 한 수 승리를 확정했읍니다.

2. 누르는 수 없다

끊는 한 점

상대가 직접 칠 수 없는 장소를 만드는 맥. 버린 돌을 이용한다.

1 도

백부터 쳐 공격에서 이길 수 있을까요?

2 도

백 1 에서는 흑 2 의 단수로 끝납니다.

3 도

백 1 로 하나 끊는 것에 의해 흑은 직접 a 점에 칠 수 없게 되었읍니다. 그 동안 백 3 으로 공배를 메꿔 역전하여 한 수 승리입니다. 백 1 의 끊기 한 점이 버린 돌의 묘였읍니다.

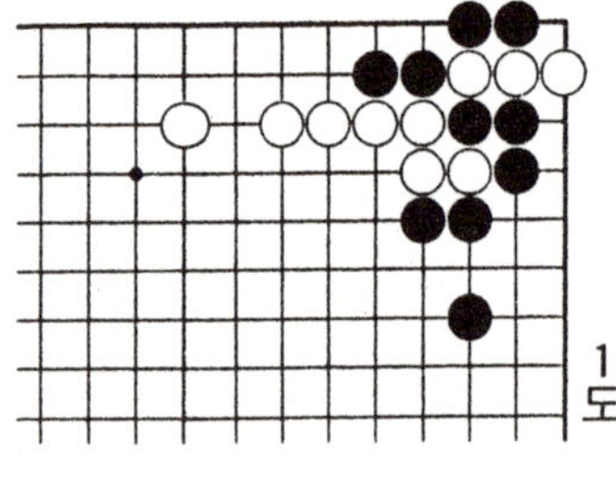

1 도

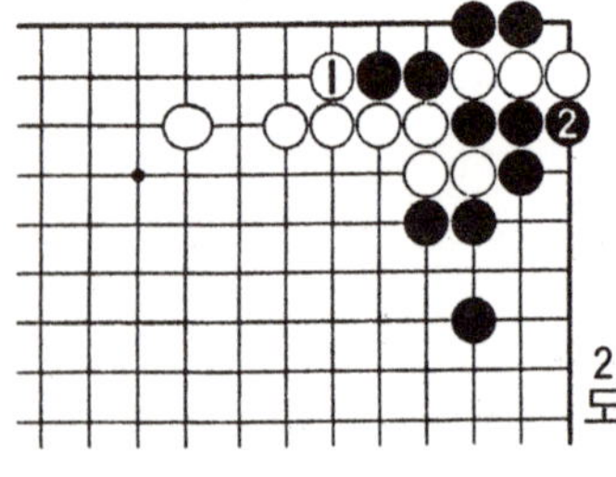

2 도

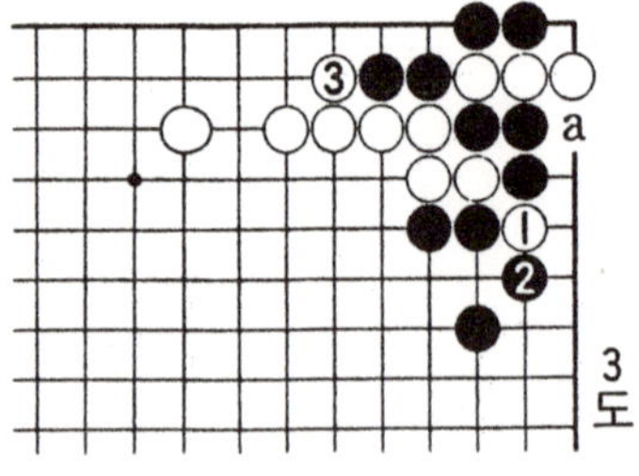

3 도

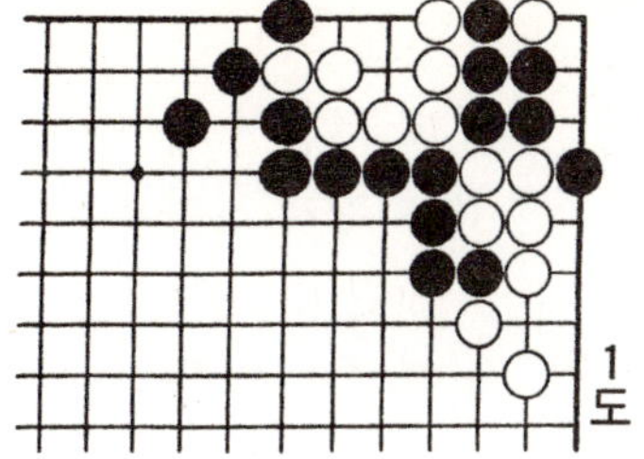

1도

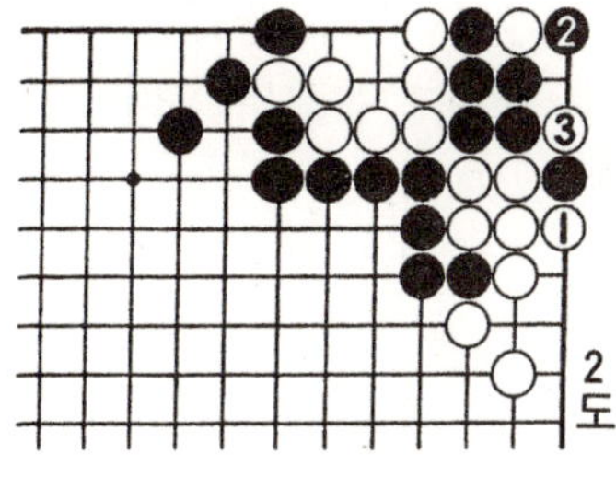

2도

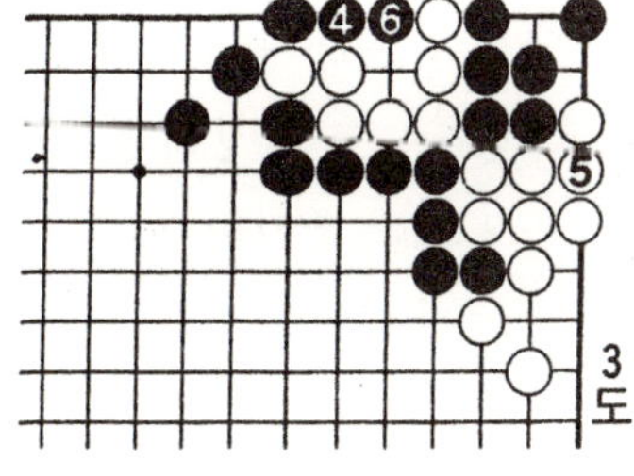

3도

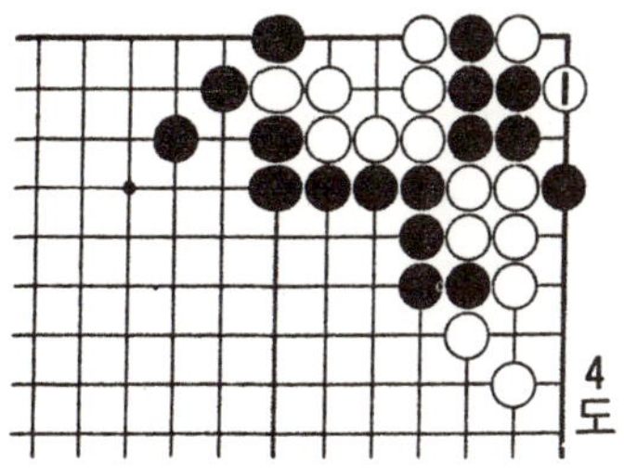

4도

젖히기를 이용

어떤 버린 돌을 이용할 것인가. 끊는 것 외에 젖히기도 많이 볼 수 있다.

1도

백부터 쳐 귀의 공격은 어떻게 될까요?

2도

백1로 공배를 메꿔가는 것은 흑2로 빼어져 한발 늦어집니다. 백3으로 치지 않으면 동점의 눈으로 살 수 있읍니다.

3도

'넣는 수 없음'이 된 백은 5로 치는 수밖에 없고, 그 동안에 흑4·6으로 한 수 집니다.

4도

이것은 1도에서 백1로 쳐 패로 하는 수밖에 없었던 것입니다.

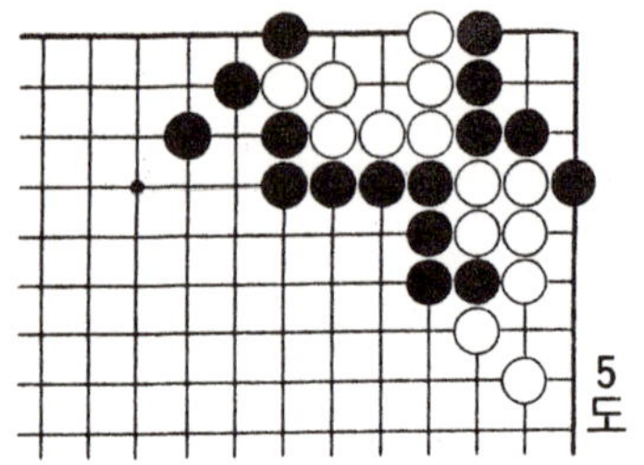

5도

백부터 쳐 귀의 공격은 어떻게 될까요?

6도

백1 등은 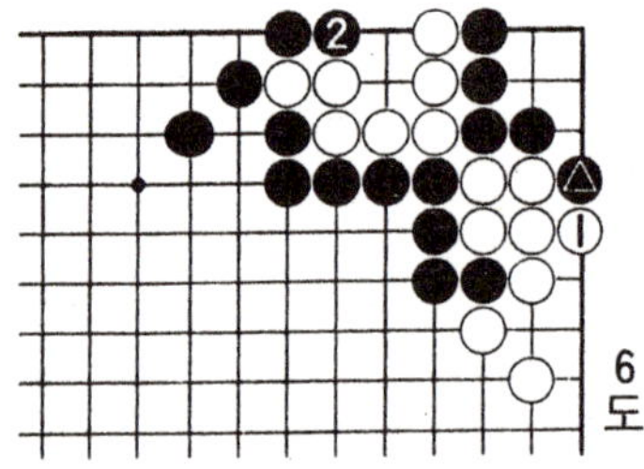의 '가짓돌'을 공격하는 수로 악수. 흑2로 태연하게 본체의 공배가메꿔져, 2수 대 3수로 백의 실패가 되어 버립니다.

7도

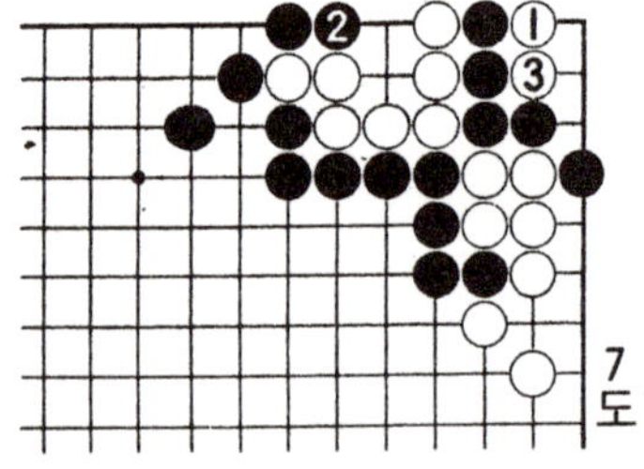

백1이 급소. 흑의 공격 본체에 붙여 치고 있으므로 흑2라면 백3으로 공배를메꿔 단수. 한 수 승리가 되었읍니다.

8도

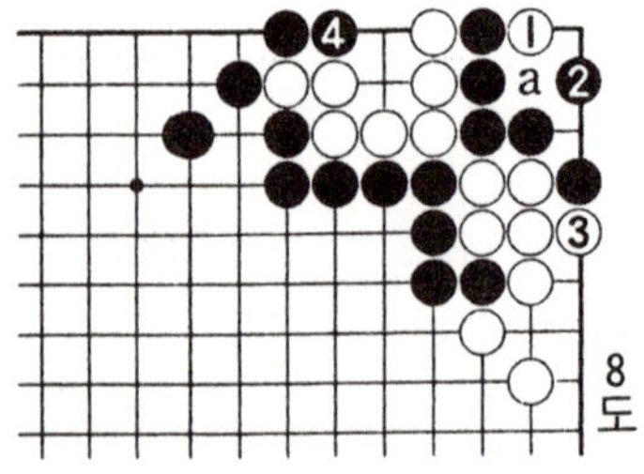

따라서 흑은 2로 패의 형을 만들어 버티든가, 또는 1도와 같이 a로써 패를 유도하든가, 무조건 잡혀지는

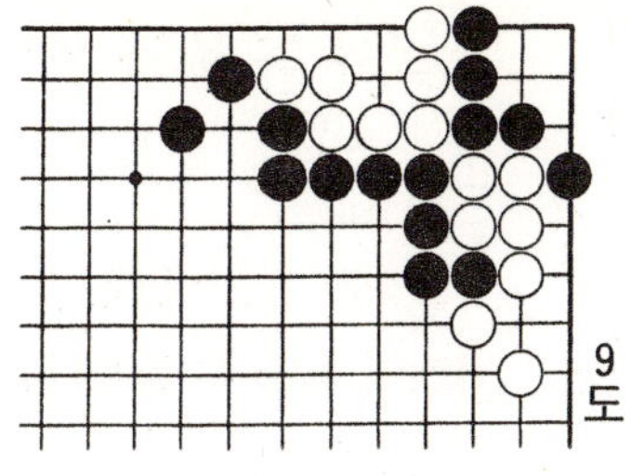

9도

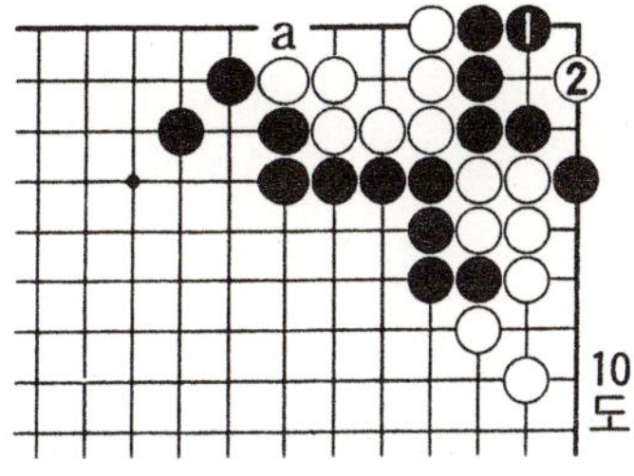

10도

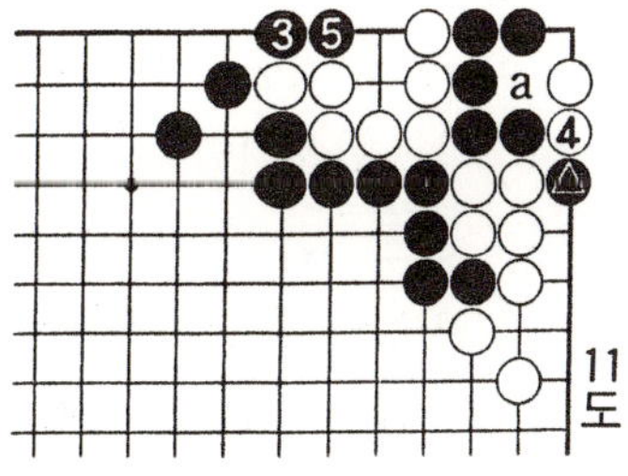

11도

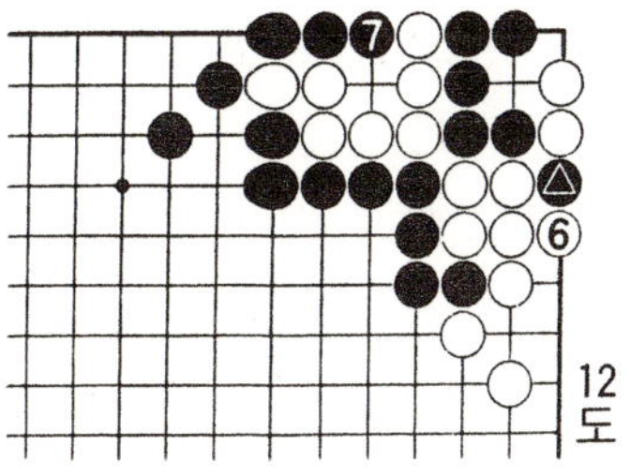

12도

것을 막고 버틸 길을 생각하게 될 것입니다.

9도

조금 트레이닝 부족일지도 모르지만, 의외의 맥이 요구되는 난문을 다루어 봅시다. 흑부터 쳐 어떻게 될까요?

10도

흑1이 '2·1'의 맥으로, 백은 2로 살기를 방해하는 한 수.

11도

그대로 귀를 방치하여 흑3으로 공배를 메꿔갑니다. 백은 4로 끊는 것, ▲이 방해를 하여 a로 칠 수 없읍니다.

12도

▲의 방해돌을 백6으로 잡는 동안에 흑7로 최종적인 단수.

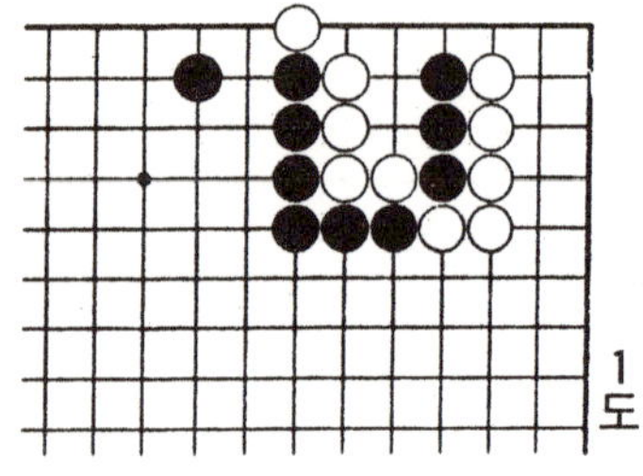

1도

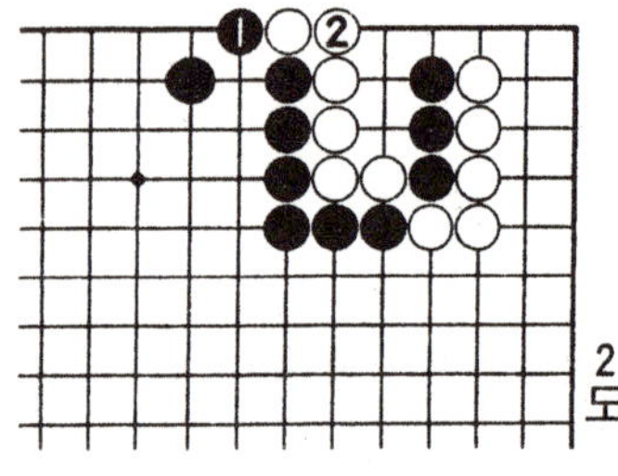

2도

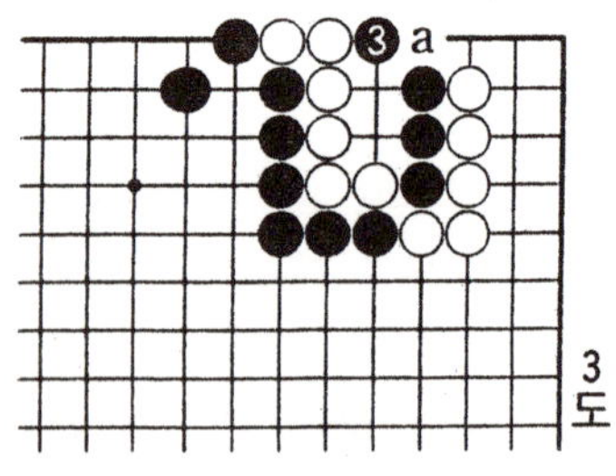

3도

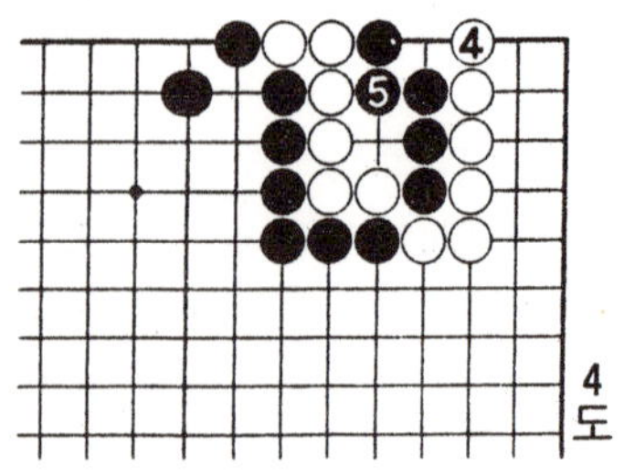

4도

넣을 수 없는 장소

희생타 외, 반단을 이용하여 넣을 수 없는 장소를 만든다.

1도

흑부터 쳐 공격은 어떻게 되는가?

2도

흑1로 바깥에서부터 한 점에 단수를 걸고, 백2로 이어준다면 알기 쉽게 공격에서 이길 수 있읍니다.

3도

흑3이 호수. 반단을 이용하여 백a로 직접 넣을 수 없는 장소를 만들었읍니다.

4도

백4로 여러 칸 잡는 동안에 흑5로 단수하여 공격의 승리입니다.

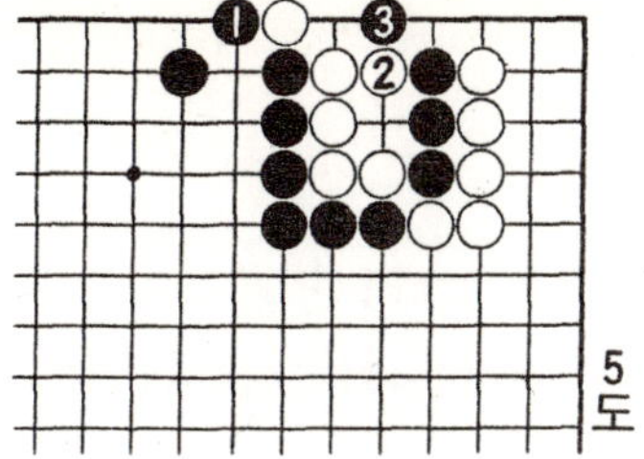

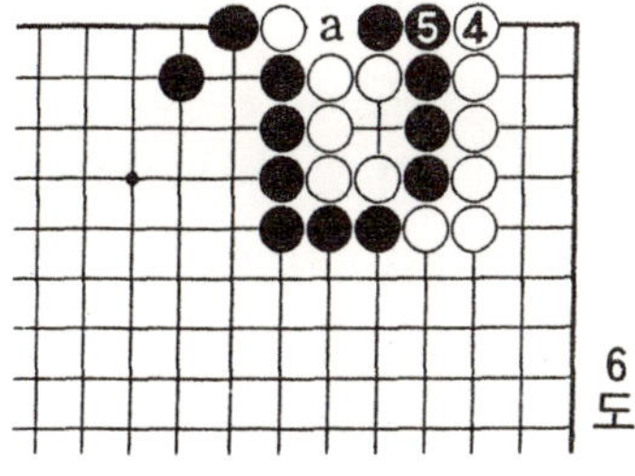

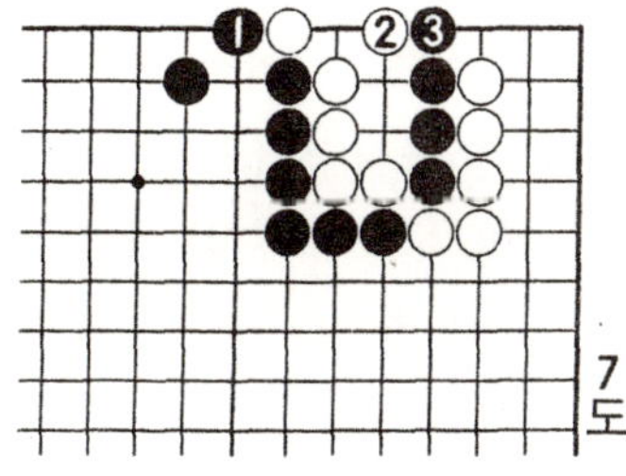

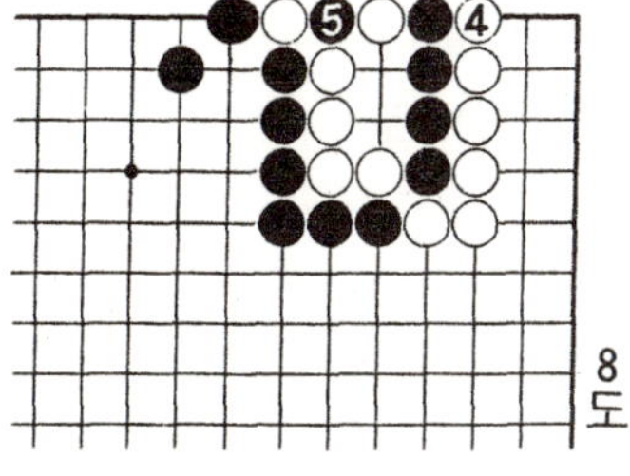

5 도

혹1 때 백2에서는 혹3의 젖히기로 역시 이길 수 없읍니다. 이것으로 혹이 마침 건너고 있는 것에 주의하기 바랍니다.

6 도

백4에 대해서는 혹5의 잇기가 이익인 것입니다.이것으로 a로 치면 2집 손해를 봅니다. 혹5로 치고 전부 혹집.

7 도

혹1 때 백은 2의 마늘모가 좋은 수. 혹은 3으로 건너기를 막는 수밖에 없읍니다.

8 도

백4로 눌러 패가 됩니다. 이것은 혹이 만일 무조건 이기고 싶어 한다면, 전도 혹1

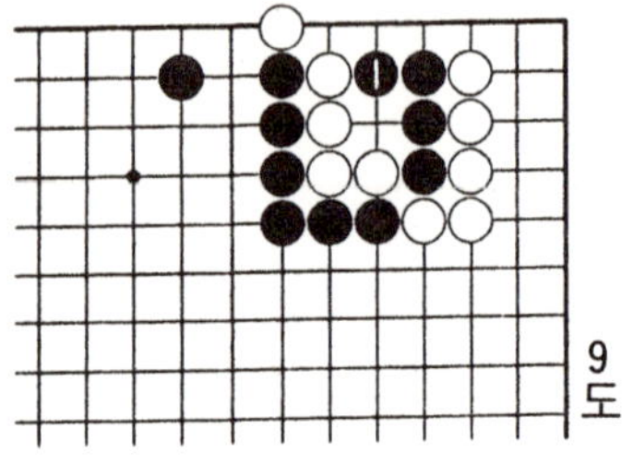

9도

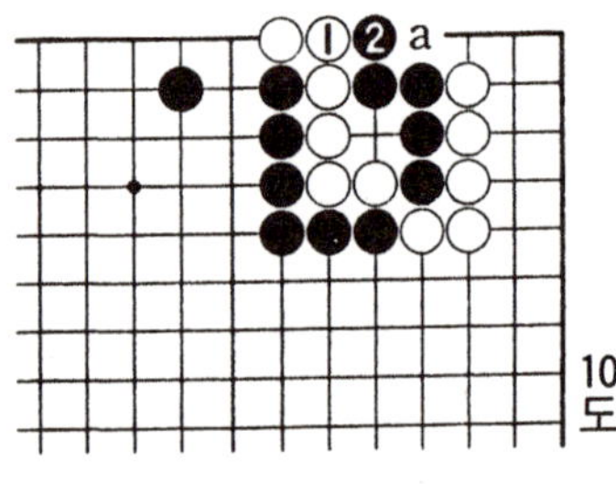

10도

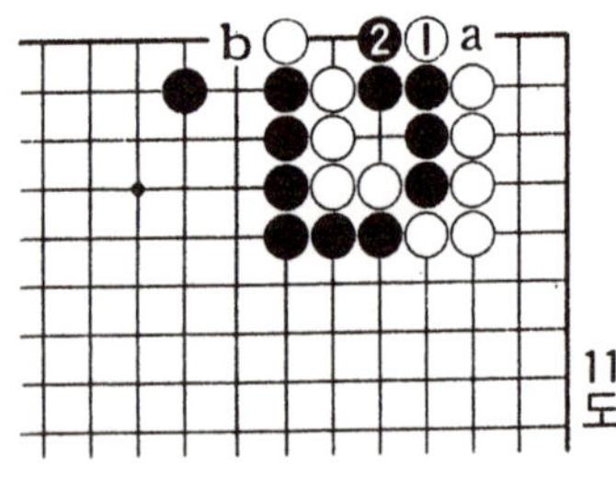

11도

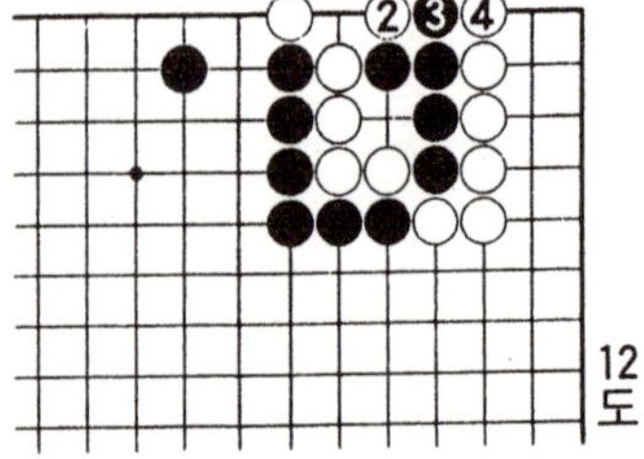

12도

은 무조건 실패라는 뜻입니다.

9도

그러면, 흑1로 치는 것은 어떨까요? 안쪽에서부터 공배를 메꿔 궁핍한 공격이지만.

10도

백1로 이어준다면 흑2로 쳐 백은a로 넣을 수 없는 형이 됩니다. 공격은 흑 승리.

11도

백1로 바깥에서부터 공격당해도 흑2로 눌러 공격 승리. 흑a로 잡으면 수수가 늘고, 백a라면 흑b로 쳐 6도와 같은 맥의 건너기입니다.

12도

9도에 이어 백은 2로 젖히는 것이 끈기 있는 수입니다.

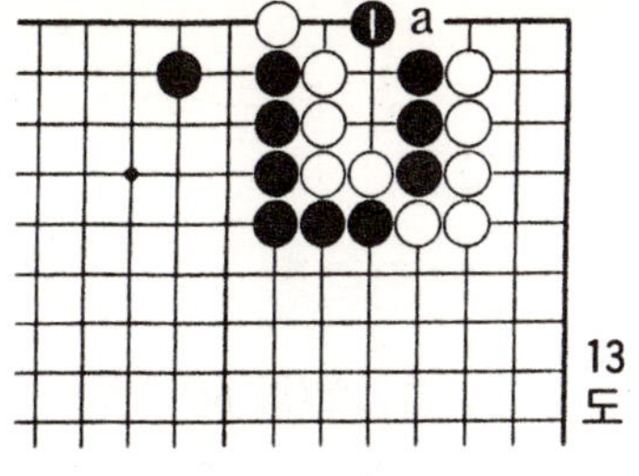

13도

7도나 12도를 보면 '상대의 급소'인 흑1이 '자신의 급소'인 것을 알 수 있읍니다. 제1선의 마늘모는 a의 점에 상대가 넣을 수없는 장소를 만들고, 공격의 맥이 되는 경우가 많은 것입니다.

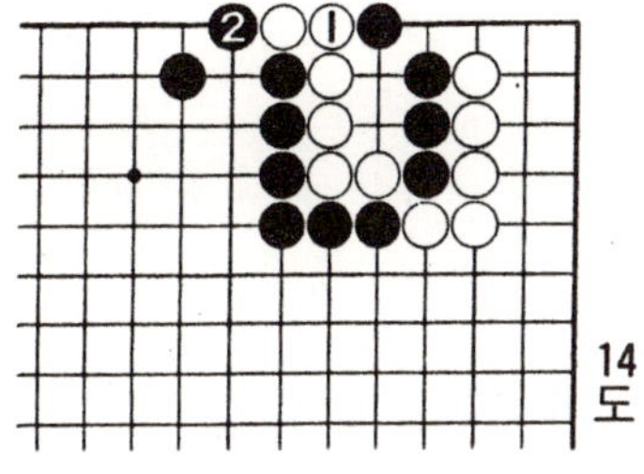

14도

백1의 잇기라면 흑2로 누르고 3도와 동형인 공격 승리.

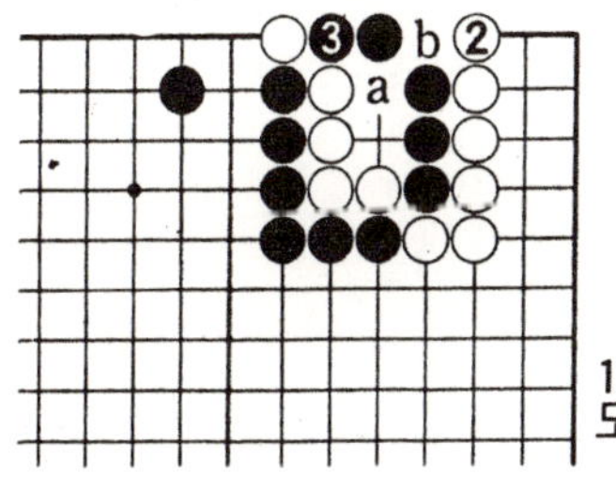

15도

13도에 이어 백2라면 흑3으로 끊어 승리. 이어서 a로도 이길 수 있으나, 흑b만은 백3으로 이어져 빅이 됩니다.

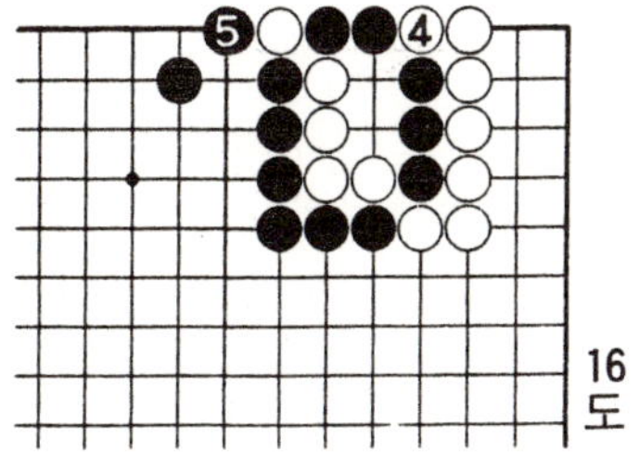

16도

백4의 단수에는 흑5로 빼어 승리입니다.

3. 눈모양의 이용

탄력점

눈모양을 갖는 편이 안 공배를 자기편으로 할 수 있다.

1도

흑부터 쳐 공격에 이길 수 있을까요?

2도

흑1로 쳐도 수는 늘지 않읍니다. 백2로 쳐져, 4수 대 3수입니다.

3도

흑3, 백4로 공배를 서로 메꿔보면 백 승리는 분명할 것입니다.

4도

흑1로 안쪽에서부터 공격하는 것은 백2로, 2수 대 3수의 공격에서 집니다.

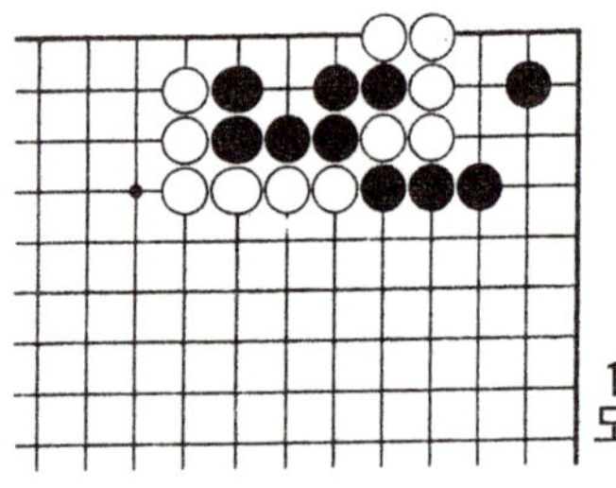

1도

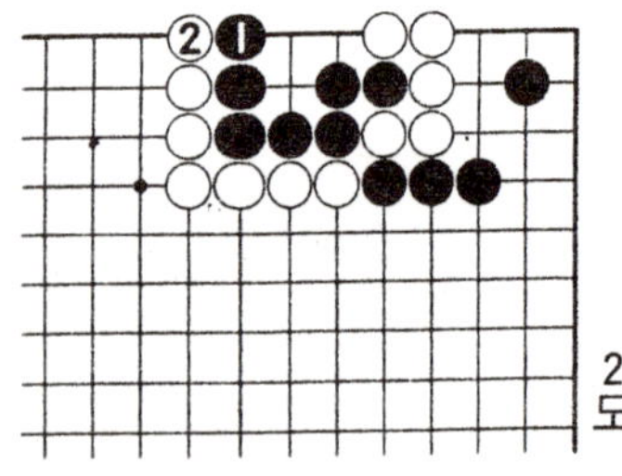

2도

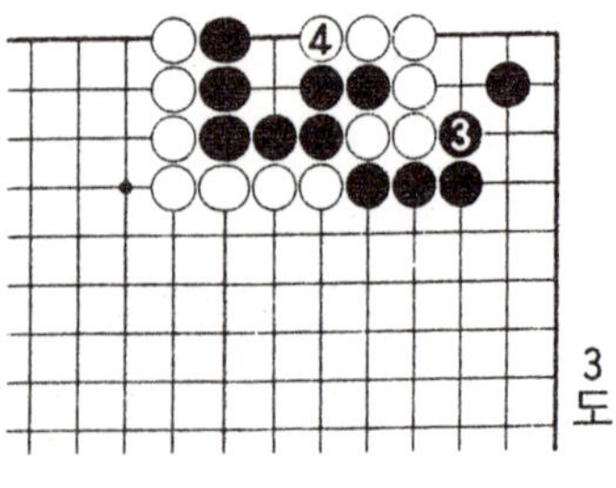

3도

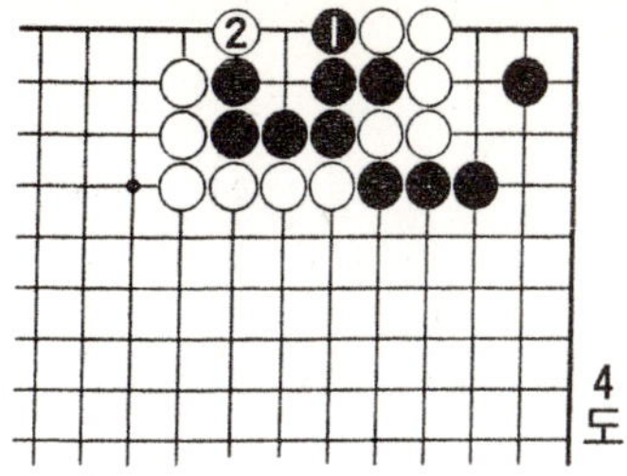

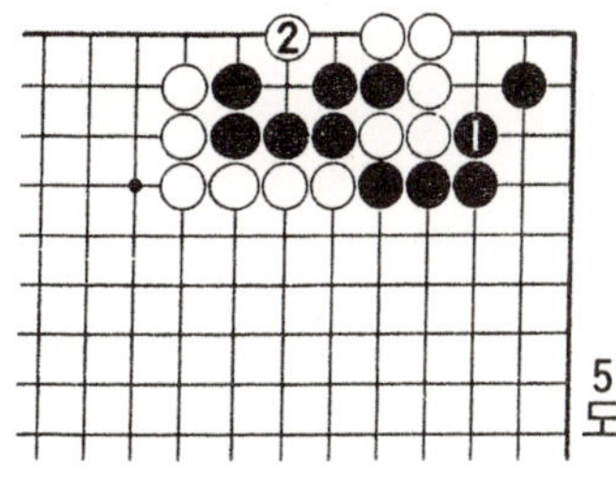

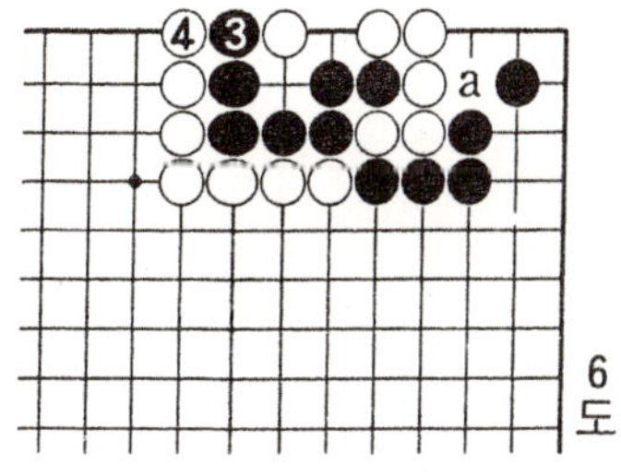

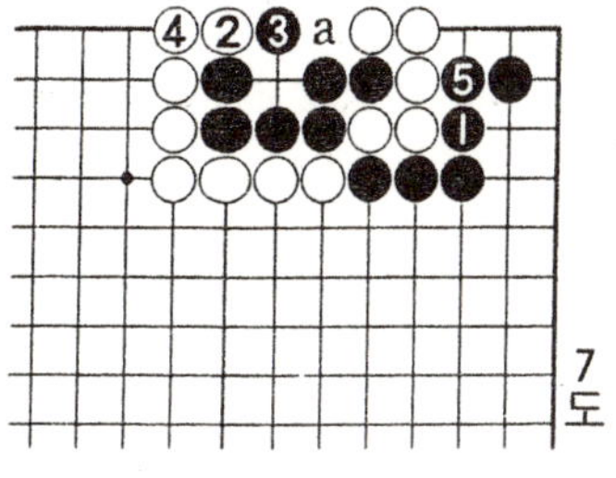

5도

그러면 바깥쪽에서 흑1. 이때는 백2의 놓기가 호수입니다.

6도

흑3이라면 백4로 좋고, 흑3에서 a라면 백3으로, 모두 백의 한 수 승리.

7도

흑1 때 백2·4에서는 흑5로 '눈 있고 눈 없음'으로 집니다. 백2에서 a도 흑3으로 눌러져, 소위 몸 공격의 악수가 될 것입니다.

3의 점이 '탄력점'입니다. 흑이 여기에 치면 쭉 탄력이 있는 형이 됩니다.

8도

따라서 흑은 처음부터 1로 치면 좋은 것.

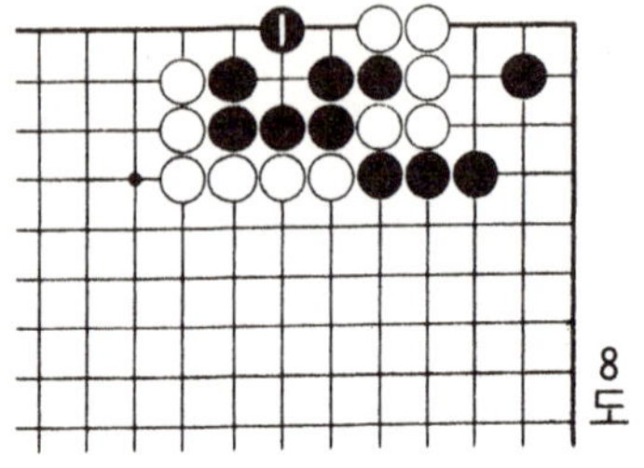

8도

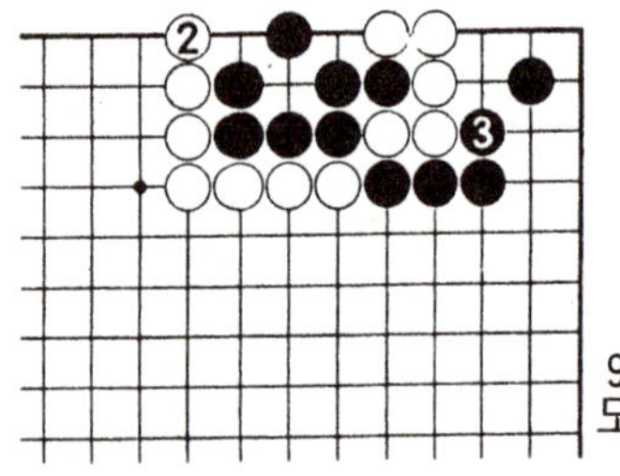

9도

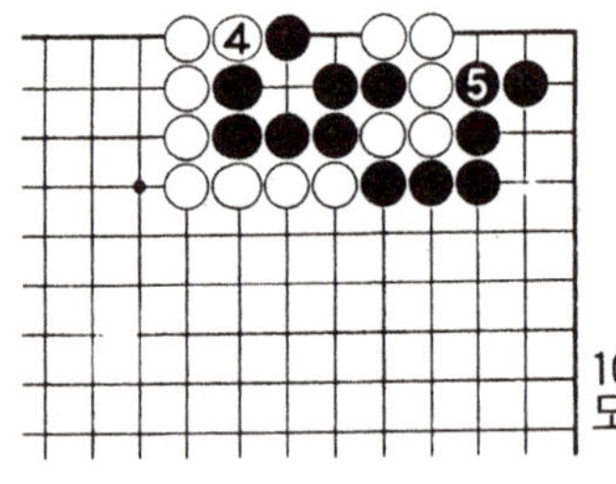

10도

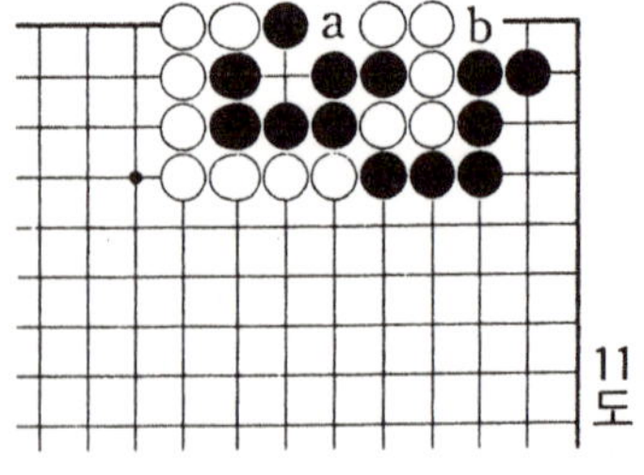

11도

백의 공배를 직접 메꿀 수 없어 딱 와 닿지는 않겠지만 '안 공배를 자기편이 되게 하는' 좋은 맥인 것입니다.

9도

백2라면 흑3으로, 안쪽에서부터 공배를 메꿔갑니다.

10도

백4, 흑5로 전진, 흑의 승리가 확정되었읍니다. 2수 대 2수이지만, 이대로 좋은 것입니다.

11도

백은 a로 쳐도 곧 잡히고, 흑은 b로 칠 수 있다는 차이가 있읍니다. 종국 후, 흑은 이대로 백돌을 잡아 올리게 됩니다.

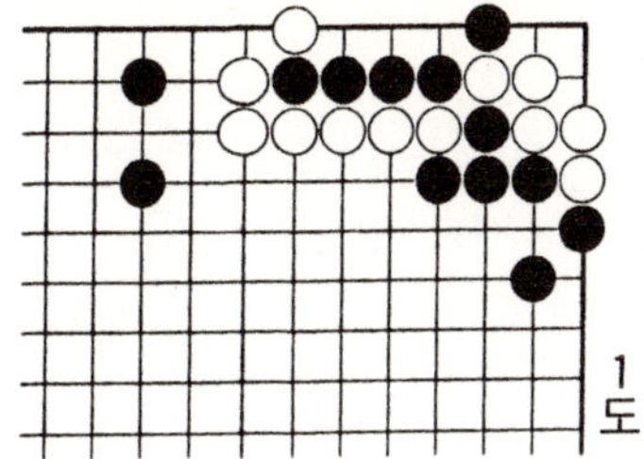

눈 있고 눈 없음

눈 있고 눈 없음으로 이끌기 위해서는 상응의 수순이 요구된다.

1 도

백부터 쳐 귀의 공격은 어떻게 될까요?

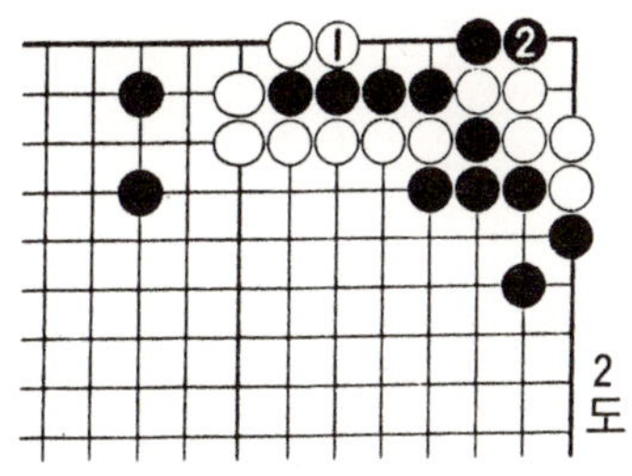

2 도

백1에서는 흑2로, 단수에 걸려 일발로 지게 됩니다.

3 도

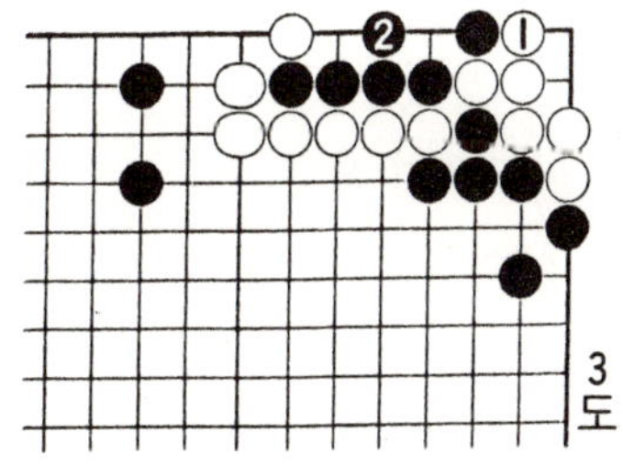

백1로 귀를 누르면, 흑2로 쳐 패에 꼭 붙는 맥으로 저항합니다. 흑 불리한 붙임패이지만, 잡히는 것보다는 낫습니다.

4 도

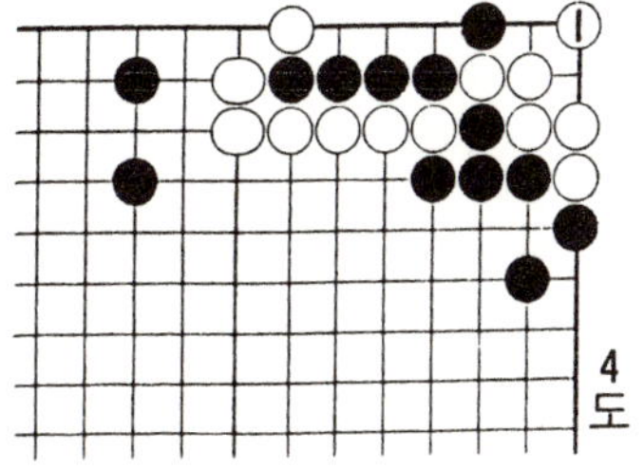

백1로 눈모양을 만드는 것은 유력한 맥. 단, 이것은 준비 부족이었습니다.

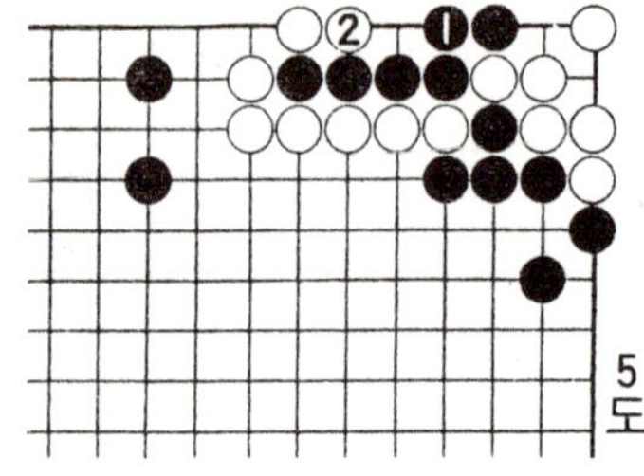

5 도

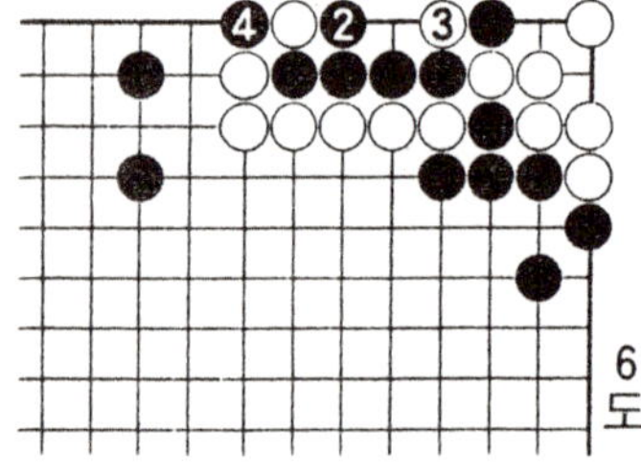

6 도

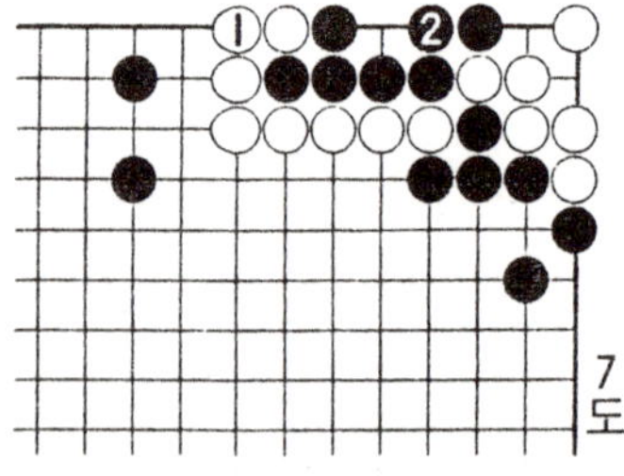

7 도

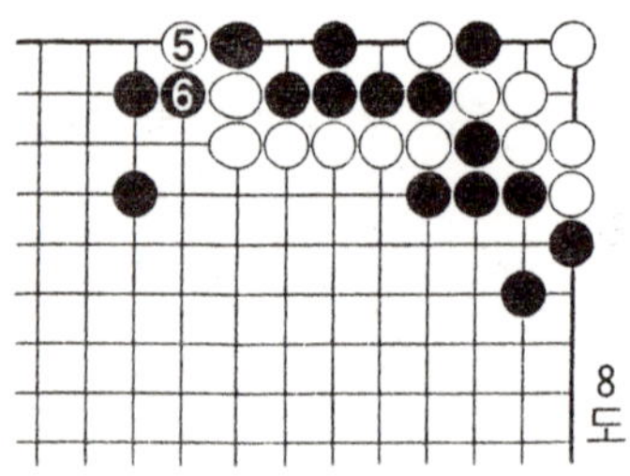

8 도

5 도

전도에 이어서 흑1 이라면 백2로 눈 있고 눈 없음이 실현되었읍니다. 흑의 저항 부족입니다.

6 도

흑은 2로 누르러 올 것입니다. 백3의 깎아치기라면 흑4로 잡고, 바깥쪽의 배치가 문제가 됩니다.

7 도

전도 백3에서 1로 이으면 흑도 2로 쳐 눈모양을 만듭니다. 눈모양에는 눈모양으로 대항하고, 공격은 빅이 되었읍니다.

8 도

6도 후, 백은 5로 누르고, 흑6으로 끊어 패가 됩니다. 흑은 외부로 연락하고, 한 눈

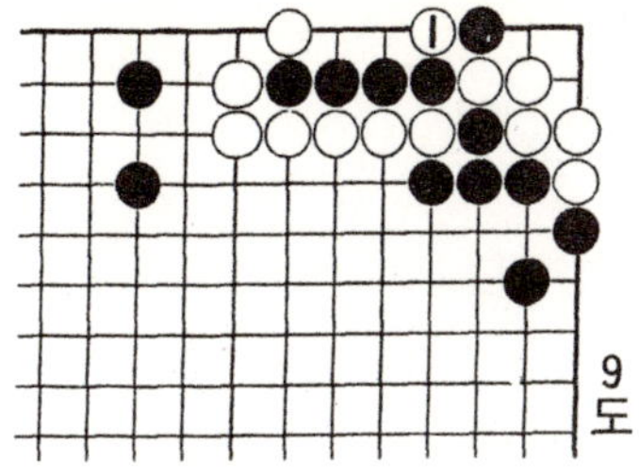

9도

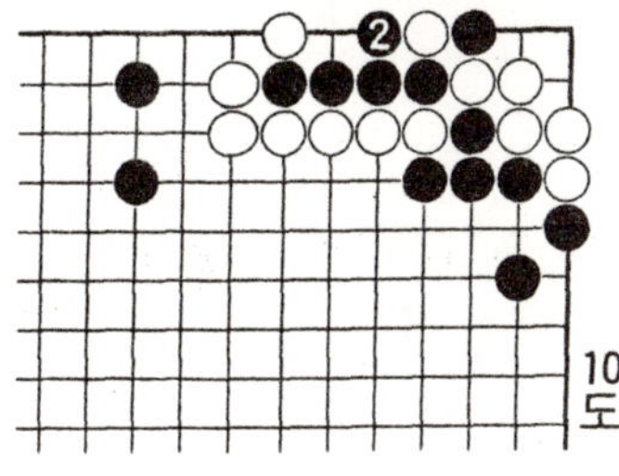

10도

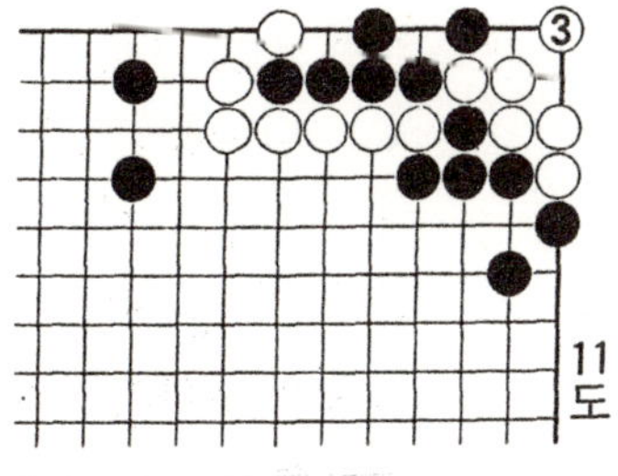

11도

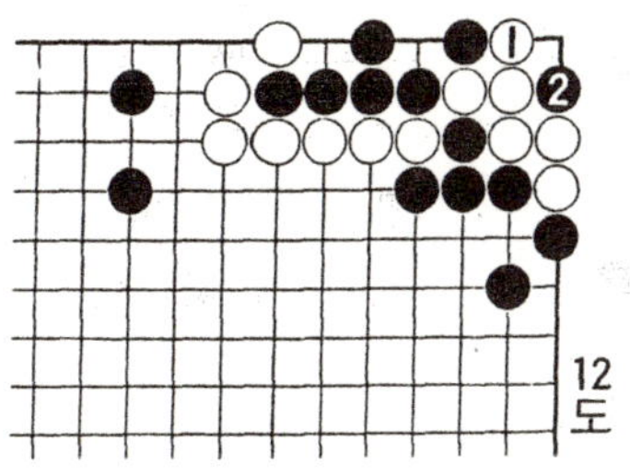

12도

뿐인 귀의 백은 '선채로 말라죽다'가 되는 것입니다.

9도

백은 1의 치기가 수순입니다.

10도

흑2로 잡는 것 외에 다른 곳에 치는 방법은 없습니다.

11도

거기에서 백3으로 눈을 지녀, 드디어 눈 있고 눈 없음이 실현되었읍니다. 이 수순이라면 바깥쪽의 흑의 원군도 소용이 없읍니다.

12도

단, 전도 백3에서 1로 서둘러 눌러서는 안 됩니다. 흑2로 공배가 메꿔져 본패가 되어 버립니다.

지식과 기술의 강좌

3 패

공격에는 이상한 형이 많이 있다.

양쪽 돌이 서로 팽팽하게 공격하고 있을 때는 여러 가지 이상한 형이 있읍니다. 여기에서는 '3 패'를 다루어 보겠읍니다.

1 도

흑 1로 패를 따내면 백돌은 단수. 따라서 백 2로 패를 따내고, 귀의 흑을 단수로 합니다. 흑은 3으로 또 하나의 패를 따내는 수밖에 없을 것입니다.

2 도

흑에 패가 따내지면 단수이므로 백 4로 바깥쪽의 패를 따내는 수밖에 없고, 흑 5, 백 6으로 진전하면 최초의 형과 같읍니다.

끝이 없으므로 양자 모두에게 포기할 수 없을 때에 '무승부'가 됩니다.

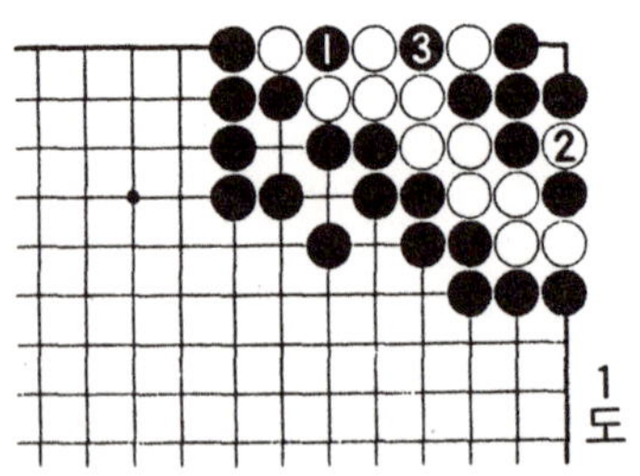

1 도

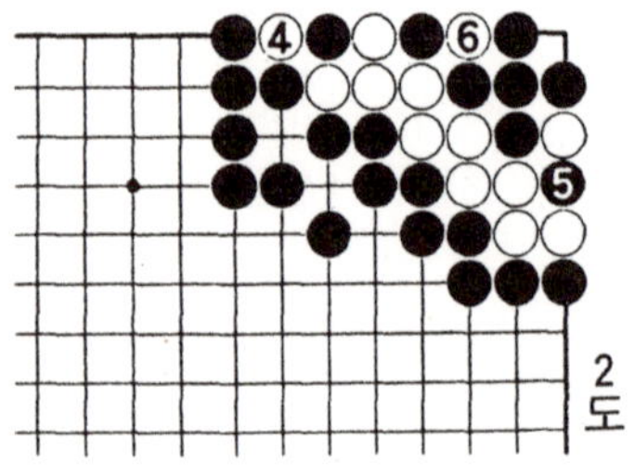

2 도

제 5 장

종반의 맥

　　일국의 최후의 단계, 종반에서 마음
을 누그러뜨리면 이제까지의 수고가 물
거품. 이 장에서는 제 1 선의 젖혀잇기
에 대한 입문의 문제와 원숭이 미끄
럼의 저지 방법을 중점적으로　다루었
읍니다. 종반은 계산뿐이 아닌,　맥도
요구되는 것입니다.

1. 손 넣기의 읽기

필요한가 불필요한가

수비가 필요한가어떤가의 판별이 필요.

1 도

백의 젖혀잇기에 대해 혹은 a로 지킬 필요가 있을까요?

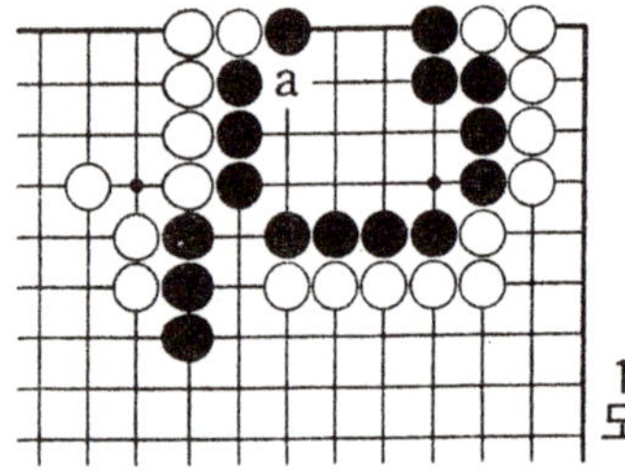

1 도

2 도

손을 빼면 백1로 끊어갑니다. 혹2로 도망쳐──

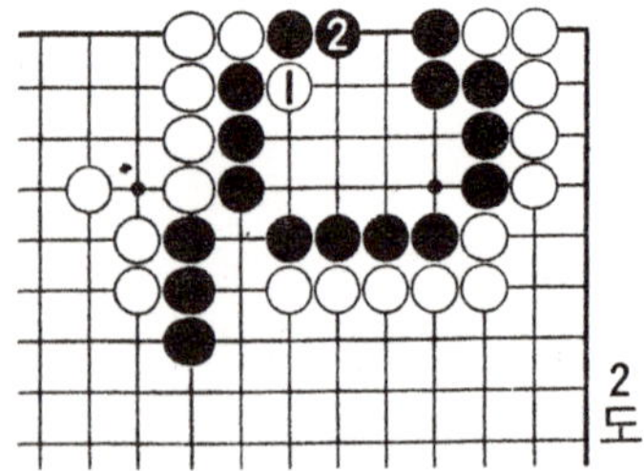

2 도

3 도

백3에도 혹4로 도망쳐 연락. 손을 빼도 아무 것도 아닙니다.

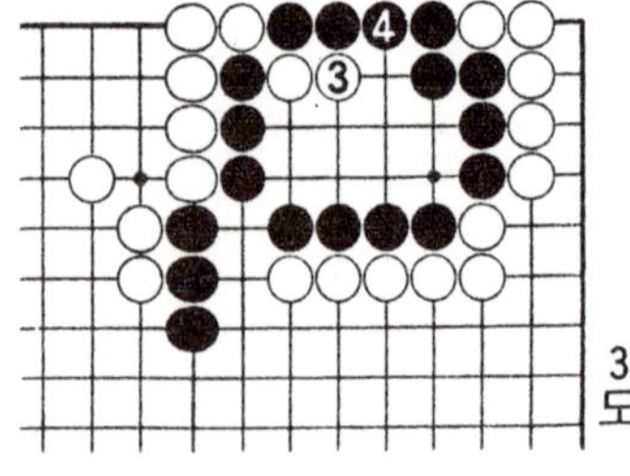

3 도

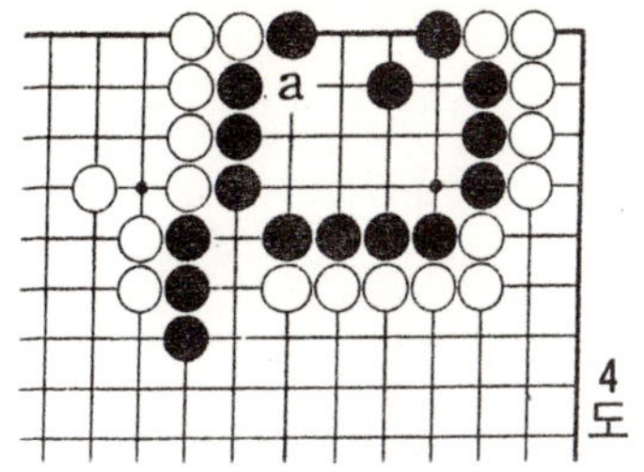

4도

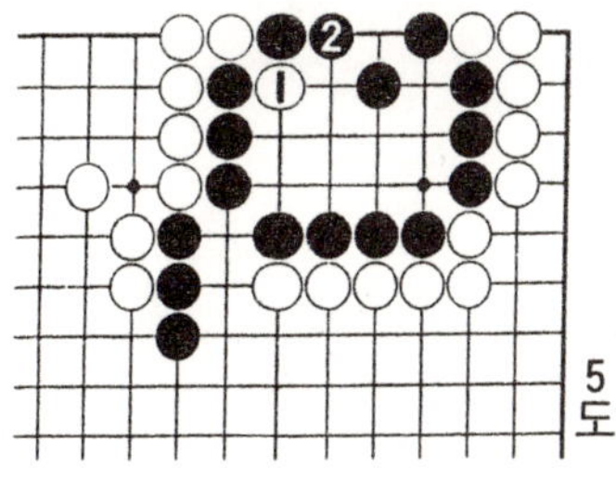

5도

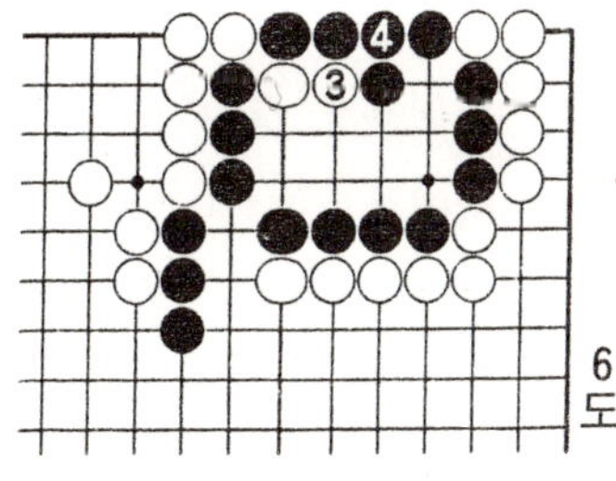

6도

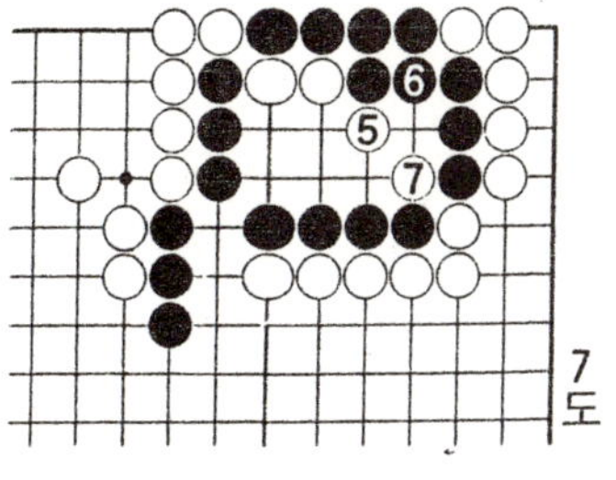

7도

4도

이 형에서 흑a의 수비가 필요할까요? 필요치 않을까요?

5도

손을 빼면 백1의 끊기입니다. 버티면 흑2로 도망칠 수 있을 것입니다.

6도

더욱 백3으로 단수, 흑4로 이어 주면——

7도

백5에서 7로, 흑은 큰 손해를 입읍니다.

따라서 흑은 수비가 필요합니다. 또 5도 백1로 쳐진 다음에도, 전부 이어져 잡혀서는 안됩니다. 흑2에서는 손해를 줄일 것을 생각해야 하는 것입니다.

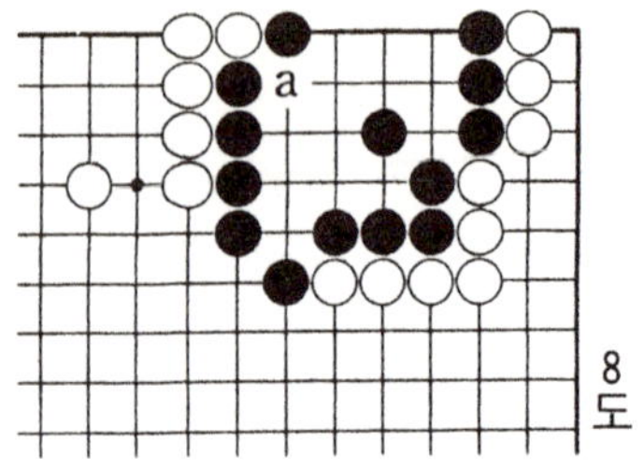

8도

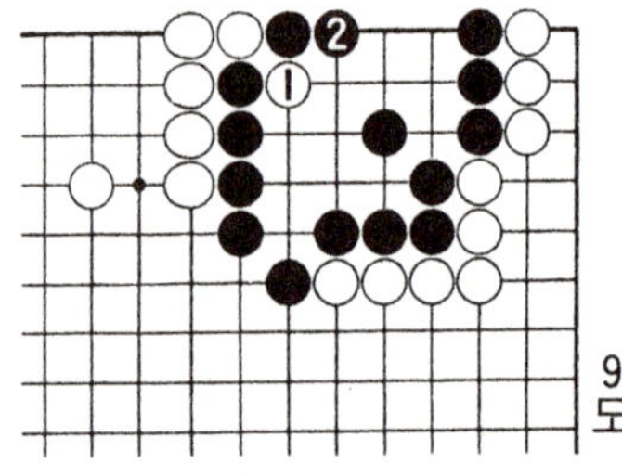

9도

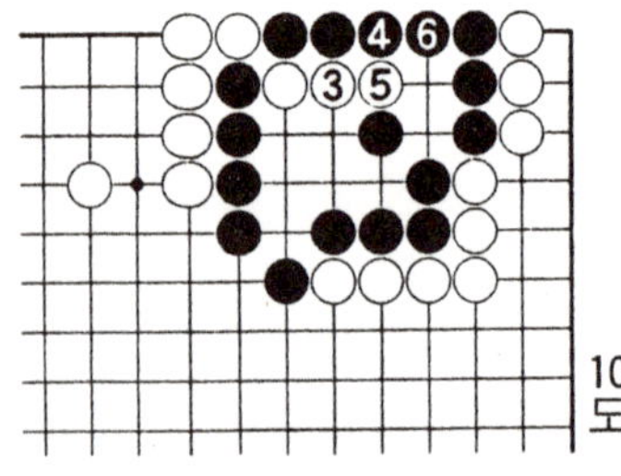

10도

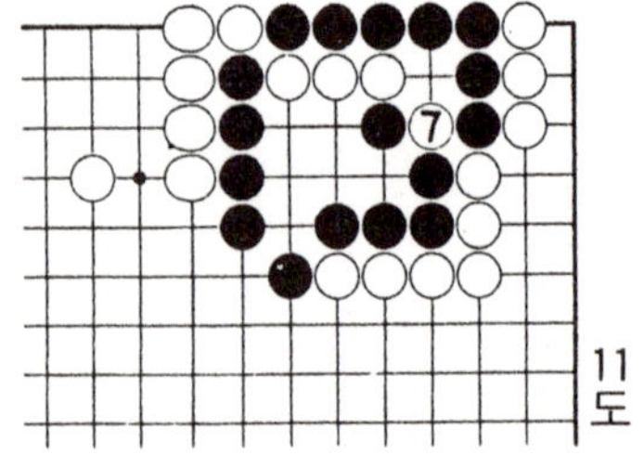

11도

8도

이 형에서는 a의 약점을 지키지 않고 끝낼 것인가?

9도

손을 빼어 백1에 흑2로 도망쳐 낼 수 있을까 어떨까입니다.

10도

백은 3·5로 단수할 것입니다. 흑은 6으로 쳐 일단 본대와 연결은 되지만——

11도

백7로 다시 치기가 되었읍니다. 따라서 흑은 손 넣기가 필요하다는 결론. 지킬 것인지 어떨 것인지, 이 정도의 수 읽기가 필요한 것입니다.

또, 9도 백1로 쳐진 때에는 손해를 줄이는 일을 생각합니다.

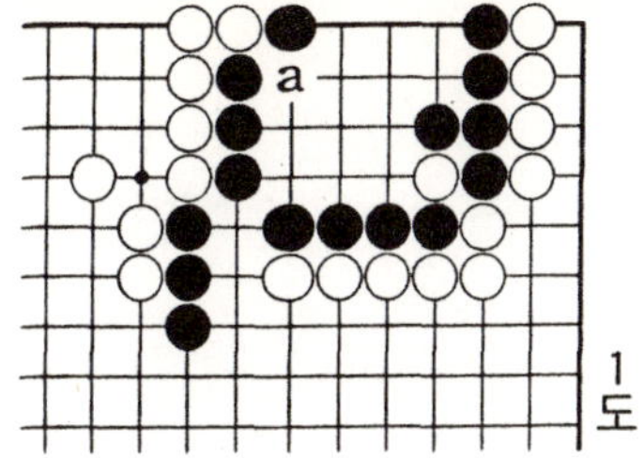

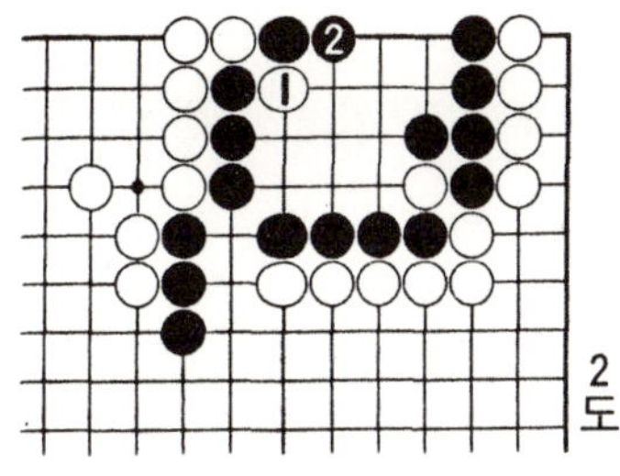

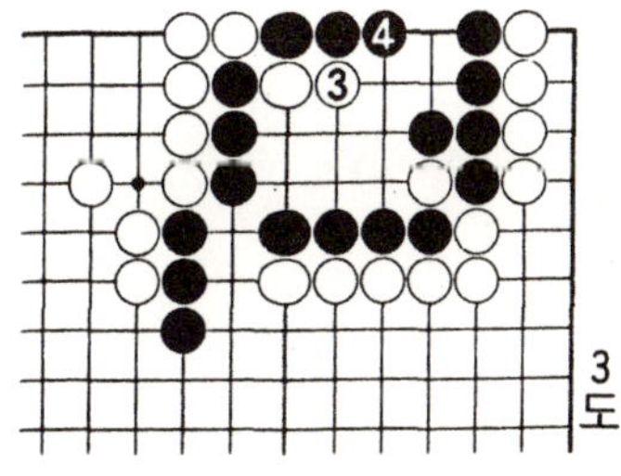

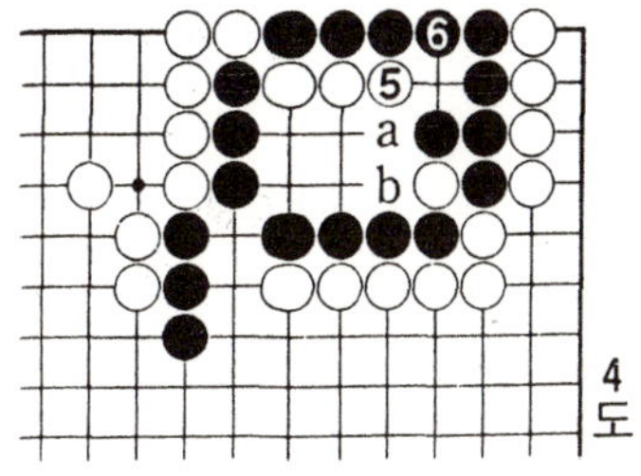

수순에 주의

손 넣기의 공방에도 여러 가지 맥과 수순이 있다.

1 도

흑은 a의 약점을 지키지 않고 끝낼 수 있을까요?

2 도

손을 빼면, 우선 백 1로 끊어 올 것입니다. 흑 2로 도망칠 수 있을까 어떨까.

3 도

백 3으로 단수하면 이미 흑 4로 도망치는 것이 될 것입니다.

4 도

일직선으로, 백 5로 단수해도 흑 6으로 연락되어 거기까지. 이뒤 백 a로 단수를 걸어도 흑 b로 빼어집니다.

5 도

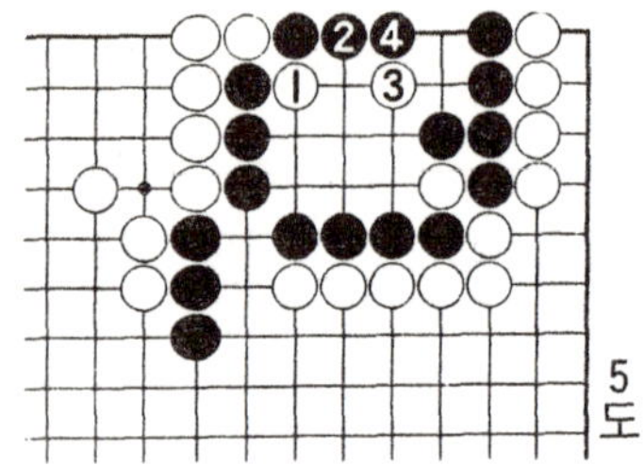

5도

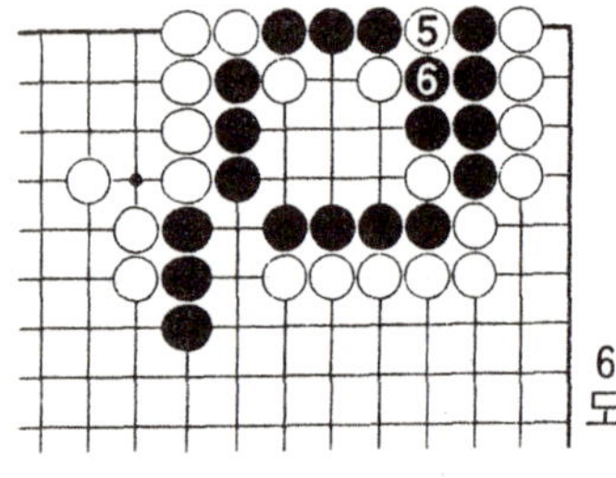

6도

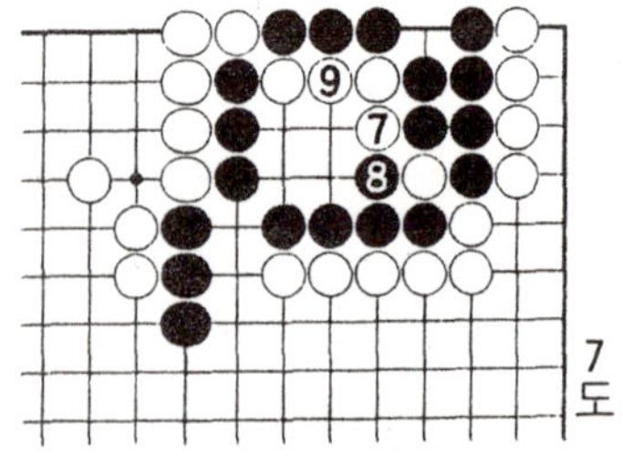

7도

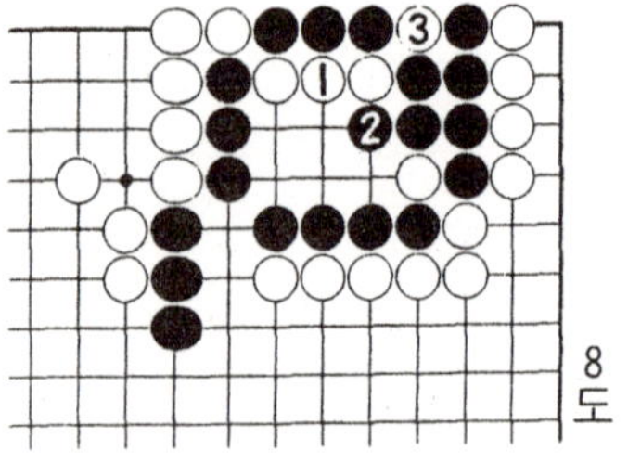

8도

백1에서 3으로 쳐 궁리해 봅니다. 만일 흑 4로 아래에서부터 받아주면——

6도

백5의 모자 넣기가 교묘한 맥입니다. 흑6으로 잡는 수밖에 없읍니다.

7도

백7에서 9로 쳐, 딱 빼앗기가 되었읍니다.

백7이 뺄 수 없는 수입니다.

8도

전도 백7에서는 1로 곧 단수하여도 빼앗기가 되어 있읍니다. 그러나, 흑2, 백3으로 진전, 전도 보다 좀 손해인 형. 실전에서는 기술이 결정되어도 단순하게 기뻐하지 말고,

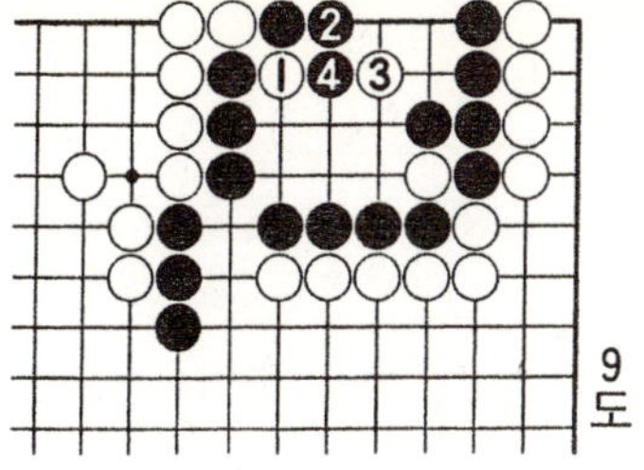

9도

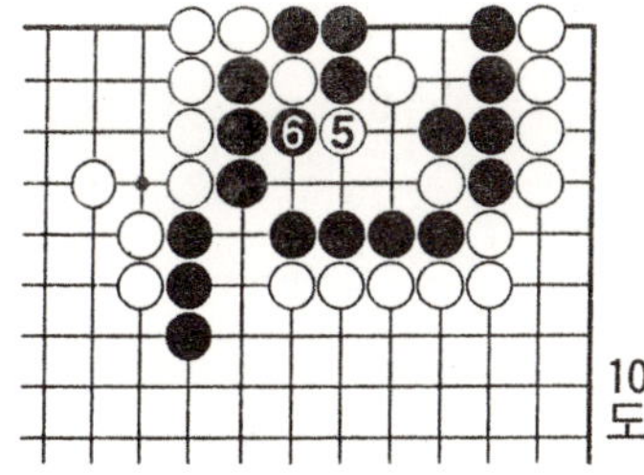

10도

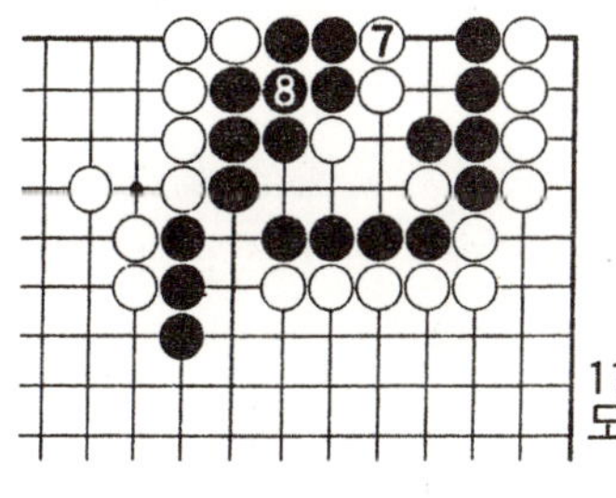

11도

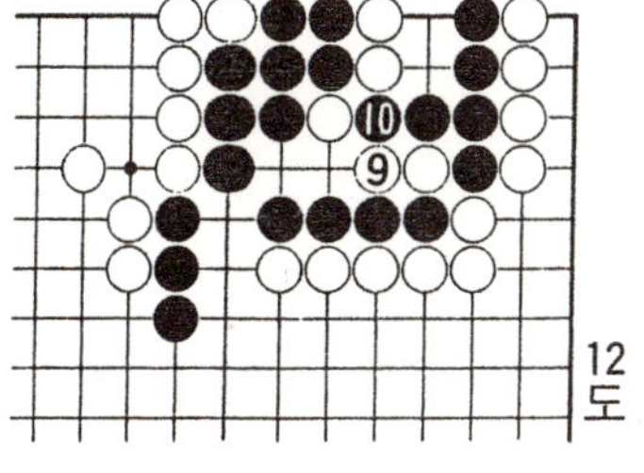

12도

최대의 이익을 얻을 수 있도록 쳐야 합니다.

9도

백1, 3 때 흑은 4로 이쪽으로 내었더라면 좋았던 것입니다.

10도

이어서 백5라면 흑6으로 한 점을 잡아 불안은 없읍니다.

11도

백7의 단수는 권리. 흑8로 이어 오른쪽에 수가 있을까 어떨까인데——

12도

백9에는 흑10으로 아무 일도 없고, 백9에서 10이라면 흑9로 한 점을 잡을 뿐인 것입니다.

만일 이것으로, 별수 없다는 판단이 서면 마음 먹고 손을 뺍니다.

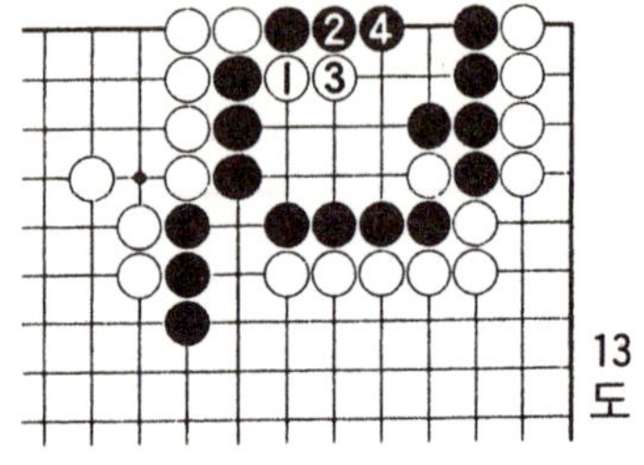

13도

백1・3으로 단수하여 가는 것은 2도, 3도와 같습니다. 여기에서 좋은 수가 있읍니다.

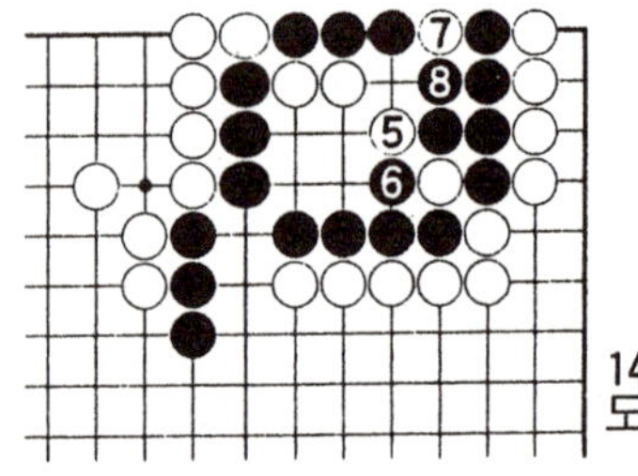

14도

백5에서 7로 모자 넣는 것이 그것. 흑8로 잡으면——

15도

백9로 단수, 딱 빼앗기가 되었읍니다.

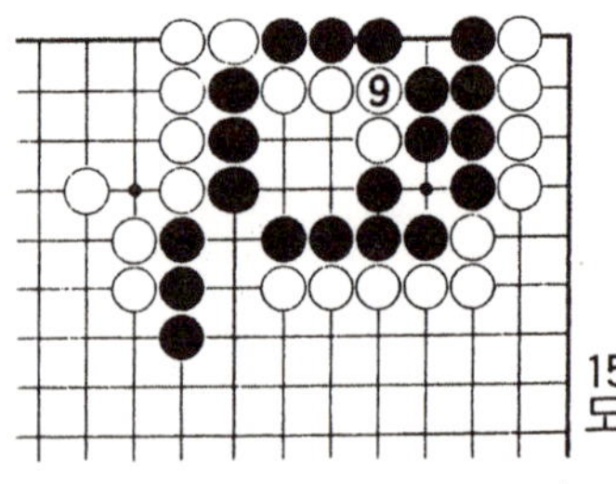

16도

백5 때 흑6으로쳐져도 백7로 공배 막힘이 되어 있는 것을 확인하기 바랍니다. 흑6에서 7은 백a로 공격 승리.

따라서, 1도의 형에서는 흑의 손 넣기가 필요합니다.

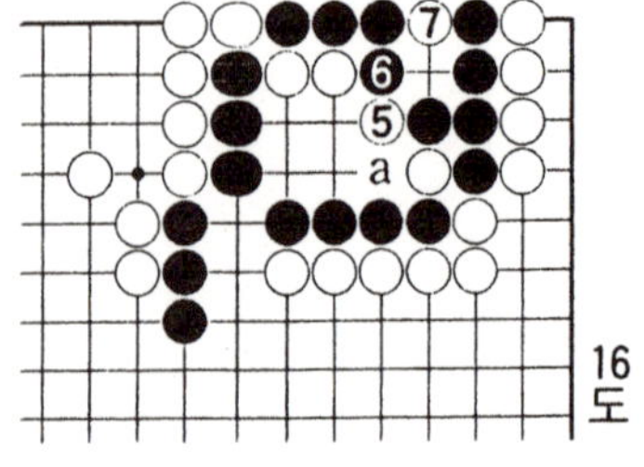

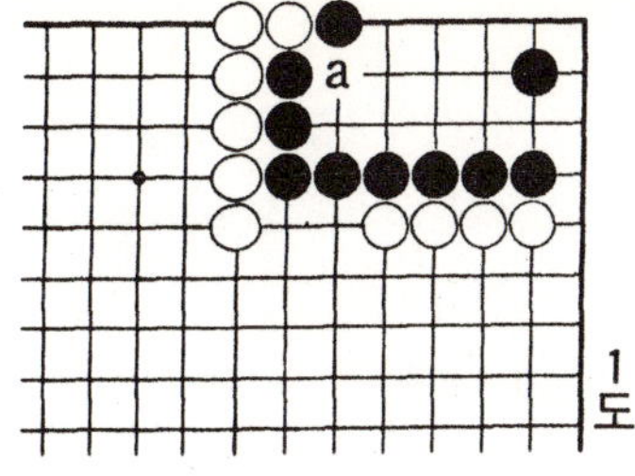

귀의 경우

귀에는 빼앗기의 함정
이 있으므로 주의할 것.

1도

흑은 a의 단점을 지
키지 않고 끝낼 것인가
어떤가 하는 문제입니
다.

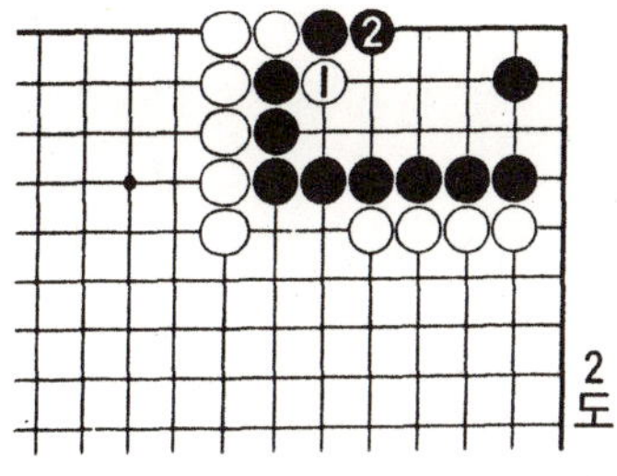

2도

방치해 두어 백1의
끊기가 와 버틴다면 흑
2의 도망쳐 내기.

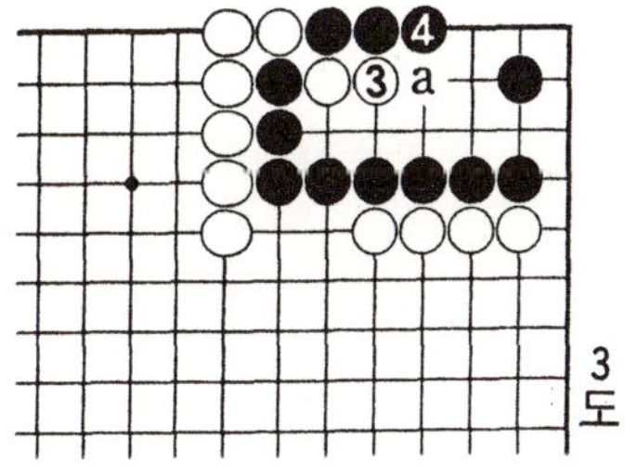

3도

백3으로 추격할까
어떻게 할까입니다. 백
3에서 a는 흑3으로
쳐져 안됩니다.

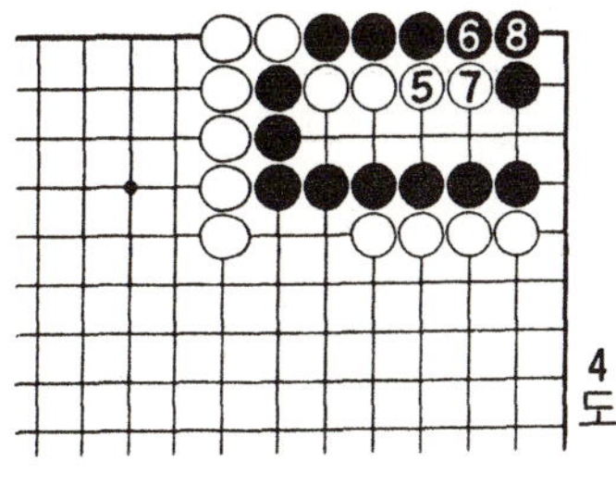

4도

더욱 백5로 뒤에서
부터 단수해 가는 것은
흑6으로 한발 앞서 원
군에 연결되어 버립니
다.

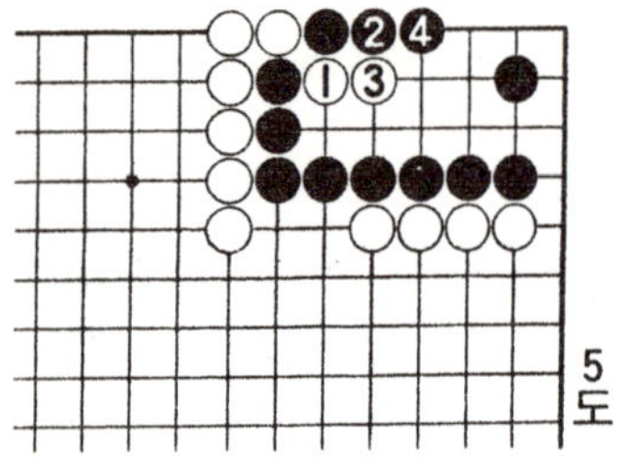

5 도

백 1 · 3 으로 단수해 가는 것은 2 도, 3 도와 같습니다.

6 도

거기에서 백 5 로 치는 것이 귀의 특수성을 이용한 교묘한 맥입니다. 흑 6 에서 a 는 백 b 의 단수로 거기까지.

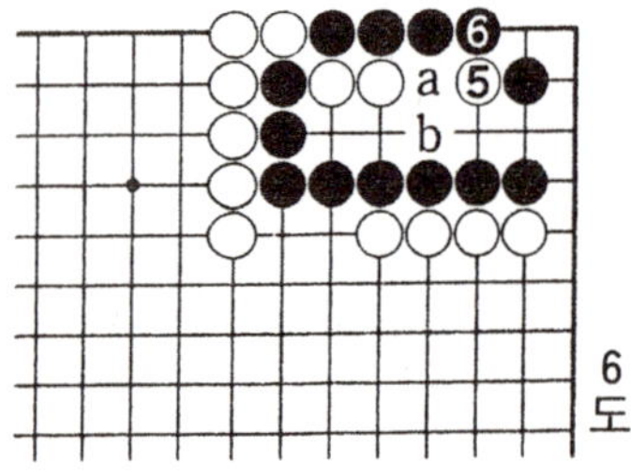

7 도

백 7 로 '2 · 1'에 모자 넣기입니다.

흑 8 로 따내게 하고

———

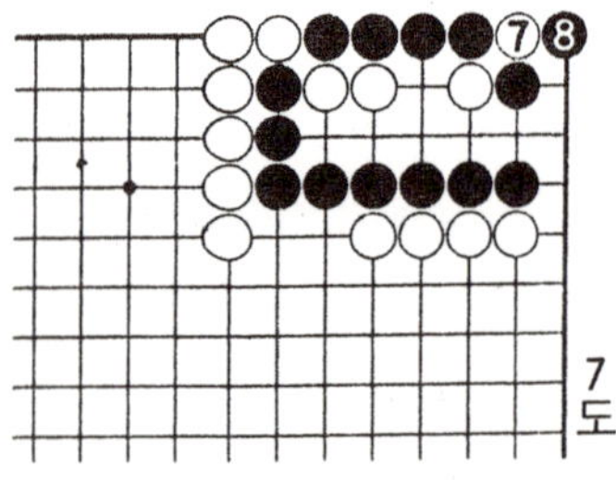

8 도

백 9 로 단수를 걸면 모자 넣기 한 점이 작용하여 빼앗기가 되어 있는 것입니다. 4 도와 다른 점을 잘 보아 두기 바랍니다.

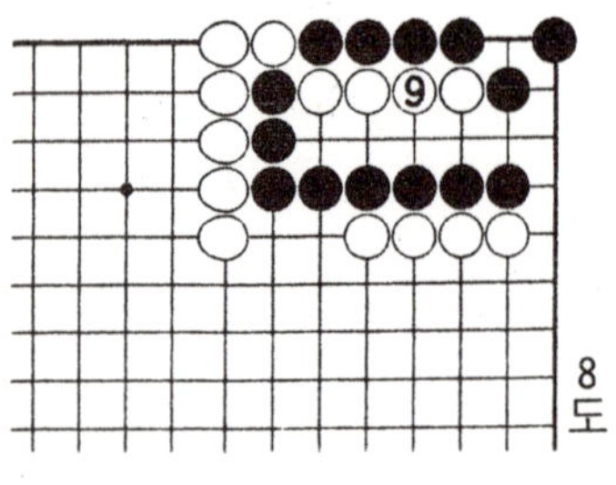

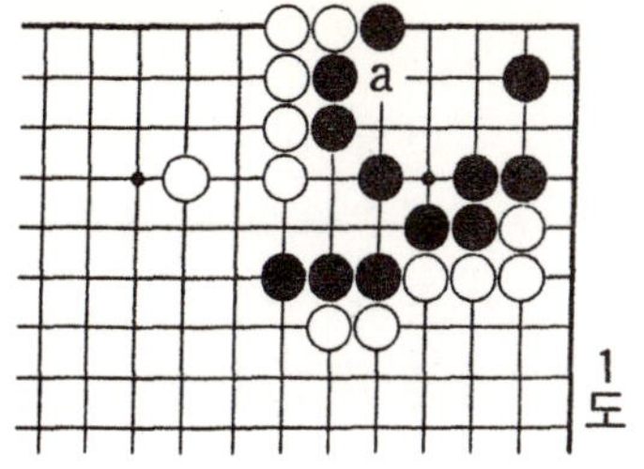

1도

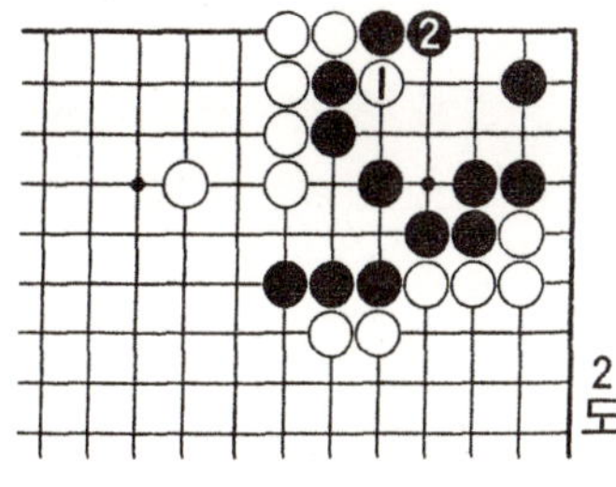

2도

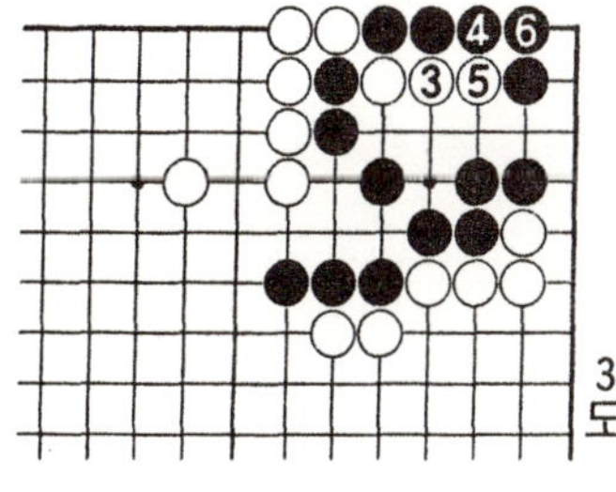

3도

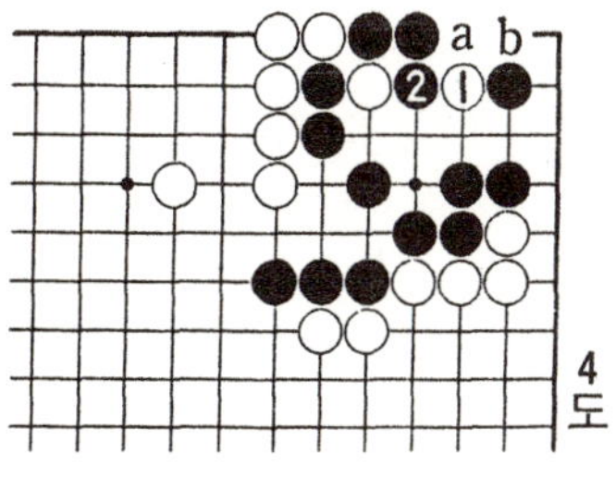

4도

응용 문제

하나의 맥을 외우면 다른 형에서도 응용할 수 있다.

1도

흑a의 약점을 방치하여도 괜찮을까요? 백부터 쳐 어떤 수가 있는가?

2도

우선 백1로 끊고, 흑이 버티면 2의 도망쳐 내기입니다.

3도

백3·5로 노골적으로 단수하고, 뒤에서부터 쫓아가는 것으로는 흑6으로 연락됩니다.

4도

그렇다고 해서 전도 백3에서 1로 치는 것은 흑2로 도망쳐져 실패로 끝납니다. 흑2에서 a라면 백b가 주문

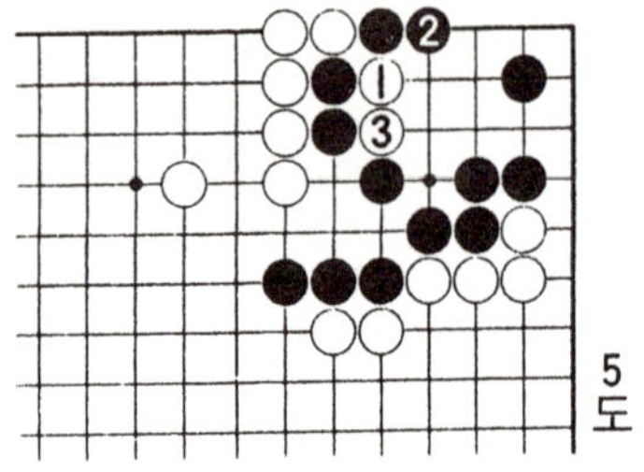

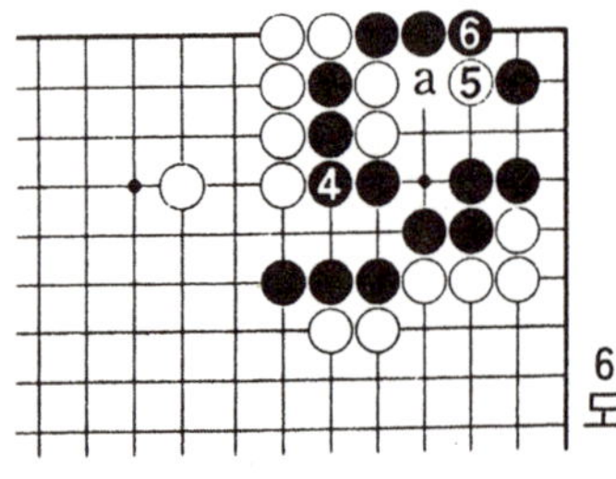

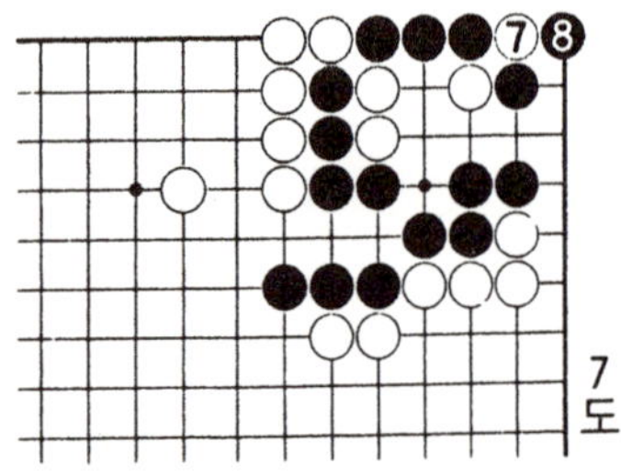

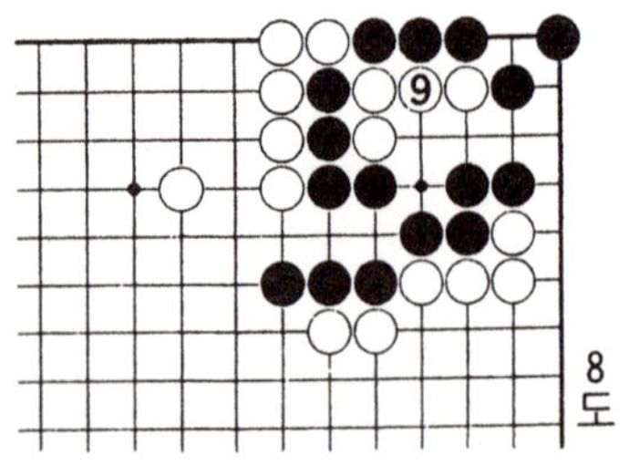

인데——

5 도

백 1 로 끊고, 3 으로 이쪽에 단수하는 것이 좋은 수순입니다.

6 도

흑 4 로 잇게 하고 백 5 로 치면 이번에는 흑 6 으로 받는 수밖에 없읍니다. 4 도와 같이 흑 a 로 도망치는 수를 지우는 것이 전도 백 3 의 작용.

7 도

여기까지 오면 간단. 백 7 로 모자 넣기의 예의 맥을 행사하는 것 뿐입니다.

8 도

백 9 에 단수하여 빼앗기. '2·1'에 모자 넣기 맥을 알아 두면 이와 같이 형이 바뀌어도 응용이 됩니다.

2. 큰 원숭이를 저지한다

기본 저지 방법

큰 원숭이를 잘 막지 않으면 슬슬 침입해 온다.

1도

△이 원숭이 미끄러지기입니다. a에 비해 큰 원숭이라고 불리우는 경우도 있읍니다.

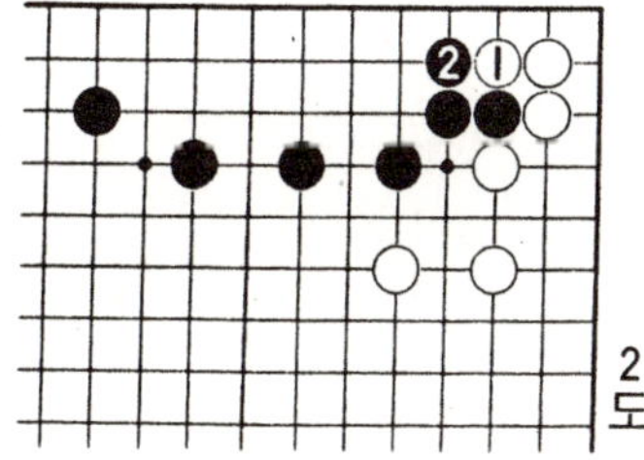

1도

2도

원숭이 미끄러지기가 아닌 백1로 치는것으로는 흑의 집을 줄일 수가 없읍니다.

2도

3도

백3·5의 젖혀잇기를 선수로 치는 것이 고작입니다.

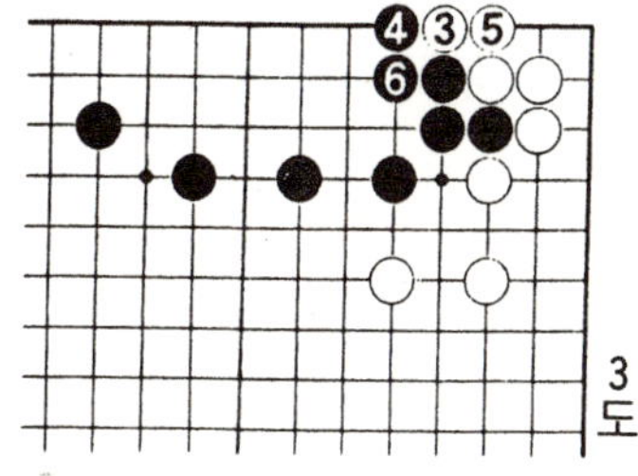

3도

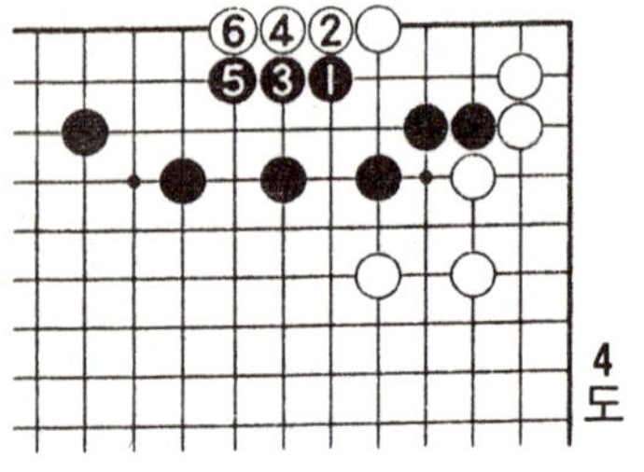

4도

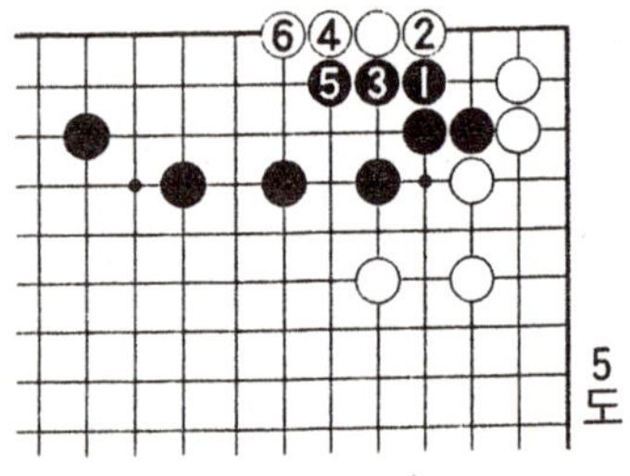

5도

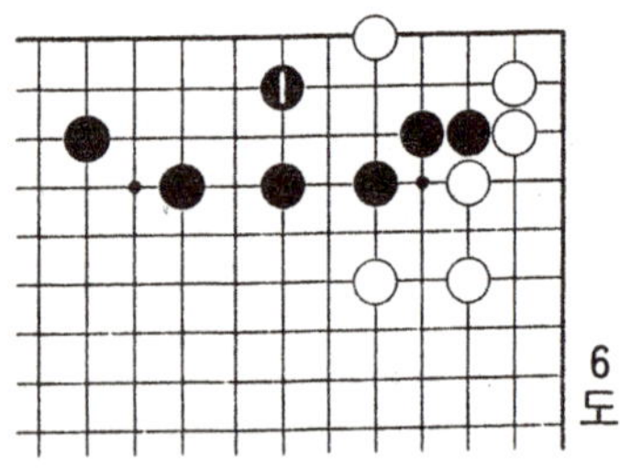

6도

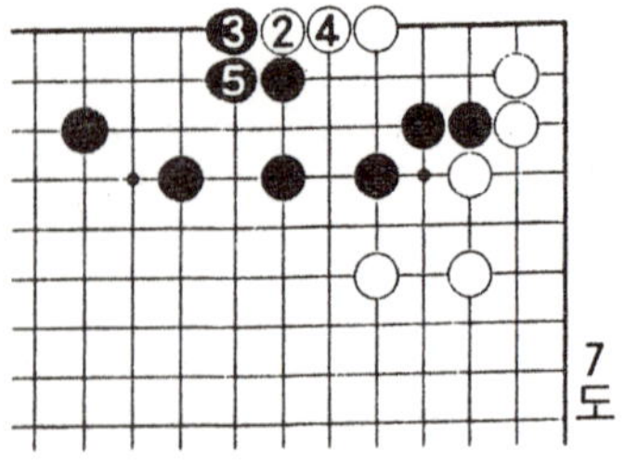

7도

4도

백의 침입을 저지하려고 해도 흑1로 치는 것으로는 백2로 더욱 들어옵니다. 흑3·5로 삼가하고 있는 것으로는 모처럼 에워싼 집이 작은 것이 될 것입니다.

5도

흑1에서 3으로 쳐 보아도 백4·6으로어디까지라도 들어갈 수 있읍니다.

6도

흑1은 생각한 수로, 경우에 따라서는 이것이 제일 안전한 수가 됩니다.

7도

그러나 이 형에서는 백2·4가 선수로 쳐져, 흑의 집은 상당히 줄어 버립니다.

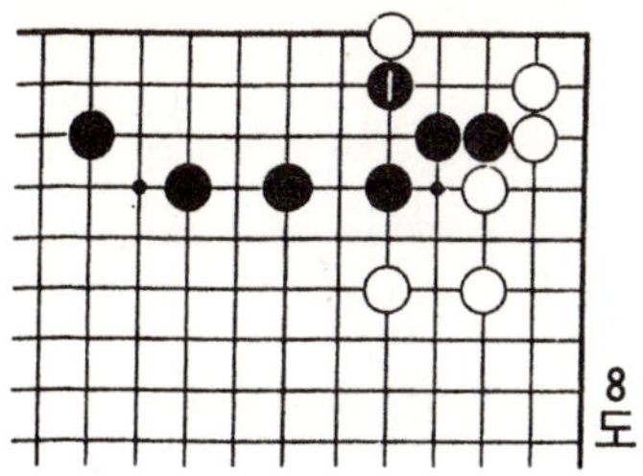

8 도

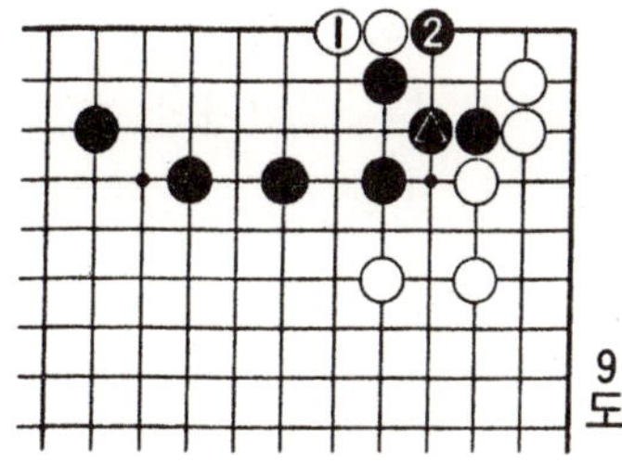

9 도

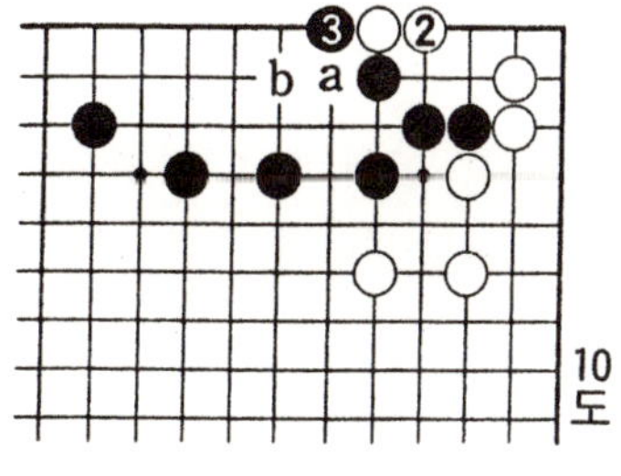

10 도

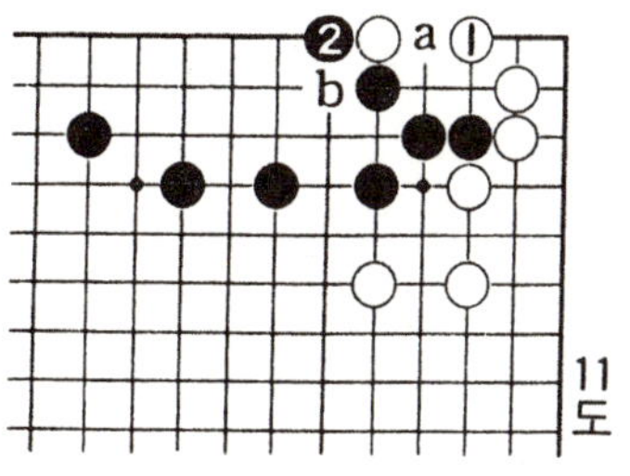

11 도

8 도

이 형에서는 흑1로 치는 좋은 저지 방법이 있읍니다.

9 도

백1이라면 흑2로 쳐 연결을 끊을 수가 있읍니다. ●이 있을 때의 수이므로, 아무쪼록 경우를 틀려서는 안 됩니다.

10 도

따라서 백은 8도에 이어서 2로 후퇴하는 것이 될 것입니디. 이때, 흑3으로 누르는강수를 칠 수 있을까 어떨까입니다. 백a의 끊기에 대해 승산이 없으면 흑3에서 b로 하는 6도와 같은 맥의 후퇴가 무난할 것입니다.

11 도

전도 백2에서 1이

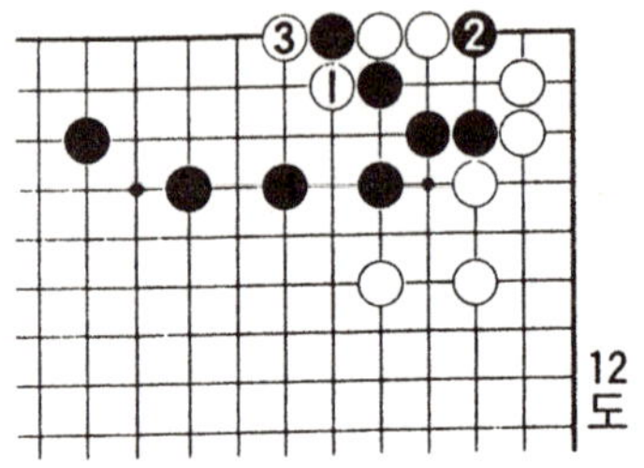

라면 흑2로 누르는 단
수. 백a, 흑b로 전진
합니다.

12도

10도에서 백1로 끊
긴 때, 흑2의 단수로
반격하는 것입니다. 좀
무서운 수이지만, 이정
도 버틸 수 없으면 손
해없이 집을 지킬 수
없읍니다. 백은 3으
로 빼지만——

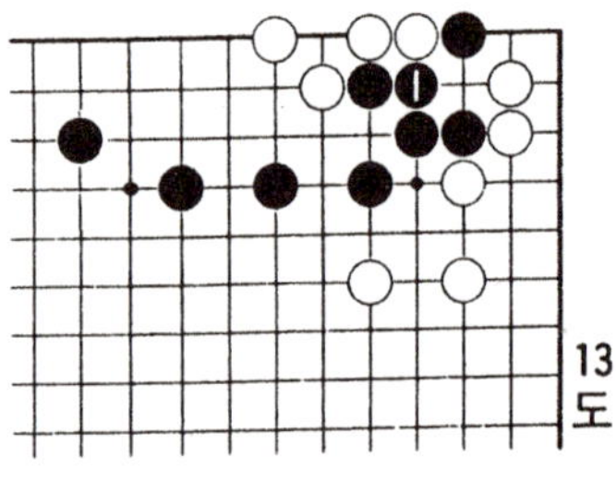

13도

이어서 흑1로 단수
를 걸어 백을 좌우 분
단했읍니다.

14도

따라서 백은 10도에
서 백4로 두 점을 구
해내는 수밖에 없읍니
다.

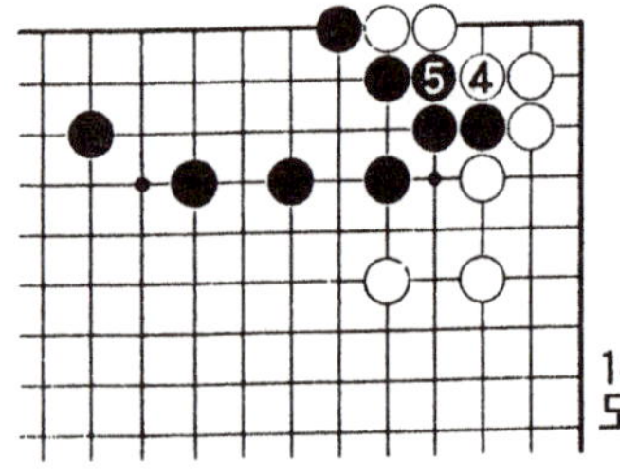

15도

흑7까지, 이것이 최
선의 저지 방법.

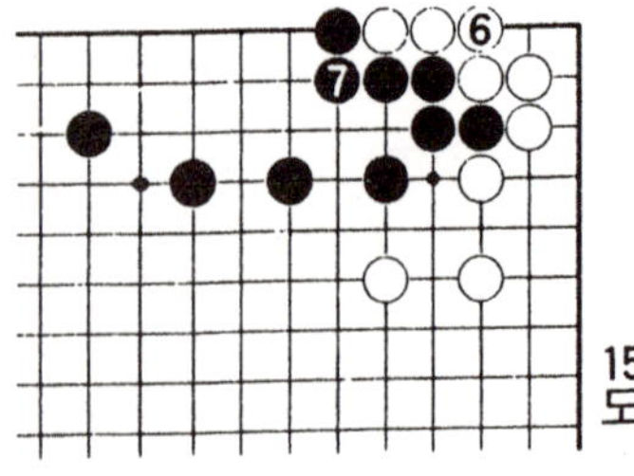

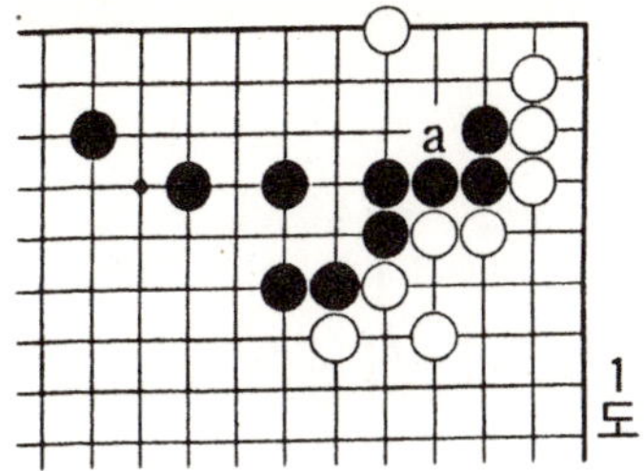

1 도

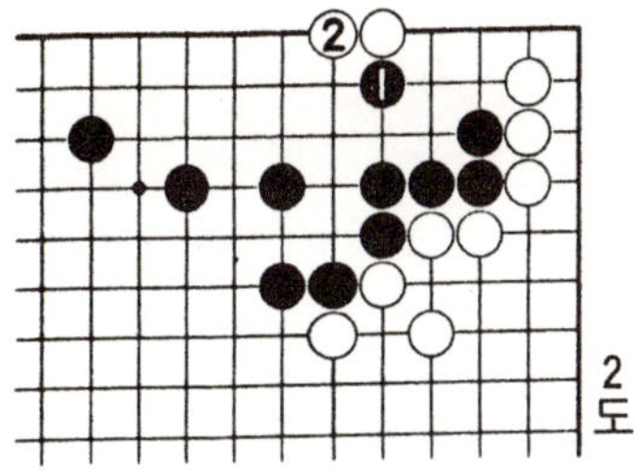

2 도

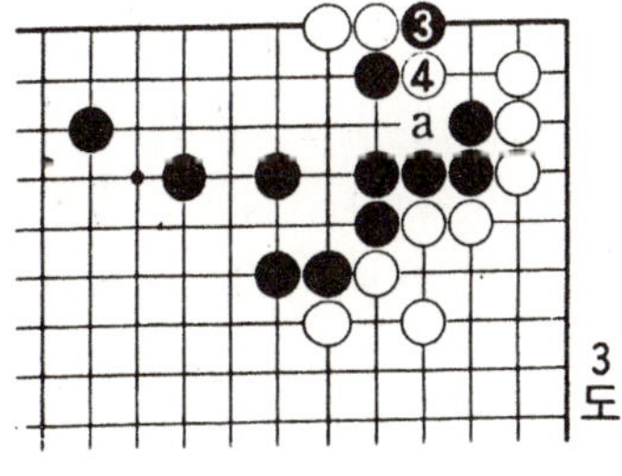

3 도

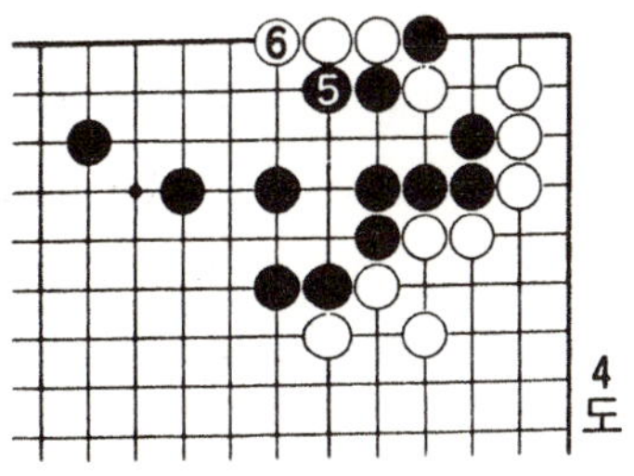

4 도

다른 저지 방법

형에 따라 저지 방법이 바뀌는 것이 어려운 점.

1 도

이 형에서는 어떻게 저지하면 좋을까? a의 점에 흑돌이 없읍니다.

2 도

전과 같이 생각하여 흑 1 에서는 백 2 로 침입당합니다.

3 도

a의 점에 흑돌이 없으므로 흑 3 으로 쳐도 백 4 로 끊겨 버리는 것입니다.

4 도

흑 5 라면 백 6. 상당히 저지하기 어려운 형이 되어 버렸읍니다. 다른 저지 방법을 생

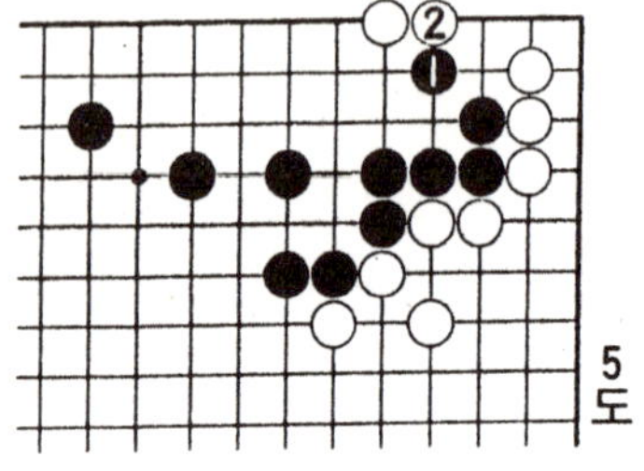

각하지 않으면 안됩니
다.

5도

혹1로 치는 것이 이
경우의 호수입니다. 백
2로 쳐진 연락형인데

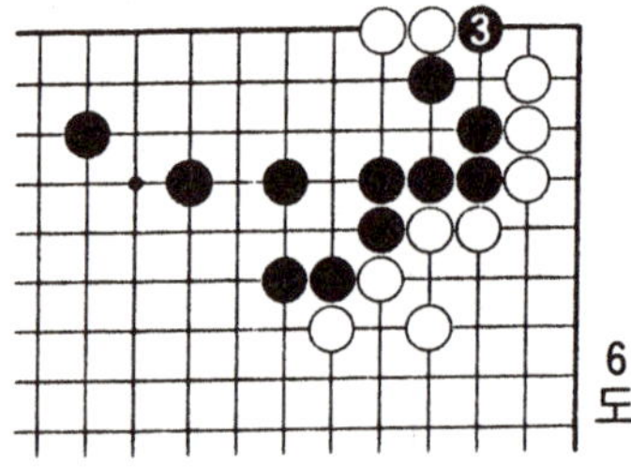

6도

혹3으로 쳐, 이 돌
을 희생타로 하는 것입
니다.

7도

백4로 잡혀지지만,
혹5로 단수의 형으로
내민 발을 멈출 수가
있읍니다. 전도 혹3
과 본도 5의 연계가
교묘한 맥이 되어 있
는 것입니다.

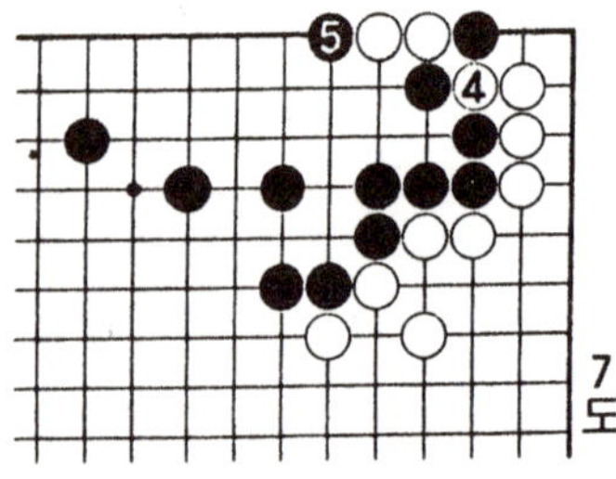

8도

백6으로 잡게 하
고, 혹7로 단수를 걸
어 여기도 막았읍니다.
까다로운 수순이지만

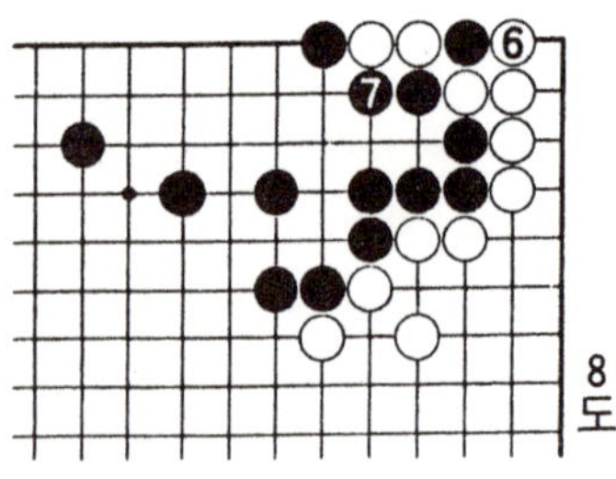

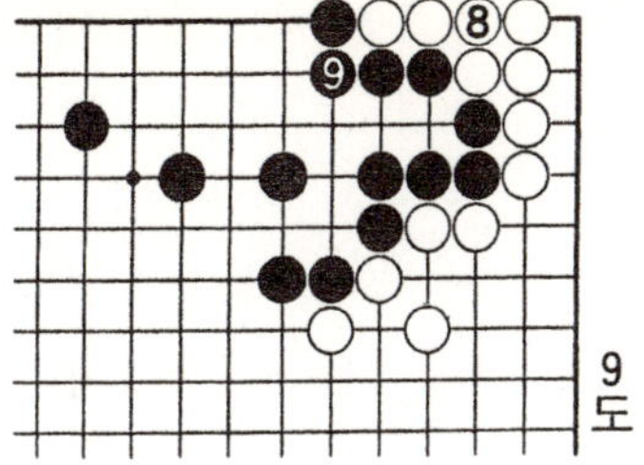

9도

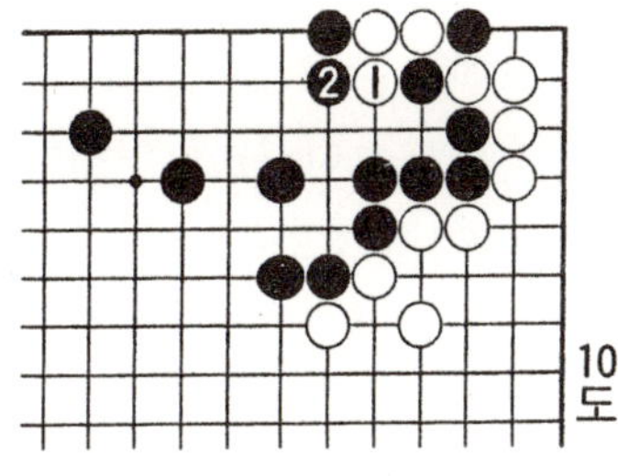

10도

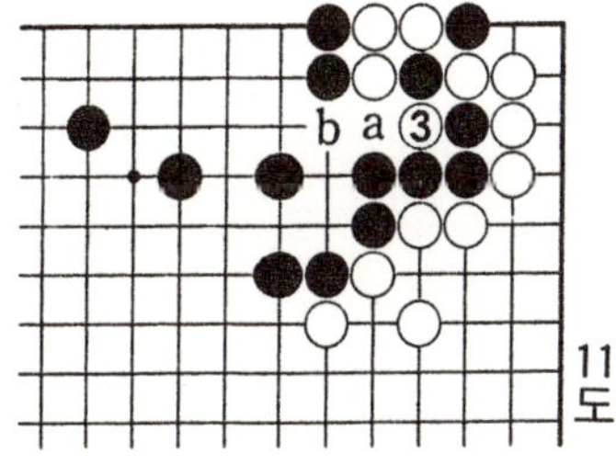

11도

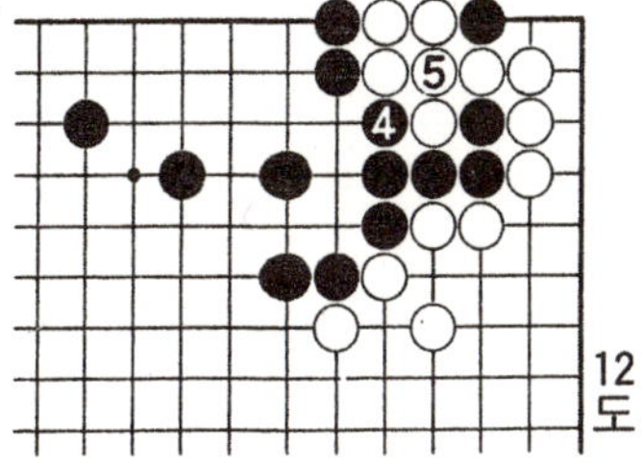

12도

중요한 수이므로 잘 기억해 두기 바랍니다. 반드시 실전에서 나타납니다.

9도

전도에 이어서 백 8로 이으면 흑도 9로 이어 침입을 최소한으로 저지하는 것입니다.

10도

8도 백 6에서 1로 내는 편이 좋다고 생각할지도 모르지만, 실은 그렇지 않은 것입니다.

아무튼 흑 2로 단수하여—

11도

백은 3으로 뺍니다. 여기에서 a로 쳐도 흑 b에서, 백 3으로 잡히지 않으므로 곤란하지 않습니다.

12도

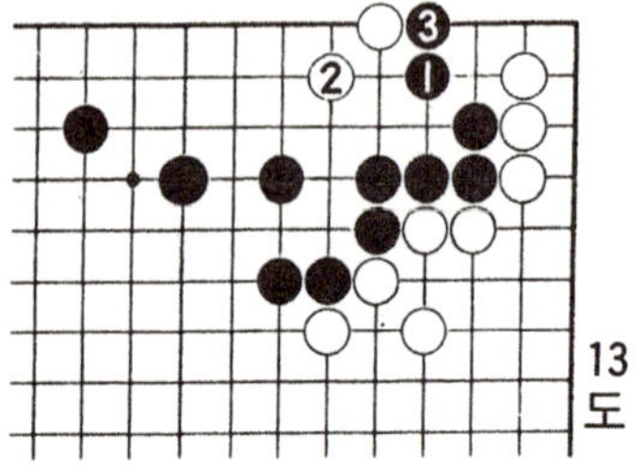

흑4, 백5로 일단락
입니다. 이편이 9도
에 비해 백은 5집 정
도 이익을 보고 있읍니
다.

13도

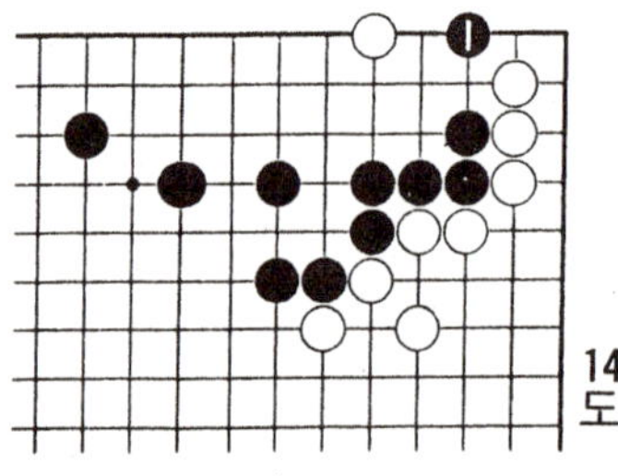

두려운 것은 흑1 때
백2 등으로 옮겨가는
수. 그러나 이 형이라
면 흑3으로 건너기를
멈추어 전부 삼킬 수가
있을 것입니다.

14도

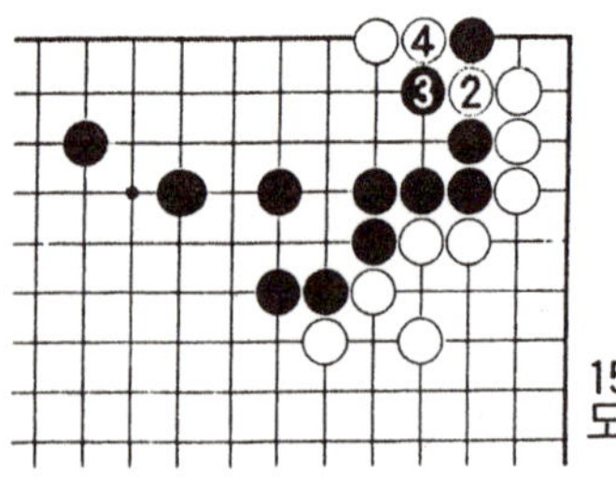

흑1부터 치는 수도
있읍니다.

15도

백이 2·4로 끊은
형은 처음에 흑3으로
쳐간 형과 같습니다.

16도

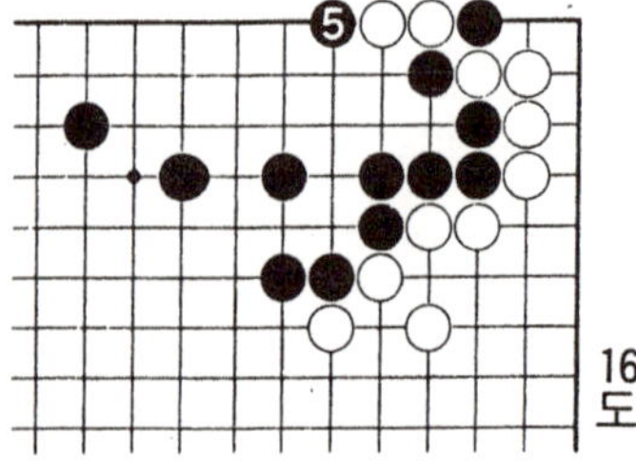

흑5로 붙여 7도와
같이 백의 침입을 저지
했읍니다.

판　권
본사
소　유

기본적인 맥

2012년　2월 25일 인쇄
2012년　2월 28일 펴냄

엮은이/ 프로바둑연구회
펴낸이/ 최　　상　　일
펴낸곳/ 太乙出版社
서울특별시 중구 신당6동 52-107 (동아빌딩내)
등록/1973년 1월 10일(제4-10호)

＊잘못된 책은 구입하신 곳에서 교환해 드립니다.

■주문 및 연락처

우편번호 100-456
서울특별시 중구 신당6동 52-107 (동아빌딩 내)
전화 / 2237-5577 팩스 / 2233-6166
ISBN 89-493-0361-2　　　　13690